中国少数民族设计全集

The Design Collection of Chinese Ethnic Minorities

独龙族

中国少数民族设计全集编纂委员会 编

图书在版编目（CIP）数据

中国少数民族设计全集．独龙族／中国少数民族设计全集编纂委员会编；樊进等著．—太原：山西人民出版社，2019.10
ISBN 978-7-203-11120-7

Ⅰ．①中… Ⅱ．①中… ②樊… Ⅲ．①独龙族–民族文化–研究–中国 Ⅳ．① K28

中国版本图书馆 CIP 数据核字（2019）第 244043 号

中国少数民族设计全集．独龙族

编　　者：	中国少数民族设计全集编纂委员会
著　　者：	樊　进　等
责任编辑：	员荣亮
复　　审：	吕绘元
终　　审：	张文颖
装帧设计：	谢　成

出 版 者：	山西人民出版社　人民美术出版社
地　　址：	太原市建设南路 21 号
邮　　编：	030012
发行营销：	0351－4922220　4955996　4956039　4922127（传真）
天猫官网：	https://sxrmcbs.tmall.com　电话：0351－4922159
E — mail：	sxskcb@163.com　发行部
	sxskcb@126.com　总编室
网　　址：	www.sxskcb.com
经 销 者：	山西出版传媒集团·山西人民出版社
承 印 者：	山西出版传媒集团·山西新华印业有限公司
开　　本：	889mm×1194mm　　1/16
印　　张：	17.75
字　　数：	200 千字
印　　数：	1—1 000 册
版　　次：	2019 年 10 月　第 1 版
印　　次：	2019 年 10 月　第 1 次印刷
书　　号：	ISBN 978-7-203-11120-7
定　　价：	270.00 元

如有印装质量问题请与本社联系调换

中国少数民族设计全集编纂委员会

总 主 编（按年龄排序）
张夫也　王立端　戴晋明　廖　军　王　琥　李豫闽　过伟敏　顾　平
王　强　李　岗
执 行 主 编　王　琥
编 务 统 筹　张明山

中国少数民族设计全集编辑工作委员会

主　　任　刘伟冬
编　　委　（排名不分先后）
王　琥　王　峰　王　强　王立端　王浩滢　白　波　过伟敏　许　星
许边疆　李　岗　李　丽　李豫闽　成光虎　肖　飞　余　强　汪传跃
罗　力　杨明朗　陈　述　陈见东　邱　珂　胡万明　顾　平　郑　静
郭立忠　姬　莹　张夫也　张泽国　张明山　张秋平　张耀引　梁盛平
樊　进　谢　玮　熊　伟　熊　微　熊建新　蔡克中　葛　芳　鞠　斐
魏　洁　廖　军　戴晋明

中国少数民族设计全集出版工作委员会

主　　任　胡彦威　周　伟
执 行 主 任　姚　军　欧京海
编 务 统 筹　阎卫斌　周小龙
编　　辑　（排名不分先后）
王新斐　史美珍　冯　昭　冯灵芝　吉　昊　吕绘元　刘小玲　任秀芳
孙　琳　孙宇欣　李广洁　李建业　李　靖　员荣亮　张小芳　张志杰
张书剑　何赵云　陈俞江　吴春华　武　静　周小龙　柳承旭　郝文霞
赵　玉　赵晓丽　席　青　秦继华　高　雷　郭向南　阎卫斌　崔人杰
傅晓红　蔡咏卉　翟丽娟　樊　中　薛正存　魏　红　魏美荣
整 体 设 计　谢　成

中国少数民族设计全集·独龙族

本册著者　　樊　进　汤　懿　樊世东　李金明（独龙族）
参与撰写　　单芳霞　张孙晨　刘艳斌　卢慧敏
　　　　　　　季　艳　徐德乾　郑楚倓　乔安琪
　　　　　　　赵　顺　孙诗雨　王苗露　张　怡
　　　　　　　魏释然　陈圣鋆　茅珺玉　李　青
　　　　　　　薛艺凡　张一舟　安居盟　孙伟业

求同存异　和合共荣

刘伟冬

中华民族，是一个由56个民族组成的大家庭。在漫长的文明发展史中，汉族和各少数民族都为中华文明的繁荣发展贡献了自己的聪明才智。纵观中华文明史，其实就是一部各族群之间"求同存异，和合共荣"的文化演进史。

从根子上讲，4000年前的"中国"，仅指北方中原地区，居住在这里的相传是上古时期黄帝部落和炎帝部落的后裔，故而自称"炎黄子孙"。其时的"中国"，不过是黄河中下游（西起陇山，东至泰山）区域。在千年发展与民族融合之后，尤其是晋末"衣冠南渡"，南迁的中原汉族与南方百越民族彻底融合，来自北方的鲜卑等民族融入汉族，使汉族前所未有地壮大发展，逐渐形成后来疆域辽阔、人口众多、物产繁盛、文化昌明的中华民族的主体族群。特别值得强调的是，自从作为一个民族整体之后，中华民族就从未中断过自己的民族发展史——这在世界历史上是硕果仅存、独一无二的。

中华民族具备兼容并蓄、虚心好学的民族天性。仅以设计学范畴的事例讲：在数千年文明发展历史中，中华民族在不断向外输出优秀的文明成果（如烧造之陶瓷砖瓦、营造之榫卯斗拱、织造之丝绸刺绣、锻造之"失蜡"分模等），影响全人类的日

常生活与生产方式的同时，也不断地吸纳域外各民族的优秀文明成果，如汉魏之印度佛教和西域音乐、隋唐之西亚服饰和家具、宋元之东洋印染和漆艺、明清之西洋机器与建筑……在中华民族内部，这样的文化交流更是从未停止过，而且是风生水起、枝繁叶茂，愈发流畅、深入，中华民族各族群之间"求同存异，和合共荣"的文化大演进，共同创造了中华民族极为灿烂辉煌的造物文明历史。仍以设计学范畴为例：原本是匈奴人发明的单足绳圈，被晋代的汉族人设计成铁质双镫；最早是鲜卑人原创的毡毯卷边，被晋代的汉族人改造成"高桥马鞍"，这宗中国式马具设计案例，被誉为"13世纪中国传入欧洲的最重要文化成果"（李约瑟语）。再如，西域（今新疆地区）是全世界最早的皮靴生产地，哈尼族为主的红河地区出现了全世界最早的梯田。再如，全世界最早的"干栏式建筑"和全世界最早的稻米人工育种、栽培，均起源于长江中下游的百越地区；全世界最早的竹藤编结器物起源于闽越地区……由中华民族共同创造、发明，后来又影响了全人类文明进程的优秀造物设计案例很多，不胜枚举。几千年中华民族的文明史，就是各种文化多元融合、共同发展的最好例证。不了解中华民族内部各族群的文明交流史，就无法真正理解中国文化史，也不能理解为什么中华民族总是能在逆境中成长强大。甚至可以说，能否完整地理解中华民族的文化史，是检验每一个当代中国知识分子（特别是文史哲专业的学者）文化立场的"试金石"。

随着改革开放的逐渐深入，各民族地区的经济与社会状态已发生了天翻地覆的变化。令人遗憾和担心的是，由于各地区政策执行力度不平衡，保护措施不得力，少数民族的文化特性正在逐步衰退，有些地区的少数民族文化特征甚至已经消失殆尽，仅仅

存在于徒具形式，充满口号、标语的民族文化村旅游景点中。有学者预言，再不加快整理抢救工作，中国的少数民族可能在物质形态和文化内涵的特征上，若干年后将不复存在。

从少数民族地区反映古代中国社会某些面貌的文化遗存看，这些少数民族之所以一直与汉族地区差距巨大，存在多方面的原因，其中历代汉族统治者对少数民族的歧视政策是主要原因。此外这些地区本身就处于偏僻荒地，不是沙漠就是山区，自然条件远不及汉族聚集地区，社会发展水平滞后。20世纪50年代，有相当比例的少数民族在当时仍处于原始农耕社会或奴隶制社会，不要说通电、通水、通汽车，不少人一辈子连铁器长什么样都没见过。部分少数民族聚集地的各种自然条件也较差，缺肥少水，基本生活来源，一靠老天爷恩赐的"望天收"农作物；二靠家庭手工作坊制作些竹藤编结物和土织、土陶等土特产来换取粮食；三靠养猪、兔、羊和鸡、鸭、鹅等家禽来换取日用品，如灯油、农具、衣物和油盐酱醋等；四靠为土司、头人和大户们出卖劳力（社会底层奴隶身份），年老即被抛弃。中华人民共和国成立后，党和政府在这些地区实行社会主义改造，打倒以土司、巫师和头人为首的剥削阶级，将土地和生产资料一律收归集体所有，解放了全体少数民族民众，使他们历史上第一次有了自由劳作和生活的权利。

中华人民共和国成立之初，党和政府就高度关注民族事务问题，为如何保护、关心各少数民族制定了一系列方针、政策，也为当代中国社会处理民族问题、保护民族文化树立了光辉典范。中央人民政府政务院于20世纪50年代初发布了《关于民族事务的几项决定》，为新中国民族政策奠定了最初的思想基础，其主要内容是：一、各大行政区军政委员会（人民政府）须指导各有关

省、市、行署人民政府认真推行民族区域自治及民族民主联合政府的政策和制度，并随时向政务院报告推行经验，请示者须事前向政务院请示。二、各大行政区军政委员会（人民政府）须指导各有关省、市、行署人民政府认真并有计划地实行政务院在1950年颁发的《培养少数民族干部试行方案》，并将该项工作进行情况定期加以检查，每半年向政务院报告一次。中央民族学院及西北、西南、中南各军政委员会和新疆省人民政府的民族学院，必须依计划实行，并向政务院报告。三、政务院于1951年下半年适当时间将同时召开有关少数民族的卫生、教育及贸易三个专业会议，责成政务院文教委员会、中财委指导中央卫生部、教育部、贸易部开始筹备，并责成中央民族事务委员会协助进行。有关部门如农业部、文化部也须派人参加。四、责成中央人民政府各委、部、会、院、署、行注意建立有关民族事务的业务。五、在政务院文教委员会内设民族语言文字研究指导委员会，指导和组织少数民族语言文字的研究工作，帮助尚无文字的民族创立文字，帮助文字不完备的民族逐渐充实其文字。六、扩大中央民族事务委员会委员名额，责成中央民族事务委员会提出补充名单的建议，并于1951年下半年召开中央民族事务委员会扩大会议，检查与总结关于推行民族区域自治及民族民主联合政府的经验。

20世纪50年代，中央人民政府和政务院，曾多次组织"中央慰问团""土改工作队"和"普查工作队"等，花费大量人力和物力，深入各少数民族地区，进行了大量较为翔实的社会历史调查。50年代这轮由政府统筹、由中央民委组织行政领导和人类学、社会学专家学者以及民族同志组成工作队与考察队的少数民族大考察活动，1953年正式启动，1956年结束（个别地区延期至1958年才结束）。直接成果之一，就是为1956年国务院公布的55

个少数民族的正式定名和划分，提供了可靠的依据。

　　从当时考察的资料看，各少数民族的社会发展水平参差不齐，不少民族呈现类似汉族曾经历过的各种历史发展状况，为我们今天考察、了解并研究过去的历史以及各学术分支问题，提供了绝好的活体范本。比如以"设计发生学"研究为例，以山寨（村落）为主的初级社会组织形态，原始手工业在农耕环境中的地位，原始造物的手工技艺与设备、工具等，都是我们极感兴趣的研究对象。

　　在西北、西南和东北各少数民族聚集地区，有些古时流传下来的本民族手工造物技术，迄今仍保存良好。其吸收了汉族和其他兄弟民族的技术长处之后演变出来的各时段手工造物技术，则印证了各民族互相融合、取长补短的史实。更有些原始手工艺，特别具有艺术和历史研究价值。以维吾尔族人为例，本世纪初，笔者在新疆喀什城艾格孜艾日克老街看到几样手工艺绝活：其一是整条街的维吾尔族乐器店，除了热瓦普、曼陀林和冬不拉等少数维吾尔族知名乐器外，全是些笔者叫不上名来却似曾相识的弹拨乐器和拉弦乐器，于是从心里认可了"西域古乐成就了中国传统民乐"这句话所言不谬。其二是亲眼所见一个拖着鼻涕的不到10岁的维吾尔族小男孩，拿着电砂轮在铜壶上信手飞快地刻着精美细腻的图案，一不要底稿，二没有图纸，真是佩服得五体投地，也相信了"汉族人长于热铸，西域人长于冷锻"这个说法。其三是在喀什近郊著名的大巴扎"金器一条街"上看见近百家金店生意红火，家家门前毡毯上都围坐着一群金店伙计和顾客，正在热烈讨论、共同设计着花样繁多的未来金饰嫁妆，感受到了"中国传统样式的金银首饰工艺，最富有创意的设计和最先进的工艺制作，原来在维吾尔族人手里"这句大实话。还有，笔者

求同存异　和合共荣

005

在云南景洪县城集市上，曾亲眼见过景颇族老乡用古老的"焖烧法"烧出的红彤彤的土陶——跟笔者一知半解的仰韶彩陶的烧制工艺几乎一模一样。还有，笔者在大西北甘陕宁各省亲眼所见的回族、保安族、裕固族和东乡族老乡巧手做出的那些花样繁多、样式复杂的面塑造型，真是个个精妙绝伦。这方面的事例实在太多了。

50年代的少数民族地区社会大普查，以及半个多世纪以来社会各界对其丰富而珍贵的考察、研究，意义深远，价值极为重大。这些地区客观上保存的较为完整的、与数千年前中国原始社会最初形态近似的许多社会特征，为我们研究社会的最初形态形成和当时的经济、文化、政治的基本状况以及"设计发生学"的相关课题，提供了珍贵的类型学"活化石"范本，价值非凡。改革开放以来，这些少数民族地区也获得了前所未有的巨大发展，人民生活日新月异；但与此同时，少数民族地区的民族性在不可避免地愈发衰减、退化，甚至消失。如果我们再不采取保护措施，若干年后，各少数民族的许多宝贵民族文化遗产将无法挽救地彻底消亡，这部分同属于全人类精神财富和中华民族集体智慧的宝藏，我们将再也看不到了。

在"设计发生学"问题上，我们一向秉持文化多元论的观点，认为人类文明是全世界人民共同创造的，各国家、地区、民族均做出过大小不一、形态各异的贡献；同理，中华民族的灿烂文明是中国的各族人民共同创造的，每个民族都对中华传统文化做出过贡献，也都应当得到尊敬和肯定。中国的各少数民族在中华文明漫长的演化过程中，都曾经以自己独特而充满智慧的文明成果，补充、完善甚至改良着中华文明。比如，古代西域的龟兹古国各民族创造或引自西亚的弹拨乐器和拉弦乐器以及音律、曲式，彻底改造了中国古代音乐，新创作出代表中国古乐精髓的江南丝竹；南疆的维吾尔族和北疆的哈萨克、塔塔尔、塔吉克等族首创了制革术，并引进古波斯革皮书籍装帧术和制靴术、制毡术、毛衣编结术；海南岛的黎族率先种植棉花并纺织棉布，传入内地后棉织业逐渐形成中国古代手工行业的"天下第一营生"……保护少数民族的民族文化特性，就是保护我们的历史遗产，就是传承我们的文明。我们应进一步发扬文化兼容的优良传统，把振兴中华的百年民族复兴梦，逐步落实为将大中华建设成为中国各民族共同拥有的美好家园。

由上千名来自全国各高等艺术院校的教授、研究生组成的55支团队参与编撰的《中国少数民族设计全集》（55卷），正是有识之士基于对各少数民族的民族文化特性正在快速衰减、消亡的严重现实问题的深切忧虑而进行的抢救、发掘、整理中国少数民族文化遗产的重要文化工程。经过两年精心筹划，六年努力写作，在国家出版基金管理部门的支持下，在山西人民出版社和人民美术出版社的策划和组织下，目前《中国少数民族设计全集》的书稿编撰工作已基本完成，即将付梓。在长达八年的漫长过程中，全国兄弟院校各团队涌现出的各种可歌可泣的事迹经常感动着笔者，并不时鞭策着全体作者克服千难万险，一路向前。有的分卷作者身患绝症仍不眠不休地忘我工作，有的分卷作者遭遇各种意外仍坚持工作。特别是，很多民族同志公而忘私、不计较个人得失，有人不惜将自己赚钱的企业关张歇业，全身心地投入各自所负责分卷的繁重编撰工作中；有人义无反顾地将自己珍藏多年的本民族实物、资料和研究成果无偿提供给相关分卷作者。大家万众一心，克服各种复杂得难以想象的困难，以确保这部凝聚了众人八年心血的巨著，能按计划如期完成。借此机会，笔者谨

求同存异 和合共荣

代表本丛书编委会全体成员,向领导、编辑和作者们表示衷心的感谢!

作为一项文化创举,笔者深信《中国少数民族设计全集》必将在未来岁月的长期检验中,愈发显现其非凡的、独特的文化价值。

2017年夏季于南京

前言

独龙族是我国云南省西北边陲的高山民族，位于中缅边境滇藏交界地带，繁衍生息在高黎贡山和担当力卡山之间的独龙江流域。独龙江流域是我国降水量最多、日照最少和无春旱的地区之一，地形为两山并耸，间夹一江，山高壁峭，深谷激流，连绵的两大山系并立，云低雾绕。其地势北高南低，利于孟加拉湾暖湿气流的北上，形成了冬暖夏凉多夜雨的海洋性气候，年降水量在2900—4000毫米之间，年空气湿度达90%以上，平均日照不足4小时，年无霜期为280天左右，森林覆盖率93%。这里是较为典型的垂直立体气候，由高而下分布着寒、温、热三个气候带，这样的环境使当地的植物和动物性资源非常丰富而多元。独龙江流域是独龙族唯一的聚居区，少数独龙族散居于维西、福贡县；独龙族是我国人口较少的民族之一，据2010年人口普查，其人口约为7000人。独龙族史称"撬""俅人"等，自称"独龙"，1952年根据独龙族同胞的意愿，周恩来总理将其定名独龙族。

独龙江流域每年12月至次年的6月初大雪封山，山险路难，出入极为不便，独龙人一度完全处于与世隔绝的封闭状态，这使相对纯粹的独龙文化得以保存更长久一些。独龙族原汁原味的文化痕迹更值得关注、研究和保护。

本书选取了50例独龙族较有代表性的案例，从其传统民居建筑、传统服饰和首饰、传统餐饮和食材、传统日用杂具、传统农具和工具、传统手工艺、传统礼俗宗教行序及用具七个方面进行了设计学角度的分析，从其设计功能的诉求、材料的选择、工艺的应

用、结构的完善、文化审美的需求等方面进行了初步的梳理。运用图像分析和文字阐释相结合的方式,力求直观形象地展现独龙族人民生活智慧和设计魅力。

独龙族传统民居建筑方面:选取了木垒房、竹篾房、房顶结构、火塘、木梯、门窗结构、门闩7个案例,从整体到局部分析阐释了独龙人的建筑成就。独龙族的建筑环境较为恶劣,多选择江边台地而建,或依山坡而筑。独龙族居住的房间大同小异,整体而言民居建筑样式分两大类,一类是独龙江上游的木垒房,另一类是独龙江下游的竹篾房。从孔当村往独龙江上游走木垒房逐渐增多,且有两种类型:一种是直接采用去皮的圆柱木料相互卡接堆垒而成,另一类是用较厚的原木木板卡接围合而成。独龙民居房型呈长方形格局,房顶用茅草或斧劈薄板覆盖,室内整体铺木板或竹板,下部用原木承接,底部用木墩、石头垒接而成,其整体离地面有一定距离。这一距离整体是独龙江上游距离偏低,比如在雄当小组有的木垒房底部悬空在半米以内,越到下游距离逐渐加大,在钦郎当小组有的竹篾房底部悬空超出两米,这主要是考虑到上下游温度和湿度的不同而进行相应的变化。木垒房圆柱木料堆垒的房屋结实耐用,且越往北部门窗相对越小,尤其窗户,在雄当等地,有的窗户高度仅为一根木料的直径大小(两根并列的木料上下各裁去一半的厚度,合拼成一窗口),在独龙江流域中游的龙中小组的窗口就要大得多,人也可以从窗户出入;竹篾房的承重结构仍为木料,围合的墙面、铺设的地板多为整根的毛竹劈展开来的竹板或竹篾编织的竹席。独龙族传统的民居采用木榫卡合或竹藤捆绑的方式来组建,很少用铁类的钉子。由于此流域多雨潮湿,民居寿命一般在5到10年,屋顶茅草需要适时修缮,朽烂的木料需要适时更新。在独龙族原始的轮耕生产方式下,土地、草木都得以休养生息,为建筑提供了充足的木料和茅草，这是一个自给自足的可持续循环的自然生态链。此处还有一点值得关注，独龙人木垒房的四面圆木或木板上面都有明显的序列符号和方向性的标识，这使得其房屋搬迁重建时可以准确复位，搬迁和重建速度极高，快的只需要一天的时间。这显然得益于清晰的木料次序标记和房屋的木榫结构方式，是独龙人流传下来的智慧结晶。

独龙族是火的儿女，火塘是建筑室内的重要设施，通常视需求设一到数个火塘。火塘不仅为独龙人提供了烹饪的火源，还能驱寒除湿。由于长时间燃烧木料，其烟火使房屋的木料表面沾满厚厚的植物烟油，具有一定的防腐作用。独龙江中上游流域的火塘通常从地面垒土筑石或木板到屋内地板位置，土基夯实耐烧，火塘四周留有部分小的缝隙，利于将多余的尘土扫除到屋外；下游的火塘，随地板的抬高而逐渐进行悬空处理，三面用木板排满围合起来，四角用圆木支撑，围合的内部同样夯土而成。火塘旁的座位在传统礼仪中也有讲究，分"阿能"和"撒亚"两类，父亲或老人所坐的位置称为"阿能"，其他人不得乱坐，"撒亚"则是客人和年轻人的位置。老人通常在火塘边或房屋某边设床或铺就寝。火塘上方通常挂有"海木机"，是用来烘烤食物或湿柴的长方形架子，常用竹料编制成，一般会设为三层，也有天地人之说。最上层通常用来放置一些较为常用的杂物或食物。

木梯是独龙族建筑中连接地面与房屋的桥梁结构，民居当中通常用一根原木砍出锯齿状的台阶，当作上下房屋的梯子，其长短宽窄视实际情况而变化。也有通往较高处的粮仓、房屋等的木梯，其跨度一般超出两米，常直接在圆木上砍出台阶，有时用两三根一起并置而用，增强结构力量。当然，在下游的钦郎当也有超出三米的单根毛竹梯，直接在毛竹上砍出脚踏的台阶，通常两根并置一起使

用，增加安全性。独龙族民风淳朴，在民居的建筑当中有着较为明显的体现。有的传统民居的门是不上锁的，只是用门闩关住，防止牲畜进入，本书选取了一例能从内从外都可以闭锁大门的门闩，这样的锁门法且一般不用挂锁，设计独特，是一例具有本真色彩的匠心体现。

独龙族传统服饰和首饰方面：选取了独龙毯、绑腿、遮阴板、现代独龙毯服饰、药物首饰、合金舞饰、铜镯、串珠系香项链共8个案例。近百年来的独龙族从刀耕火种的原始生产方式中走来，在新中国成立前还保存了某些原始的痕迹。较为典型的就是一直沿用到新中国成立前的木制遮阴板，其造型简单而原始，经久耐用，令人印象深刻；日常穿着方面，过去以细麻为主要材料，从20世纪30年代开始，随着与外界的经济来往增多，逐渐过渡到以棉布为主的服装。其传统服饰较为简朴，独龙毯是其最有特色的服装。男子上身披一张麻布毯，下身穿麻布短裤。女子上身披两床花纹麻毯，长至膝下，下身穿裤裙。所披麻毯皆无纽扣，竹针贯之或打结系束，披脱较为自由；由过去的独龙毯改制而成的独龙毯服装在材料和服装结构上都发生了变化，穿着更为得体；独龙人经常上山劳作，麻布绑腿是其必备的腿部掩护，可以防蚂蟥、蚊虫等的叮咬，又使密林山间行走干净利落。

在首饰方面，选取了药物首饰、黄铜镯、合金舞饰、串珠系香项链4个案例。目前所见的都较为简单，首饰大多已流失，较少保存。药物首饰利用天然物料来制作，带有一定药效，是很有特色的部分，使首饰本身的内涵和外延都有了新的意义。传统的金属首饰材料以铜、银等合金为主。黄铜镯和合金舞饰这两例金属首饰为铸造而成，多为从外地流通而来，但其特有的纹饰和较为别致的用法令人耳目一新；宝石以仿制品居多，珊瑚、琉璃、砗磲等类别较多。

在独龙族饮食方面，选取了烤白鱼、烤土豆、酥油茶和夏拉酒4个案例。独龙江地处垂直气候带，呈现多样性，适宜种植杂粮。常种植玉米、小麦、洋芋、青稞、小米等农作物，南部热带地区还种植水稻。高山上丛林密布，生长着丰富的野菜、野菌等野粮，同时山上的各类走兽飞禽也是必不可少的野味，如野猪、松鼠、野鼠及各种鸟雀等等，不过现在禁猎之后，已很少食用了；春夏时节，独龙江和众多的山涧溪流里常有成群的冷水鱼逆流而上，在这里可以进行各式各样的捕鱼作业，常有不错的收获。此外，独龙族饲养牛、猪、羊、鸡等。独龙人一般平时很少宰杀牛、羊、猪类较大型的动物。牛每年在"祭天"时才会使用，猪基本也是每年宰杀一次，鸡相对来说较为常用。独龙族的饮食以杂粮为主，常用较为鲜嫩的玉米烤熟，再脱粒进行舂制，平时作为零食，上山时也可作为干粮。传统饮食以杂粮为主，以烤、煮、舂为主，炒菜相对较少，土豆是最为常见的食材，常以烤和煮为主，加热时通常放到木炭灰里进行。烤白鱼是现在独龙族较为常见的食物，可以直接去肚洗净，再用竹签首尾贯穿，放到火上开烤，烤时香味四溢；食用时只需将其中间的主刺去除便可以吃；当然直接煮熟而食是更为常见的吃法。不管哪种吃法，一般不用放任何调料，只视需求佐以少许盐巴。独龙江的冷水鱼，鱼鳞极为细小，可视作无鳞鱼类，皮薄肉肥，味道鲜美，是独龙人夏天主要的蛋白质来源。酥油茶是独龙人最为常见的热饮，将茶砖、牛奶、糖、猪油等按比例调制好，煮开后装到茶桶里进行充分搅拌，便可以倒出分享，它可以有效增加人体能量，抵御严寒。酒在独龙族被誉为"晚上的太阳"，夏拉酒就是独龙族常饮用的一种酒肉混焖而成的饮食，常见的有鸡肉、鱼肉两类夏拉酒。制作时先将肉用漆油爆炒至熟，再放入适当的腊酒，视饮用量而增减，再烧开即可饮用。一般一只鸡放0.5至1千克的腊

酒。夏拉酒混合了酒的热辣和肉的余香，十分有特色。还有一种是将鸡蛋用漆油炒熟再放入腊酒，叫"卡冷乔勾"，它与夏拉是独龙族妇女坐月子时必吃的滋补食品，可以祛除湿寒。另外，夏拉酒对于风湿患者具有减轻病痛的作用。

独龙族传统的日用杂具方面，选取了斜刃刀、马口钳、木料刀具、独木矮凳、树杈高凳、轮胎皮畚箕、风箱、酥油桶、竹饭筒、竹口簧共10个案例。传统的独龙族人多居住在半山腰上，且相对分散，物资相对匮乏、运输不便，常节约难得的物质材料，因地制宜采用不同的设计来满足日常生活的基本需要。出于经常入山狩猎的考虑，携带的工具通常以简便轻巧为主，且往往具有多种用途。比如木柄的斜刃刀，其刀刃外设，刀柄与刀刃呈130°左右，人手握持非常方便，便于多种用途：削竹箭、为猎物开肠破肚和剥皮等，而且非常符合人体工学。马口钳的设计是综合了铁钳和木料阻挡的作用；木料刀锯较一般家用的刀锯要大得多，其通常用于几个人一组进行的圆木锯开分解作业，是切分大型木料较为快速的工具，相比用刀斧的劈砍大大提高了效率和木料的利用率。利用原木进行整体设计是独龙族常用的手法，比如在原木上做减法，可以制成独木凳，可以做成树杈凳，可以掏成独木风箱的主体，可以做成木质舂碓等等；竹子也是独龙人驾轻就熟的材料，利用竹筒做成酥油桶、竹饭筒、竹口簧等；甚至将废旧的轮胎与竹条、铁丝合制成十分耐用的畚箕，在建筑工地上来用；也有的直接将废旧轮胎去掉破损的部分，保留大部分腔体做成洗衣盆等等，橡胶的韧性特长得到了更为充分的发挥。在相对实用的生活器具设计中，充分体现了低成本、高效能的设计风格，用物尽其用来形容恰如其分；娱乐方面，独龙族也有简洁的发声乐器——竹口簧，此类竹口簧的形态与其他兄弟民族的较为类似，独龙人在劳动间隙或闲暇时常常吹奏，以娱乐心情，现在较为少见。

独龙族传统农具与工具方面，选取了独龙族手锄、舂碓、水磨、独龙砍刀、弓弩、捕鸟弓、捕鼠陷阱、抛网、夹网、投鱼叉、鱼篓、溜索溜梆、箭包、竹篾背箩、刻木记事等共15个案例。独龙族传统上采用"刀耕火种"相对原始的生产耕作和渔猎的方式。因此，其有着较为原始的手锄，简陋一点的直接用较为结实的树杈的天然弯头来当锄头，耐用些的是在树杈上套上铁打的锄尖，功效大为提高且耐用；在粮食加工方面，少量的加工通常用较为原始的舂碓；量大一点的就可以用水磨来进行自动的加工。独龙人充分利用了高山环境形成的地势落差和水资源十分丰富的特点，建立起一些可以全天候进行粮食加工的水磨坊，甚为方便。独龙族是高山民族，在山上行走和狩猎是日常之事，独龙砍刀、弓弩常常随身携带，遇到猎物可以迅速出击；若专门进山，通常要十天半月，几个人一起进行围猎，采用各类猎捕的手段、设计陷阱，可以较为高效地达到目的。此类器具的设计最能彰显其在高山生活的智慧，触发机关的巧妙、陷阱铺设的隐蔽、力量传导的精准等等，无不令人叫绝。依山傍水的独龙人在江上也彰显了出色的设计能力：在浅滩水域，可以站在江中或江边岩石上夹网捕鱼，巧用竹的柔韧、网的空间，再加上使用的技巧，堪称一绝；在靠近江边湍急的山涧中找到翻腾不息的水潭，用竹竿将坠有石块的抛网抛入其中，再用石头固定在水边，加重的网坠和水边的固定可使在急流中的捕网纵向展开，从而捕获进网的鱼；在鱼潮旺盛的季节，利用铁钉、竹竿和拴在手上的鱼线来制作投鱼叉，投鱼叉的捕鱼范围比一般手持鱼叉大得多；还有将部分水流改道，使有鱼群的水域水面骤降，部分泄水区域便可以用鱼篓捕鱼，只进不出，效果明显；独龙江是天堑，渡江方式展现了独龙人的勇气和智慧。一方面采用了长藤编织藤桥过

江，另一方面采取竹索、溜梆相结合渡江，索道的高低、溜索的技巧都十分重要。二十世纪三四十年代，有了钢制的索道和滑轮后，溜索承担了大部分的人、物、畜的运输，为独龙人征服独龙江天堑做出了巨大贡献。狩猎时代，独龙江流域有不少棕熊出没，棕熊皮常做成各式皮具，其中与弓弩配合的箭包就是常见的器物，常会采用木板作底板支撑、用竹筒来分区，熊皮裁切后巧妙围合，再整体缝合，实用性强同其他高山民族一样，独龙人在日常采集作业时通常采用竹篾背篓。一般会视背负储存物品的种类不同而采用不同编织方式的背篓，背草料的可以疏空大孔，背重物的要密集结实，做挎包的则精巧细腻，玲珑可爱，款式也多样。独龙族的刻木记事是其原始风俗的体现。独龙族有自己的语言，是藏缅语系，但没有自己的文字，常用一些较为特殊的符号来表达特定的意思，包括婚丧嫁娶或节日礼俗等等。官方采用在木条上刻画缺口等"刻木"来记述和传达重大的事件，民间也用"木刻"语言邀请远方的亲戚或朋友参加重要的活动等。

　　独龙族传统手工艺方面，选取了独龙文面、独龙毯织造方式、手工编结3个案例。独龙族大部分器具都是手工艺的作品，在这里选取了较为典型的部分。独龙族纹面是我国现有民族中唯一的留存，有着深刻的历史文化内涵，同时也是直接作用在人体的一门手艺绝学。新中国成立前，独龙族的女性在十三岁后都开始文面。文面的原因有着多种说法：一说为了躲避外族入侵时掠走本族年轻女性，具有一定的保护色彩；一说文面的形状若蝴蝶，是为了人去世后的第二灵魂"阿细"在"阿细木立"（如同汉族的阴间）生存到年限后，变成蝴蝶飞向人间，是一种信仰的崇拜；一说是有保佑护身的作用，在生孩子之前去文了面；也有认为是为美丽才去文面的，说法不一，值得进一步研究。文面是用非常尖锐的野生棘刺在脸上刺文。刺文所用材料是松明子燃烧后的锅灰调制的灰水。刺文时刺文者一手持沾有灰水的刺针，一手拿拍针棍，轻拍刺针在脸上刺出花纹，几天后伤口愈合，灰水渗入皮层呈黑蓝色，永远擦洗不掉。文面范围在独龙江南北区域稍有不同：北部地区多文整脸，南部有的只文嘴部周边。解放后，文面这一习俗便停止了。现在的青年女子有的将此作为时尚美容的手段，用特殊的颜料在脸上画出此类纹饰，也算是另一种形式上的延续。织布是独龙族女性必备的技能。她们织出的毯子，色彩绚烂，斑斓有序，具有明显的民族特色。独龙族的姑娘们一般在十多岁时学会织布技艺。在此之前的砍麻、剥麻、晒麻都由男子承担。野生麻捻线后，再浸水、拉紧晒干，接着与火灰混合在大锅里煮、洗成白线，再用树枝、树叶等天然原料将其染色。独龙人用简单的腰机进行经纬线织作。纬线一般用白线麻线，经线用各色的麻线穿插，制作出条状的图案花纹，简洁大方，被誉为彩虹般的独龙毯。制作好的独龙毯可以做成衣服，可以做成挎包，也可以当作被子。这种织作费工费时，仅凭手工速度很慢，如今多用棉线或毛线来代替麻线，效率提高了不少。竹藤编织是高山民族的绝活，独龙族也不例外。独龙江两岸竹藤资源十分丰富，农闲时间砍竹扯藤，编织各类藤箩、竹篮、竹盒、簸箕、竹箱、小竹箩等等，多为自家使用。有的竹盒编织得密不透风，可以盛水，手艺十分了得。

    独龙族传统礼俗宗教行序及用具方面，选取了剽牛祭天、独龙族丧葬、同心酒杯3个案例。独龙族的新年称为"卡雀哇"，剽牛祭天则是每年"卡雀哇"最隆重的典礼，也是独龙族众多祭祀活动中最具代表性的一个。独龙人崇尚万物有灵论，在这样的宇宙观下，日常生活生产中常举行祈祷祭祀活动，如祭天、祭地、保命、招魂、送魂等，这些是独龙人精神寄托的重要内容。剽牛祭

前言

的牛通常是富裕人家无偿提供，"剽牛"仪式由"乌"主持。他是这天第一个喝酒并喝足之人。牛背披独龙毯由"乌"牵着在牛主人房舍绕三圈，祈祷主人家安康。随后牛被拴到广场中间的木桩上，众人围成圆圈，在"乌"的带领下，敲铓锣舞刀矛，跳牛锅庄舞。之后"乌"将牛刺死，剥皮分肉，凡参加仪式的人均可得一份。内脏和血则用大锅煮熟分吃。"乌"背牛头围着"祭牛"跳舞，众人跟跳。大家欢聚一堂，尽情唱歌跳舞饮酒，期盼明年风调雨顺、人畜兴旺、五谷丰登。同心酒杯是竹制的双耳酒杯，用它喝同心酒是久别重逢的友人或新婚新人同甘共苦的一种写照，反映了独龙族人与人之间朴素真挚的情感。独龙族信仰万物有灵论，逢事必祭。上山打猎之前祭祀猎神"仁木达"；独龙族男人祭祀崖神"拉"，用"所拉乔"的仪式进行古老的保命延寿的洗礼；独龙族女性一生中也要举行祭祀保命延寿的仪式"木索哇"，身体不好经常患病的，要举行多次。

奔流不息的独龙江哺育了独龙人，两侧群山呵护着独龙人，这样的青山绿水造就和保留了诸多原生态的独龙文化。独龙人崇拜大自然，敬畏大自然，呵护大自然，融入大自然，与自然和谐相处，创造了独特的独龙族特色文化。独龙族固守千年的传统设计文化展现了迷人的智慧和独特的魅力，其传统的生活方式和耕作方式具备的科学性、环保性，值得我们进一步去研究，同时也对我们现代生活提出反思课题。在民族文化传承、保护、发掘与发扬上，因地制宜的帮扶、有人文关怀的改变和引导比起直接用现代文明生硬嫁接或许要更有魅力，也是真正的保护和发展。

本书的编纂成员主要来自各方面的学者和院校师生。他们是云南省社会科学院的李金明研究员、苏州经贸职业技术学院的樊世东老师及其团队、中国传媒大学南广学院的汤懿老师及其团队等，以及来自南京艺术学院设计学院的研究生，他们是单芳霞、刘艳斌、张孙晨、卢慧敏、陈圣錾等。正是各位同仁的共同努力才使本书得以快速完成，在此表示由衷的感谢！

感谢李金明先生为本人独龙江考察提供了无私的帮助和热情的联络。一路得到众多独龙族兄弟的大力支持，他们是：贡山县民宗局办公室主任、独龙江乡武装部部长李金沙、雄当小组李志伟及其家人、迪政当支书和组长、龙中小组组长、白来小组组长、孔当村支书、巴坡村支书、普卡旺小组组长等。

编撰《中国少数民族设计全集·独龙族卷》，对于我们来说，是一个全新的学习的过程，也是一个比较全面与系统地了解独龙族人民及其生活和文化形态的过程。尽管编撰团队始终抱着对学术研究敬畏的态度，查阅了大量文献资料，本人也进驻独龙江考察前后24天，对独龙江从北到南进行了实地考察与调研，但因学识与水平有限，无论是案例选择的典型性方面，还是具体案例解析的全面性方面，肯定存在着诸多不妥之处，恳请方家批评指正。

樊　进
2016年8月于南京

目录

第一章　独龙族传统建筑

　　独龙族木垒房　002
　　独龙族竹篾房　008
　　独龙族房顶结构　015
　　独龙族火塘　023
　　独龙族木梯　029
　　独龙族窗户结构　035
　　独龙族门闩　040

第二章　独龙族传统服饰

　　独龙毯　048
　　独龙族麻布绑腿　053
　　独龙族遮阴板　058
　　现代独龙毯服装　063
　　独龙族药物首饰　068
　　独龙族合金舞饰　071
　　独龙族铜镯　075
　　独龙族串珠系香项链　080

第三章　独龙族传统餐饮

　　独龙族烤白鱼　086
　　独龙族烤土豆　090
　　独龙族酥油茶　094
　　独龙族夏拉酒　098

第四章　独龙族传统生活用具

独龙族斜刃刀　102
独龙族马口钳　107
独龙族木料刀锯　114
独龙族独木矮凳　119
独龙族树杈高凳　123
独龙族轮胎皮畚箕　127
独龙族风箱　134
独龙族酥油桶　138
独龙族竹饭筒　142
独龙族竹口簧　146

第五章　独龙族传统生产工具

独龙族手锄　152
独龙族舂碓　156
独龙族水磨　161
独龙族砍刀　166
独龙族弓弩　170
独龙族捕鸟弓　175
独龙族捕鼠石器　180
独龙族抛网　185
独龙族夹网　190
独龙族投鱼叉　194
独龙族鱼篓　197
独龙族溜索溜梆　200
独龙族箭包　207

    独龙族竹篾背篓　211
    独龙族刻木记事　216

第六章　独龙族传统手工艺
    独龙族文面　222
    独龙毯织造　226
    独龙族手工编结　232

第七章　独龙族传统民俗和宗教造像
    独龙族剽牛祭天　240
    独龙族丧葬　246
    独龙族同心酒杯　250

第一章 独龙族传统建筑

独龙族木垒房

图一　独龙族木垒房主图

　　独龙族主要的聚居地在独龙江流域，居住在独龙江两岸的山坡上，依山傍水，视野开阔。传统的独龙族房屋是干栏式建筑，有木垒房和竹篾房两种材料形态。木垒房根据建造的主要材料又可以分为圆木垒房和木板垒房两种，是一种采用榫卯结构垒接搭建而成的木质房屋，是许多山林地区民族常用的建筑方式。独龙族的木垒房主要分布在独龙江流域的中、北部地区，在孔当以北包括龙中、白来、迪政当、雄当、献九当等地；南部多为竹篾房，比如马库、钦郎当等地。本案例是较为典型的独龙江北部区域的房型，属于木板垒房，选自云南省贡山县独龙江乡迪政当村雄当小组。其建筑尺寸根据家庭人口和居住需要来决定。本案例中的木板垒房，离地约0.62米，左右两个房间为一方形结构，其边长约4.3米，中间过道宽度约为1.065米。

　　独龙族木垒房使用的材料以当地繁茂的冬瓜树为主要材料。冬瓜树生长迅速，树高一二十米，质地较为坚硬，是非常合适的建筑材料；独龙族过去采用"轮耕"的生产方式，使整个村寨的建筑有着源源不断的木料、茅草等建筑材料。木垒房的房型是方形构造，墙体是以四面围合榫卯垒接而成的。独龙族的四面垒接的每一块圆木或木板都有明显的方位（东、西、南、北）和序号标记。这样的标记与传统的独龙族过着迁徙生活有关，每次短途迁徙，经常将房屋按序拆解，再按照原有的方位顺序依次搭建起来，能够节省大量的人力物力。这是独龙族木垒房标识设计的朴素智慧，恰如其分地表达了其迁徙生活的状态。屋顶上面通常铺设厚厚的茅草，捆扎于横梁之上；也可用木板从上到下顺序叠压而成，上面再放置一些石块增加木板的压力，不至于滑脱或被风起掀走。厚实的茅草房冬暖夏凉，雨滴落在上面在室内几乎听不见，比木板叠加的房顶和后来彩钢瓦房隔音效果好得多。独龙族人是火的儿女，离开火在潮湿的环境下很难生存。因此，独龙族的木垒房中通常建筑火塘，用来烹饪、取暖和除湿，火塘周围用来起居、聚会等活动。木垒房的墙体天然保留了足够多的缝隙，可以保持一定的空气流通性，利于烹饪取暖时的烟气的散发，也利于天气晴朗时屋内湿气的扩散去除。木垒房的地板铺设也有一定的考究，地板并不是越密不透风越好，通常会特意设计保留一定的缝隙，有时故意扩大在火塘、饭桌区域的缝隙或凿成小洞，可以及时扫除屋内的一些尘土、餐余垃圾等，这样的设计可以在一定程度上保持房间的卫生。独龙族的木垒房还常在一个房屋的外墙（背面或侧面）靠近屋檐的高处搭建一些简易的隔架，这些隔架通常是鸡晚上过夜和生蛋（隔架上放置竹筐，内置茅草、旧衣物等作为鸡窝）的地方。

独龙族木垒房的干栏式建筑南北也有着一定的差异：一、建筑悬空的高度不同，北低南高；二、门窗大小不同，总体呈现北小南大的特征。小的门窗的保留带有明显的防御性，与过去恶劣的生存环境有关。大窗户增加了进出便捷性：紧急时可以使用窗户做临时的出入口（采自独龙江乡龙中小组）；三、北部多是有地的火塘，南部多是无地基的悬空式火塘。这些差异与当地的气温、湿度、风俗习惯有着密切的联系。很多村落常会发现一些房屋结构出现不同的调整，有的是结构性的细节，有的是不同的功用，有的根据个人的喜好进行的增减等等。独龙族木垒房分为两层：上层住人，下层圈养或散养牲畜，设有木梯上下进出。

独龙族的木垒房同其他少数民族一样采取了干栏式建筑样式，主要是为了防潮除湿而建。此类木垒房就地取材、因地制宜的造

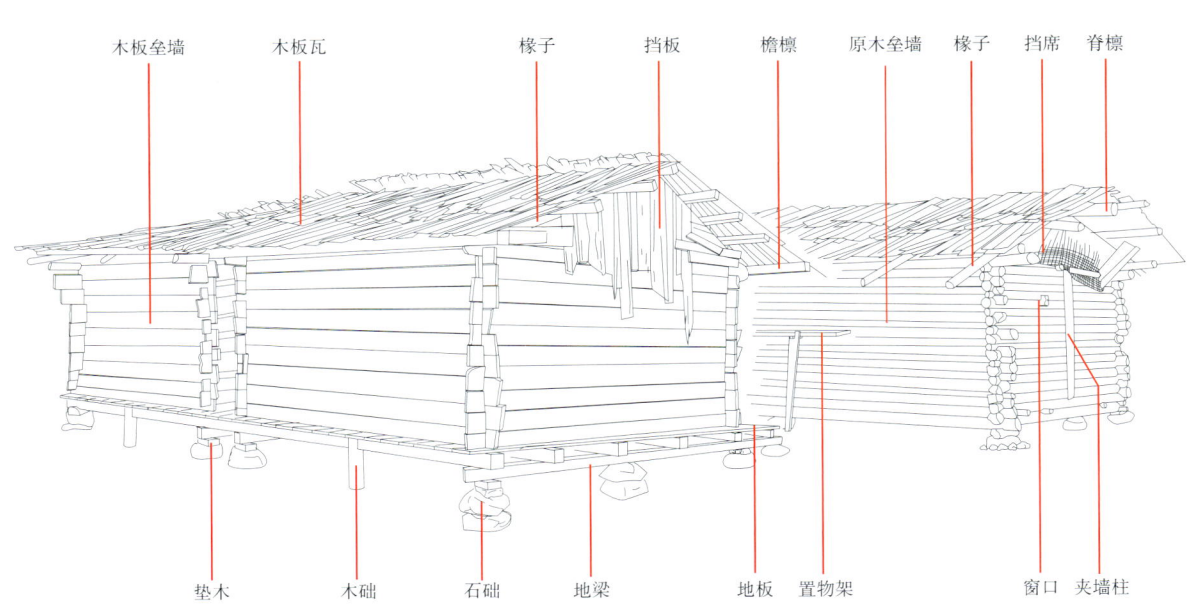

图二　独龙族木垒房结构名称图

第一章　独龙族传统建筑

物方式贯穿了整个独龙族造物的方方面面。木垒房合理解决了家庭住宅的需求，具备了搬迁的便捷、制作的环保、兼顾了禽畜的蓄养等等优点，在不同区域还有着不同的改良，是独龙族造物设计的重要内容。

图片来源

图一、图三、图六　樊进　摄影
图二、图四、图五　陈圣堃　范同辉　制图
图七　杨大禹，朱良文．中国民居建筑丛书：云南民居[M].北京：中国建筑工业出版社，2010.
图八、图九　杨虹　摄影

图三　独龙族木垒房其他视角

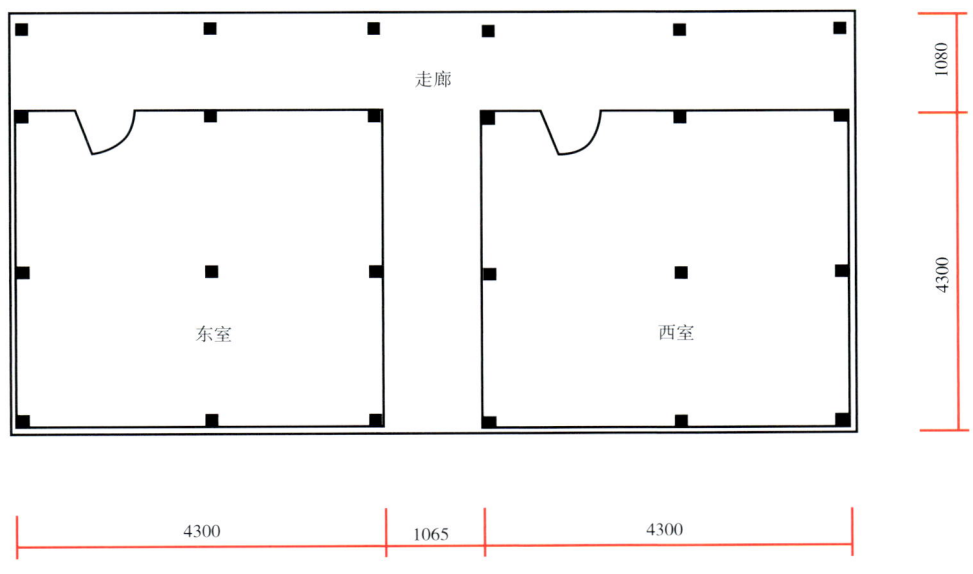

图四 独龙族木板垒房底部架构图（单位：mm）

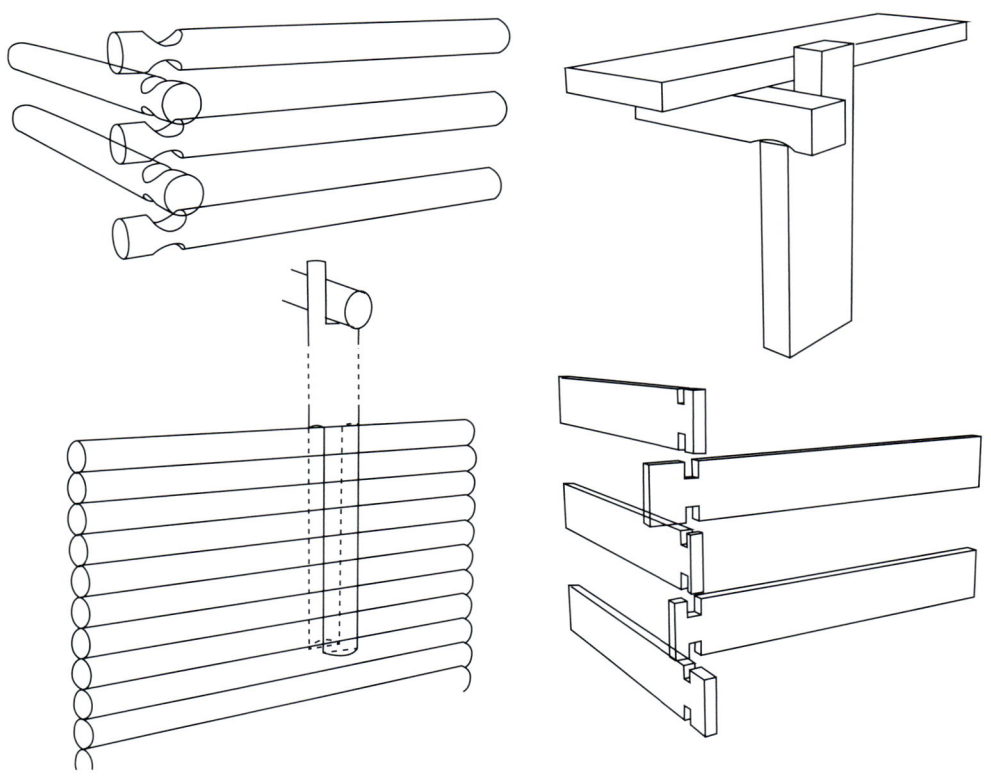

图五 独龙族木垒房主要榫卯、搭建结构图

图六　独龙族在建中的木垒房

木垒房屋

木垒房屋面木板

木垒墙体一

木垒墙体二

图七　独龙族木垒房墙体、屋面木板图

图八　独龙族木垒房外墙图

图九　独龙族木垒房内部

独龙族竹篾房

图一 独龙族竹篾房主图

独龙族竹篾房是独龙江下游民居的主要建筑形态。独龙江地区雨水丰沛、湿气大，其房屋都是悬空而立，竹篾房也如此。空间大、体量大的竹篾房支撑它的木棍较多，少则十根左右，多则二十根以上，从下面看这些木棍就像房屋的腿脚一样，也被称为"千脚落地房"或"千脚房"。这些千脚房越往独龙江下游其腿脚越长，房屋越高，是为避免湿气，增加空气流通。其下可以堆放柴火，可以养殖家禽牲畜等。本案例图一是结构空间较小的竹篾房，此类竹篾房多为临时居住而搭建的，一般不设火塘。但其保留了竹篾房其他的众多特征。用来居住的竹篾房其结构空间要复杂一些，增设了一个以上的火塘，房屋的空间区分也更为清晰明确。

独龙族传统的竹篾房并不是完全用竹材建成，而是以木料为支撑结构，以竹料为地板、墙体，用茅草作为屋顶遮蔽材料。从材料上来讲这类竹篾房称为竹木草房更为准确。独龙族的竹篾房从外观上来看分两种，一种是房顶为两面坡的人字形结构，这种结构的房屋通常建筑结构空间较为宽大，适合人居，是独龙族下游居住的主体房型；一种是一面坡的斜面屋顶，其结构空间较小，通常用来存储玉米等干粮，是存储粮草的主要房型。

传统的竹篾房与木垒房一样，主要建造在陡斜的坡地上。建造的程序大致如下：占卜房址、整理地面、测定建造面积和区域划分。在建筑时会先在房屋主要拐角转折处立主要的木柱，再用麻绳水平拉直，每隔50厘米增设一根立柱。从房屋结构来看房屋外侧和内部中间的立柱通常较长，是房顶的主要支撑；在房屋内侧底部的立柱和用来支撑各段横梁的立柱，其尺寸较短。立柱采用"埋插"的方式来生根，用尖竹棍等松土刨坑，将立柱用力插在坑内，深约30厘米，再用碎石填满固定，再培土夯实。再用藤篾绳索捆系横梁，将立柱连接起来，外侧横梁多用原木，内侧横梁也用结实的竹横梁；沿山坡一侧的横梁通常要保持一定的高度，以便于山洪雨水的通过。这样纵横交错的立柱和横梁组合成竹篾房的基本框架。基架做好以后，先搭建居住、活动的平台。根据需要，事先留出火塘位置，从靠山坡的位置开始向外搭建竹篾编的地板，这种地板经纬皆是由三到四根竹篾编织而成，独龙语称"几马"，与怒族相似。以地板为平台在四周的立柱上再绑架横梁，横梁离地板约170厘米左右；再蹲立在四周的横梁上架设人字形的斜梁和正中的大梁，之后再等距离绑架横梁交错的竹梁，最后再从低到高捆系茅草把。为了加固茅草顶，通常也会在人字形房顶两侧增加横压杆。竹篾房的内外墙体通常用粗毛竹劈斩成的竹板或竹编席、竹竿等围合。竹篾房的火塘设置总体与木垒房的原理一致，即垒土隔热防火。由于竹篾房离地较高，离地高度通常在100到200厘米，所以火塘通常是从地面生根，用树根木桩鼎立出一个方形木板盒，上方与横梁紧密相连，形成一个整体的结构力。竹篾门通常开在靠山坡的方向，其外可设凉台。门多用木板或竹篾，一侧绑系在门框上，简单方便。下游的独龙族小型竹篾房长宽尺寸大约为320厘米，面积约10平方米；中型的面积大约20平方米。独龙族习惯用"腕"来量尺寸，小房长宽为"四腕"，中型的房子长宽约"六腕"，每"腕"约等于80厘米。

独龙族竹篾房满足了独龙人居住和储物的需求，是适应性的典型生态设计。其造型样式多变，但建筑结构原理相同，既有独龙人的生存智慧，又有多民族交流的经验。

图片来源
图一 李金明.中国人口较少民族丛书·独龙族[M].北京：中国民族摄影艺术出版社，2007.
图二至图八 刘艳斌 制图
图九 杨发顺，罗金合.历史的印痕·最后的文面人[M].北京：中国旅游出版社，2006.
图十 周文林.云南少数民族图库：怒族·独龙族[M].昆明：云南美术出版社，2001.
图十一 樊进 摄影

参考文献
蔡家麒.藏彝走廊中的独龙族社会历史考察[M].北京：民族出版社，2008.
王中华.中国文化知识读本——独龙族[M].长春：吉林出版集团有限责任公司，2010.

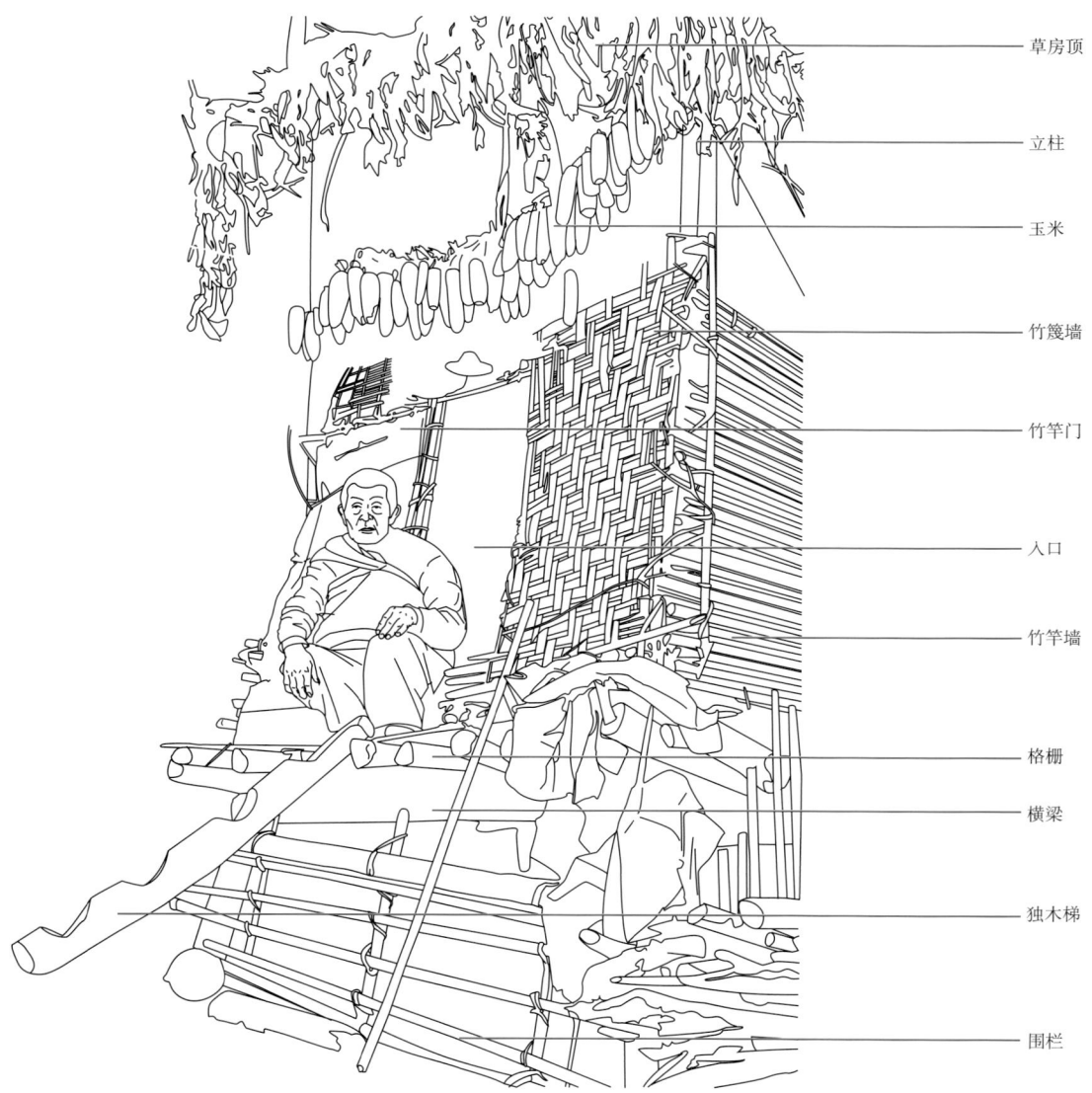

图二　独龙族竹篾房名称示意图

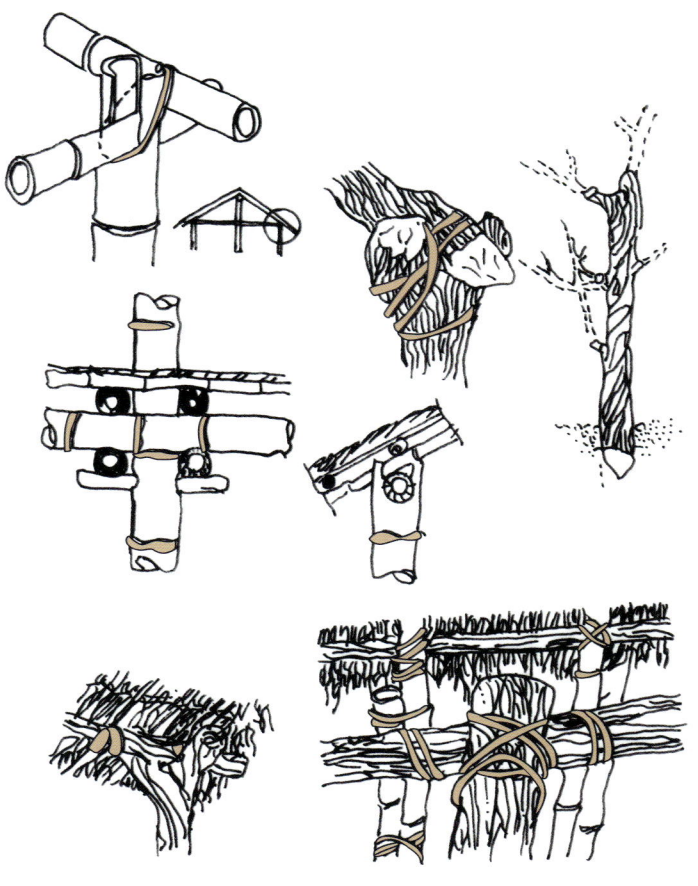

图三　独龙族竹篾房竹木构架捆绑示意图

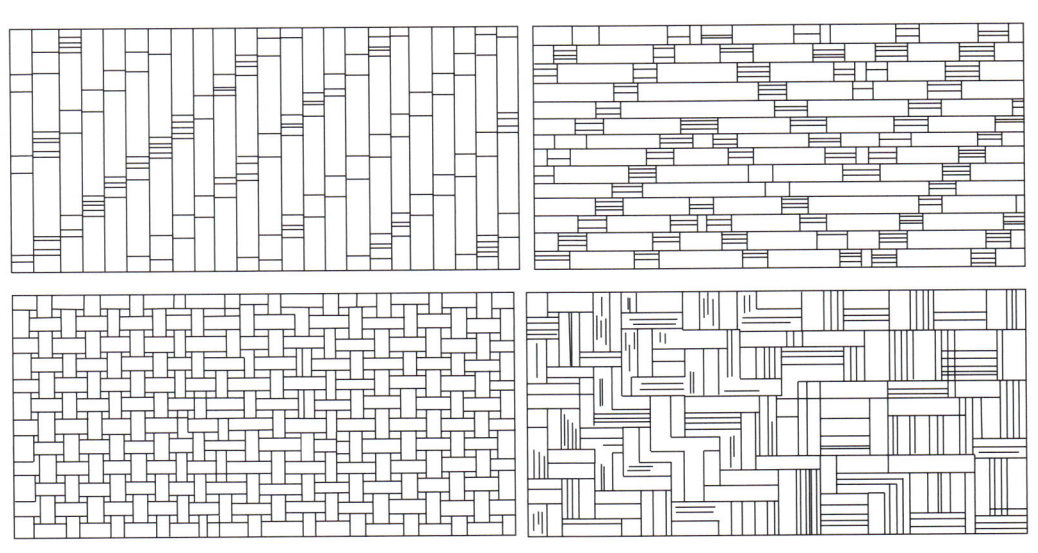

图四　独龙族竹篾房墙面纹理

图五　独龙族竹篾房前台阶

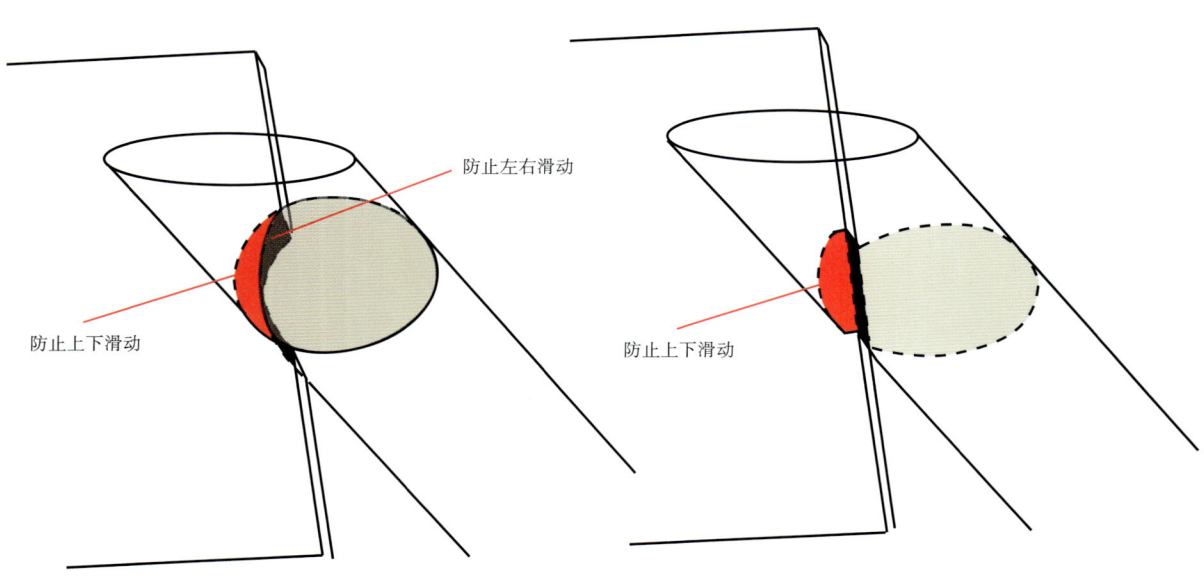

图六　独龙族竹篾房台阶衔接示意图

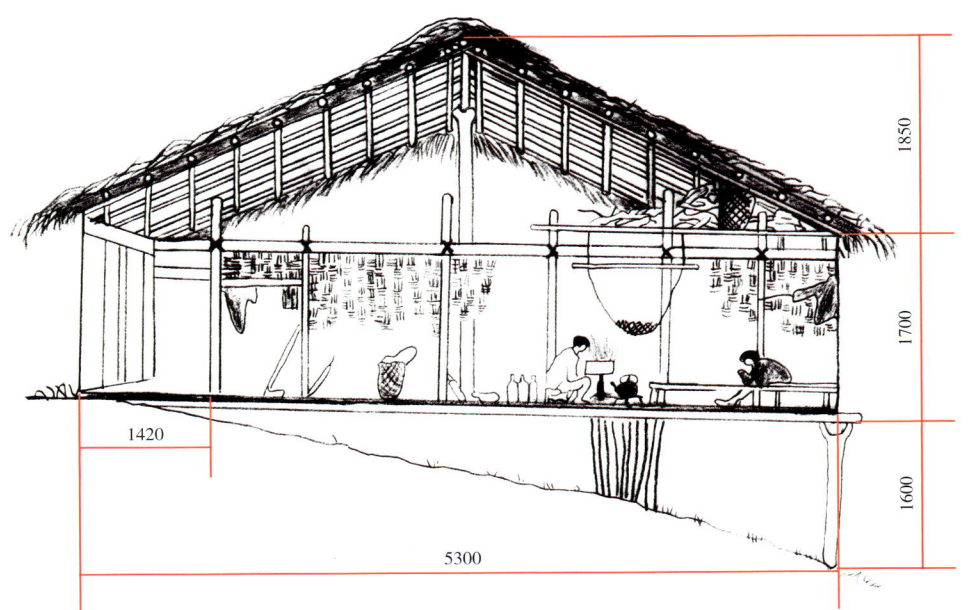

图七　独龙族竹篾房内部剖视图（单位：mm）

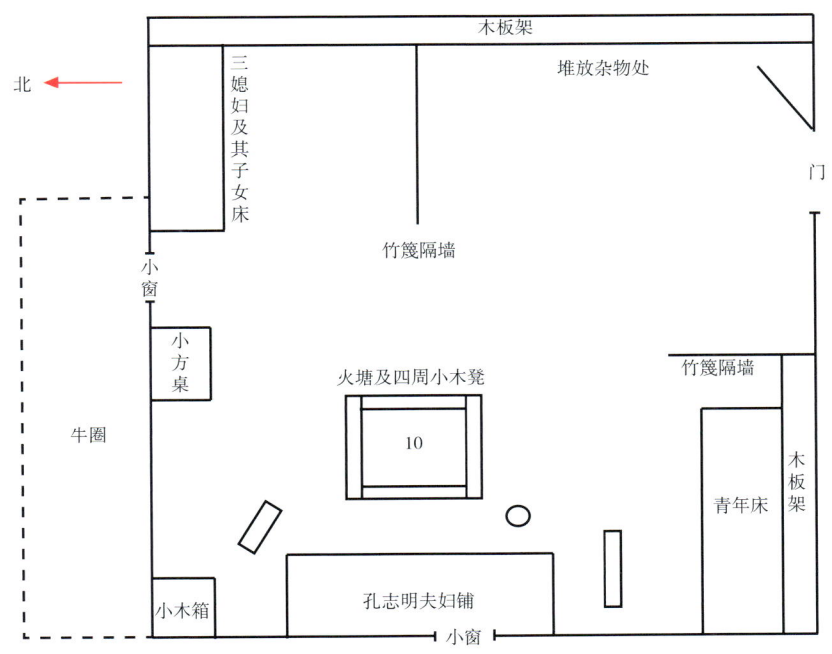

孔志明家居平面图

图八　孔志明家居平面图

第一章　独龙族传统建筑

图九　独龙族竹篾房外部　　　　　图十　杆栏式竹木楼内部

图十一　独龙族竹篾房内部（钦郎当）

独龙族房顶结构

图一　独龙族草房房顶主图

　　传统的独龙族建筑都是自然性的生态型环保建筑,是刀耕火种下的农业生产区的造物方式,这一点是云南少数民族大都具备的共性。独龙族的房顶结构同样如此,这与传统的生产、生活方式有密切的联系。独龙族的房顶覆盖材料有茅草、木板等天然植物性材料,也有片状页岩等矿物材料。

　　这些植物性材料当中,使用最普遍的是茅草。这与独龙族传统的"轮耕"生产方式有着密切的关系。独龙族常将村寨可以耕种的山林地划分片区,以轮流耕种的方式进行,每年耕种一份,收割一份土地的茅草,砍伐一份林木。下一年再砍另一份林地,收割去年砍伐林地里长出的茅草,耕种去年长茅草的林地。砍伐林木时会保留一段树桩,树桩来年就可以发出新的枝苗,选取其中最茁壮的一枝加以保留,多年之后此枝会长成粗壮的大树,成为新的林木。这样良性循环保证了源源不断的用于建造房屋的木料和茅草。独龙族的草房屋顶排布方式是草把排布,即将茅草捆扎成束并铺展固定在屋顶排布的细竹竿上。草把从下往上铺设,上面一层叠压下一层大约四分之三,依次向上垒加续接。每一排的茅草把都会用压杆将草把与底部纵或横的支撑杆捆扎固定。当两侧累加到屋脊处时，通常会将两边的草把交叉叠压，在其上方（也是屋脊的上方）铺上一层较厚的茅草，将这一层茅草用竹竿沿屋脊方向前后贯通压实，再用绳子把竹竿两端和下面的大梁牵系在一起，由此固定屋顶的茅草结构。茅草把下面通常有三层，分别是用来固定茅草把的竖竿、固定竖竿的横梁和支撑横梁的大梁。竖向排列的竹竿通常较细，它们等距细密地系束在同一平面的横梁上，使竖杆和横梁形成一个整体结构力，横梁再与上下左右的大梁固定在一起。这些横梁支撑结构有三角形的梁架支撑结构，也有一面坡的平面支撑结构。三角形的梁架支撑结构建造的草房体量空间一般较大，多用来住人。一面坡的平面支撑结构建造的草房体量空间相对较小，多用来存储玉米等需要干燥的粮食。这两种屋顶基本的结构层次由上到下都是茅草把、横压竹竿、纵横网竹竿、原木梁。这种屋顶覆盖会根据需要往四周延伸。比如向主出口延伸，便可以形成一个门厅的空间，向两侧延伸便可以形成覆盖面较大的屋檐，沿墙面可以搭建鸡窝，也可以放置柴火、劳作工具。草房房顶由于其覆盖着较厚的茅草把，雨水会沿着各个层面的茅草通道引流而下，雨水很难渗入屋内。这样的房顶可透气又保暖，再大的雨滴落到相对蓬松又富有弹性的草房上时，也不会产生大的声响，屋内是相对安静的。茅草的耐久性相对高些，长的可以支撑十到二十年，短的也可以到六七年。独龙族除了草房屋顶以外，在龙元、白来、雄当等地也出现了用长方形的木板来搭建的房顶结构，这种搭建和修缮较茅草而言要简便得多，原理也是层层叠压，可以用铁钉固定，也可用石头从顶上进行压固。页岩片类的覆盖结构与木板类的遮挡原理一样，只是其本身密度高，可以靠自身重力压合在房顶，这类房顶在云南省怒江傈僳族自治州贡山县丙中洛镇双拉村小茶腊小组的独龙族建筑大量出现，这与周边民族的房顶筑造方式一致，页岩片较所有植物性的材料而言，不会腐朽，几乎是一劳永逸的材料。

独龙族传统的屋顶结构采用了可持续循环的天然材料，是传统轮耕环境下的自然存在。尤其是草房屋顶结构，在有序的环境下，具有使用成本低、施工便捷、透气好、吸热少、噪音小等优点，包括页岩片类的房顶等都是严酷的自然环境下的最有效、最合理的建筑方式。

图片来源
图一、图四、图八　杨虹　樊进　摄影
图三　杨大禹，朱良文.中国民居建筑丛书：云南民居[M].北京：中国建筑工业出版社，2010.
图二、图五至图七　刘艳斌　陈圣鋆　茅珺玉　制图
图九　周文林.云南少数民族图库：怒族·独龙族[M].昆明：云南美术出版社，2001.

图二 独龙族草房房顶结构名称示意图

茅草把
压竿
藓苔
栅格竹竿
修缮的新茅草
顶梁柱
墙柱
入口

图三 独龙族草房房顶结构架构示意图

图四　独龙族页岩房房顶内部结构

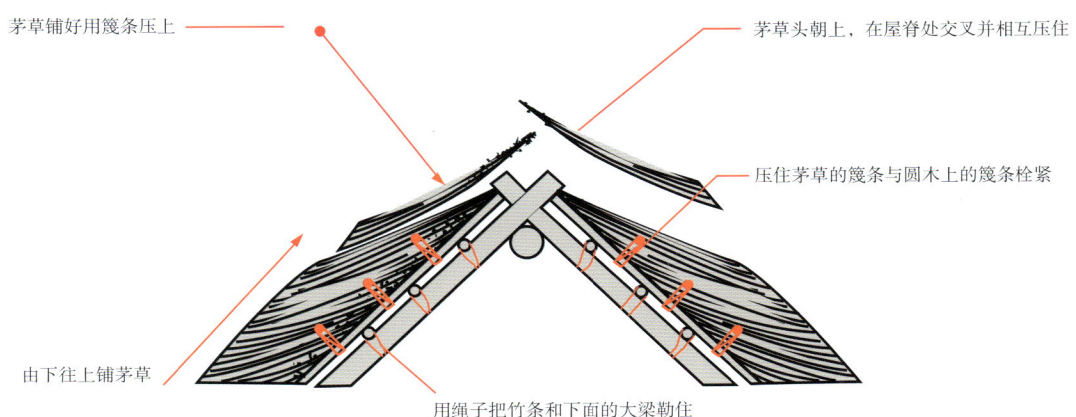

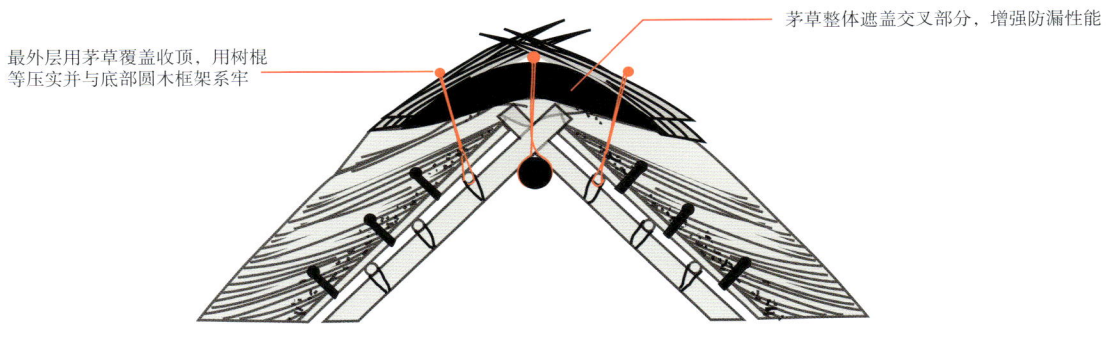

图五 独龙族草房房顶结构铺草示意图

图六　草排制作与草房顶雨水顺流示意图

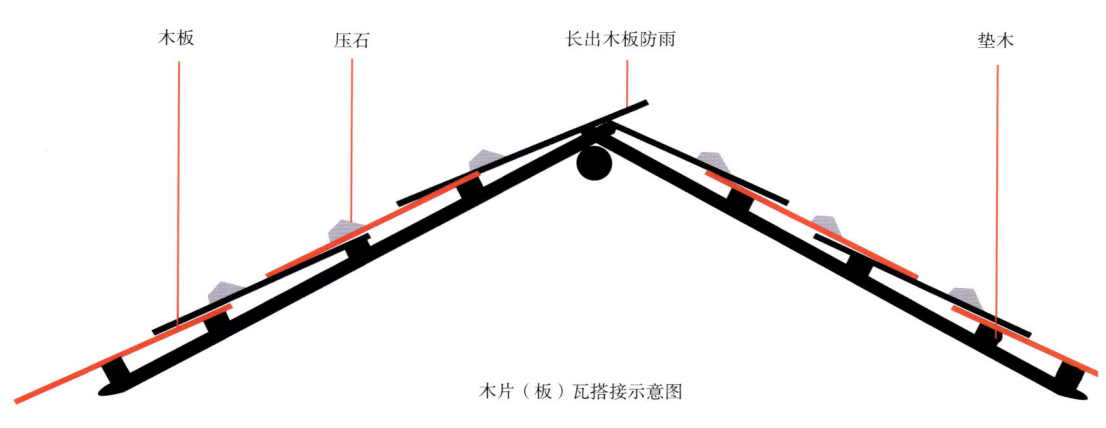

木片（板）瓦搭接示意图

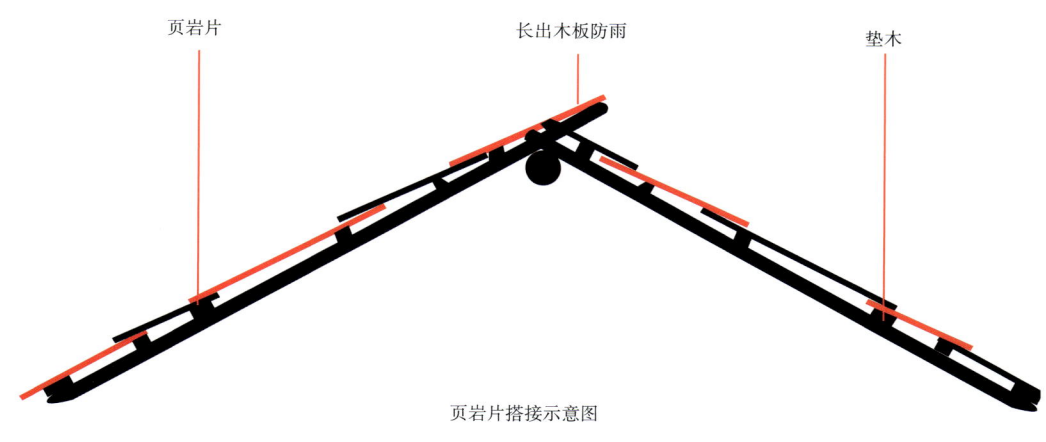

页岩片搭接示意图

图七　独龙族木片和页岩房房顶搭接示意图

图八 独龙族页岩、木板、草房房顶

图九　独龙族不同形制的草房

独龙族火塘

图一　独龙族火塘主图

火塘是云南少数民族常见的居室设施，是生活中烹饪、取暖、除湿的重要设备。独龙族被誉为"火的儿女"，对火塘的依赖程度较其他民族更高。由于独龙人居住地海拔高，每年有将近半年大雪封山，若没有合适的火塘是难以生存下去的。火塘是独龙人日常生活活动的中心场所，做饭、睡觉、待客、交流等都在火塘边进行。大的家庭会设有几个火塘，有专门烹饪的火塘，也有用来取暖除湿的火塘。

本案例选自云南省贡山县独龙江乡龙元村，是家庭用来烹饪的火塘，也是其家庭最重要的火塘，设在客厅。

独龙族火塘一般设在厅堂中间。厅堂的中部位置通常会用四块木板围合出一块稍微下凹的方形区域，里面填有平整的干土，土上放置三角铁质锅架，可煮饭、烧水。火塘上方吊有木板置物架，通常两到三层。下面一层放置使用频率较高的物品，比如日常食用的苞谷、土豆等；中间层置物架上摆放日常生活用品和食材等；最高一层置物架上面可以放生产生活用具等。物品摆放在火塘上方的置物架上，一是方便拿取，另一方面也可以保持干燥。另外，独龙族的三层置物架也有对应天地人三界之说。独龙族人常会将狩猎所获动物头骨串挂在火塘上方，以彰显荣耀。独龙族火塘四周围合板边缘通常会开有小洞，这些洞口通向房屋下层，多余的火灰或垃圾就可以从这些洞口直接扫下去，以保持房屋内清洁。独龙族所有的火塘都生根于地下，北方的房屋离地面近，通常用木板加石块做成方形漏斗状，内部填土，围合火塘周边的地板四角有立柱支撑。如龙元地处独龙族的中部，湿度适中，其房屋底层并不高，便采用了这种结构方式；在独龙江南边的钦郎当等地，火塘的泥土是用木板围成盒状，用四根立柱支撑起来。这与钦郎当位于独龙族南部湿度更大、房屋底部离地高有直接关系。因此，独龙族的火塘结构与房屋结构密切相关，会随着当地地理环境和需求不断改良。火塘的后方和左右三面为一家人睡觉的地方。一般长辈人在火塘上方，下辈人在火塘下方。火塘是独龙人生活的中心，也是接待客人的场所，高兴时常会与客人一起围绕火塘载歌载舞。独龙族男孩成年时或对其出猎勇气表示鼓励时，都会在屋内围绕火塘跳舞以示祝贺。火塘也是一个家庭的象征，当青年男女分家时，都需要增加相应的火塘。

独龙族火塘的筑造具有明显的环境适应性。北部火塘据地而筑，低矮而踏实；南部火塘凌空而起，简约有度。独龙人因火塘而存在，体现出在不同环境下的生活智慧。

图片来源
图一、图七至图八　樊进　摄影
图二至图六　张孙晨　制图

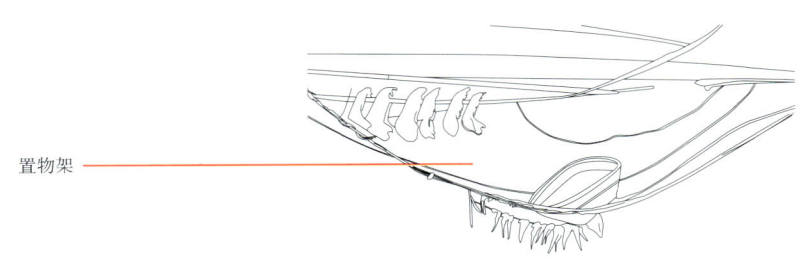

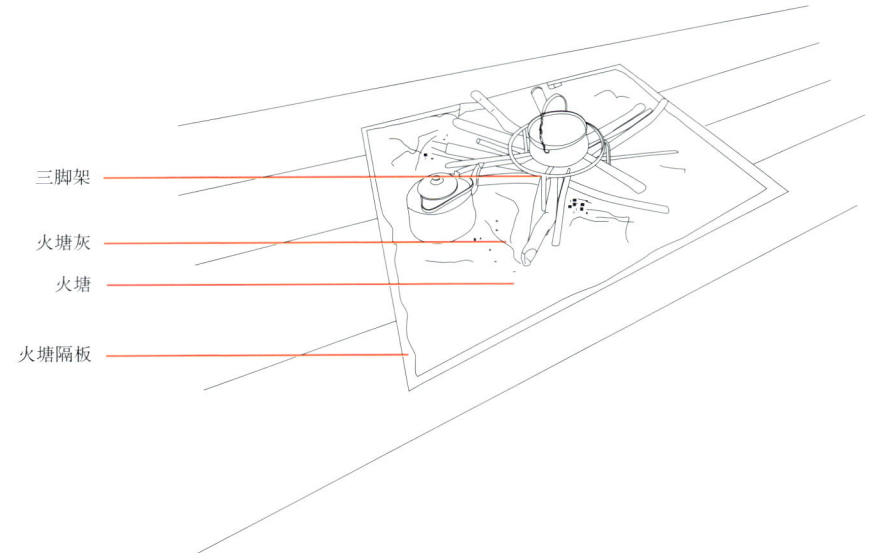

图二　独龙族龙中火塘名称图

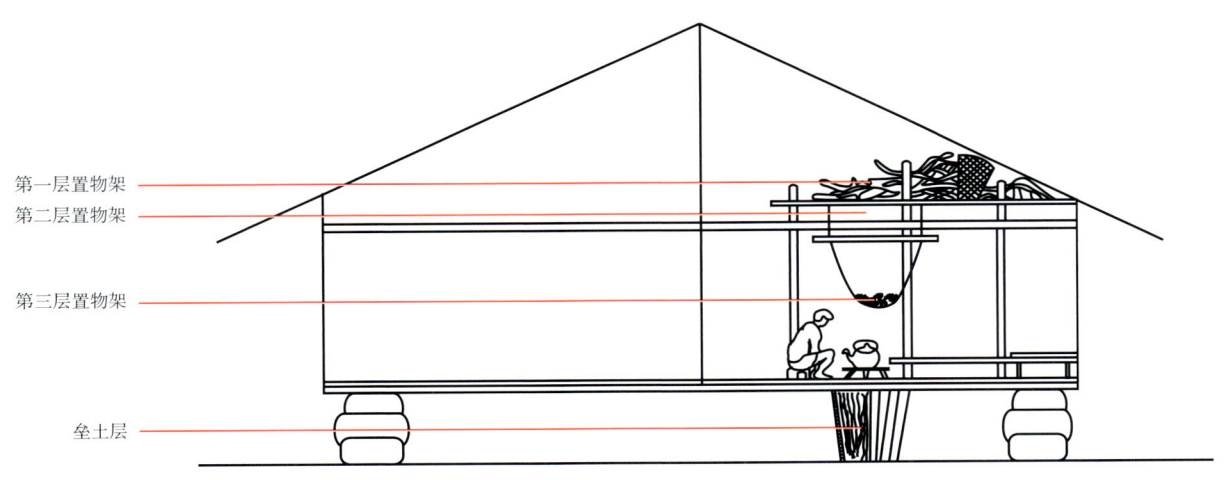

火塘下部用木头与泥土砌成倒梯形结构，房屋用石块进行支撑

图三　独龙族龙中火塘整体布局图

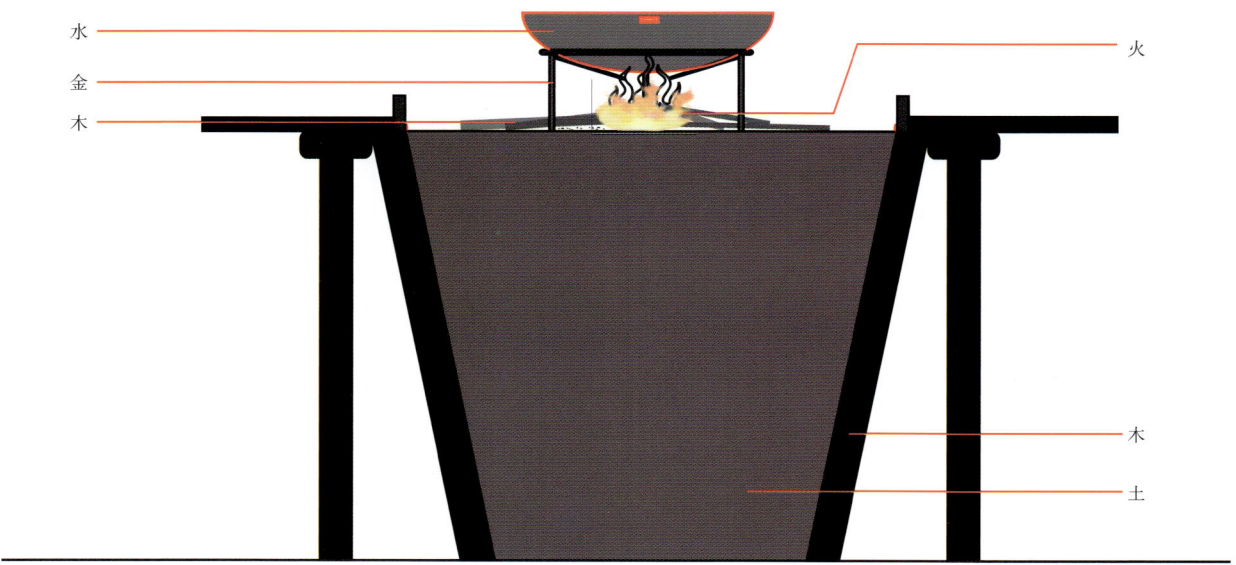

图四 独龙族龙中火塘结构图

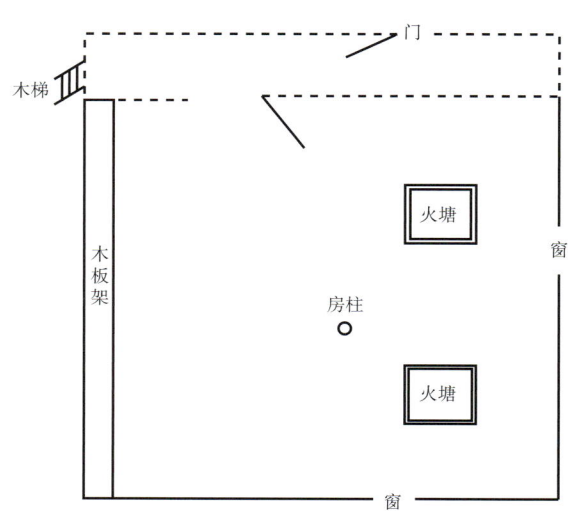

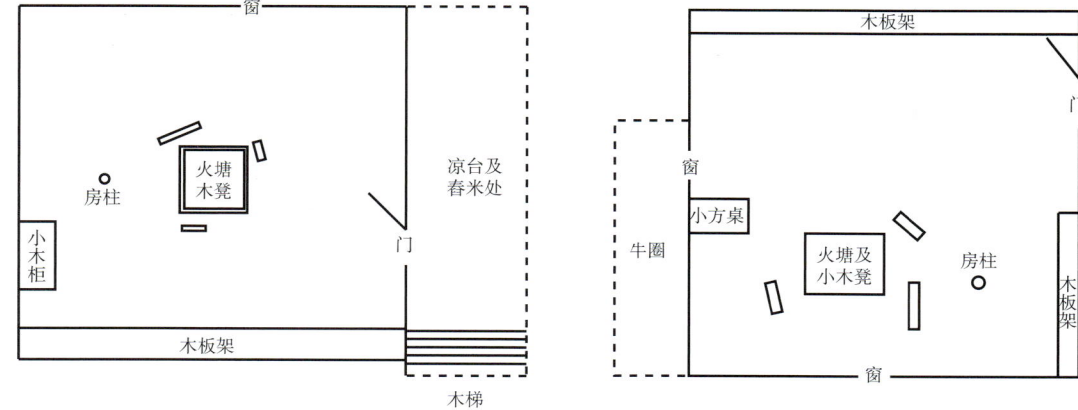

图五 独龙族龙中火塘摆放位置平面示意图

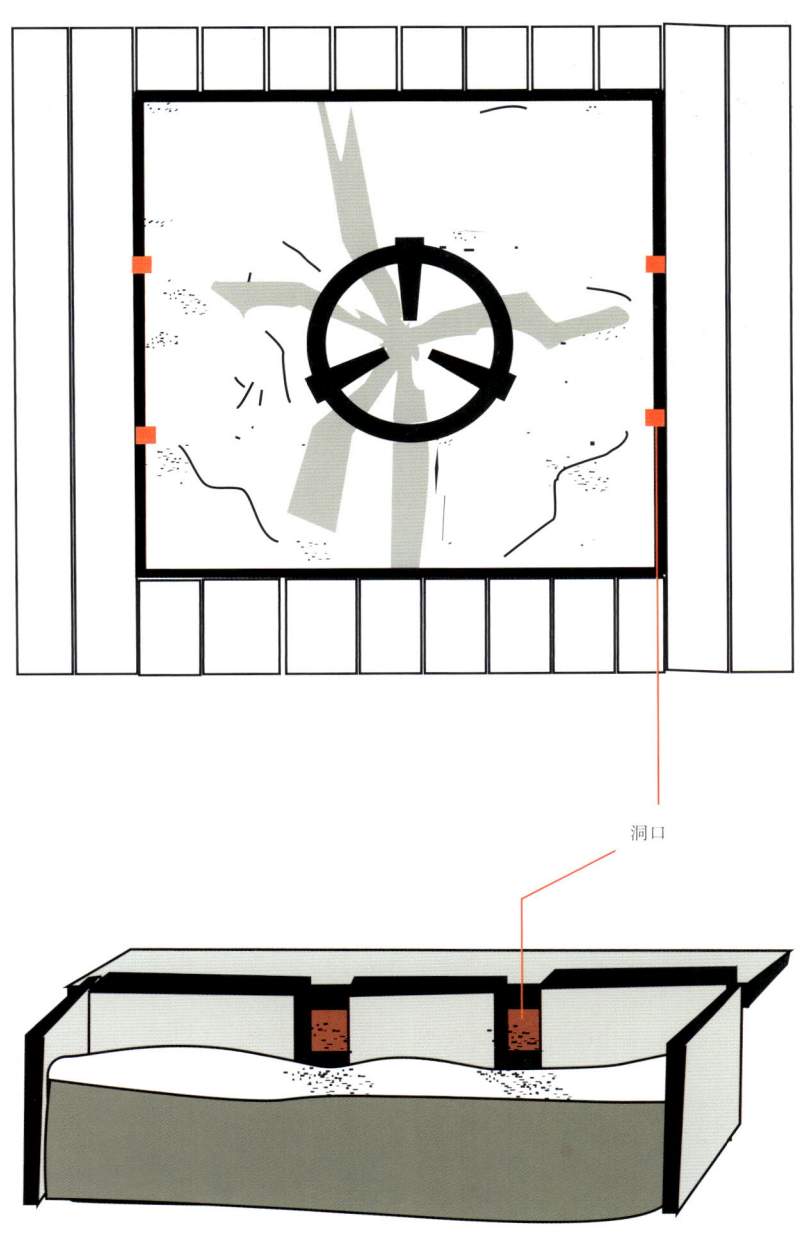

洞口

火塘两边有洞口（红色部分），可以把灰等其他细小的杂物扫进去

图六　独龙族龙中火塘俯视图

白来靠近独龙族中部,此地湿气适中,火塘下方的泥土层不厚

钦郎当位于独龙族南面,地面湿气较大,房屋底部较高,火塘底部泥土层较薄

白来小组火塘结构图

钦郎当火塘底部结构

图七　白来小组与钦郎当小组火塘结构图

图八　火塘点火松明子

独龙族木梯

图一 独龙族木梯主图

独龙族地处高山林地，潮湿的生活环境迫使独龙族房屋都悬空而建，以增加建筑底部的透气性、防腐性。进入这样依山而建的木构或竹质房屋，自然落差要求配备各类材质的梯子。木梯或竹梯是独龙人家出入必备的配套设施，根据攀爬高度不同而有不同的形制尺寸。

本案例选自云南省贡山县东阁小组，是一个由厚木板开槽制成的木梯，长约240厘米，宽约35厘米。

独龙族木梯大致有两种形态：第一种是独木（竹）梯，由一根直挺的圆木或粗壮的毛竹砍削出踩踏的凹槽而成；第二种是木梯，由一块或几块厚木板经砍削而成。本案例便是一种木梯，由两块长度相等的木板拼接而成，这使它较一般的独木梯要宽阔得多，人上下时更加平稳和安全。为了增加木梯的承载力，本案例在砍削踏步时只是去除了部分踏步的空间，保留了踏步位置的足够厚度。同时在沿踏步水平方向的木板处增加了较厚的木条，用铁钉将木条固定在木板上，每一个踏步都做了同样的处理。这样便弥补了踏步空间不足的问题。踏步之间的间距都会根据这个家庭成员的总体适应性而定，符合人体工程学。这种用木板拼接制作木梯的方式，比用单根原木砍凿而成的独木梯更省材料和人力，同时也增加了踏步的面积，上下更安全。本案例的木梯使用的是当地最普遍的硬木板，整体结构制作完成后，再用砍刀在木材表面砍出凹凸不平的沟槽，以增强摩擦力，起到防滑作用。木梯上端与房屋地板连接处砍一道凹槽，可以卡接在木板上；木梯与地面约呈35°角，斜搭于室外平台与地面之间，木梯的底部埋于土中，可防止木梯下滑。这样宽度的木梯仅供单人上下使用。这种较宽的拼板式木梯通常用在进出频繁的主要通道上，比如房屋的进门或步入走廊的通道处等。独木梯通常较长，适于攀爬较高的位置，比如进入粮仓、屋内高层的储物空间、畜厩、晒台、过院墙等等。当独立使用独木（竹）梯时，需要娴熟的上梯技术，并辅以一定的抓手。攀爬较高的位置时通常会将两个或两个以上的梯子并置在一起来用，增加攀爬的便捷性和安全性。独龙江的北方使用木梯相对多，南方使用竹梯相对多。

独龙族木梯是房屋建筑不可或缺的建筑组件。独龙人因材制宜，将独木（竹）梯、木梯做灵活的拆分和组合，以应对不同的使用需求。设计制作简单实用，展示了独龙人的朴素务实的性格。

图片来源
图一、图九　樊进　摄影
图二至图八　刘艳斌　制图

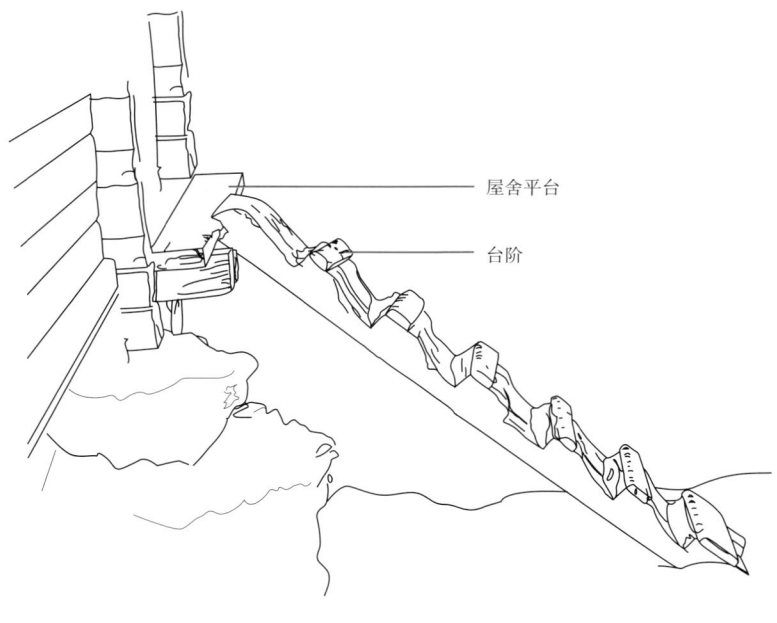

图二　独龙族木梯名称图

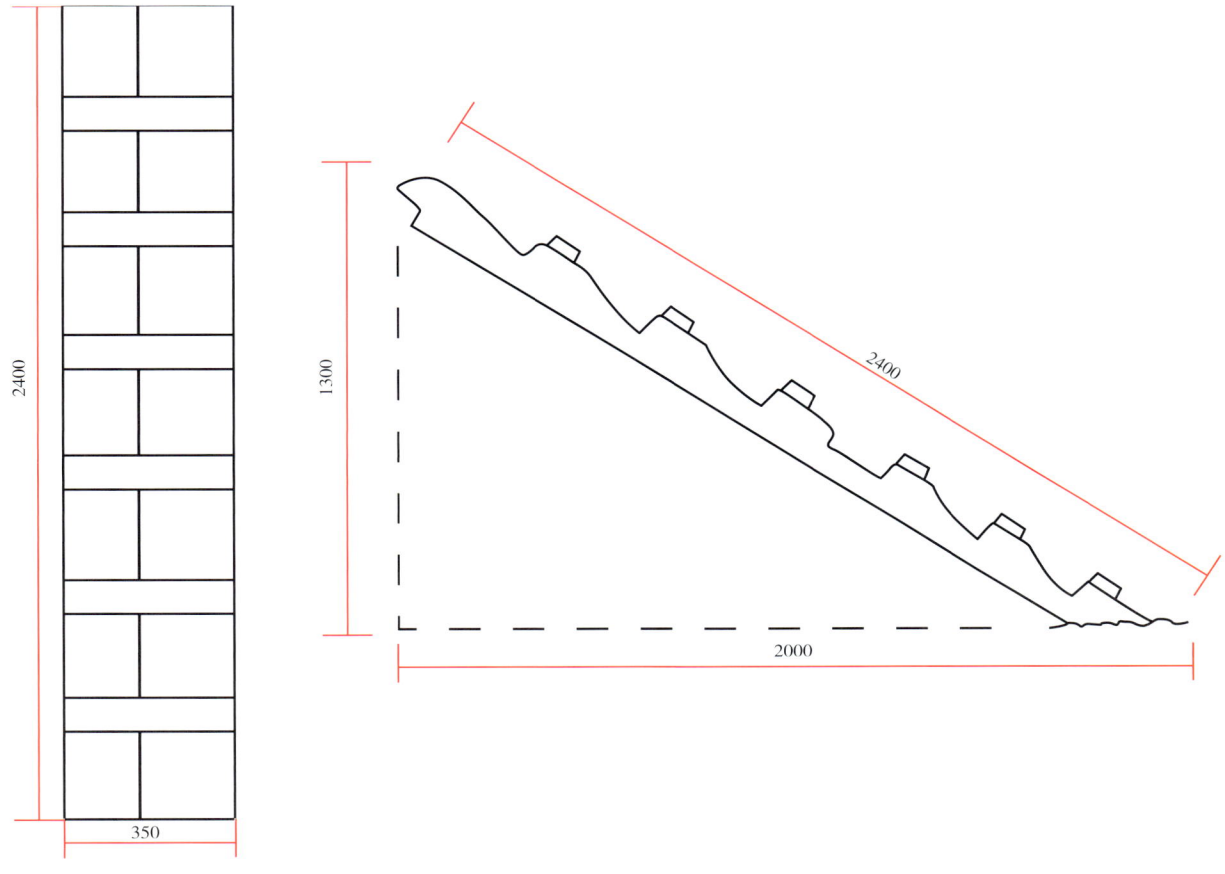

图三 独龙族木梯尺寸图（单位：mm）

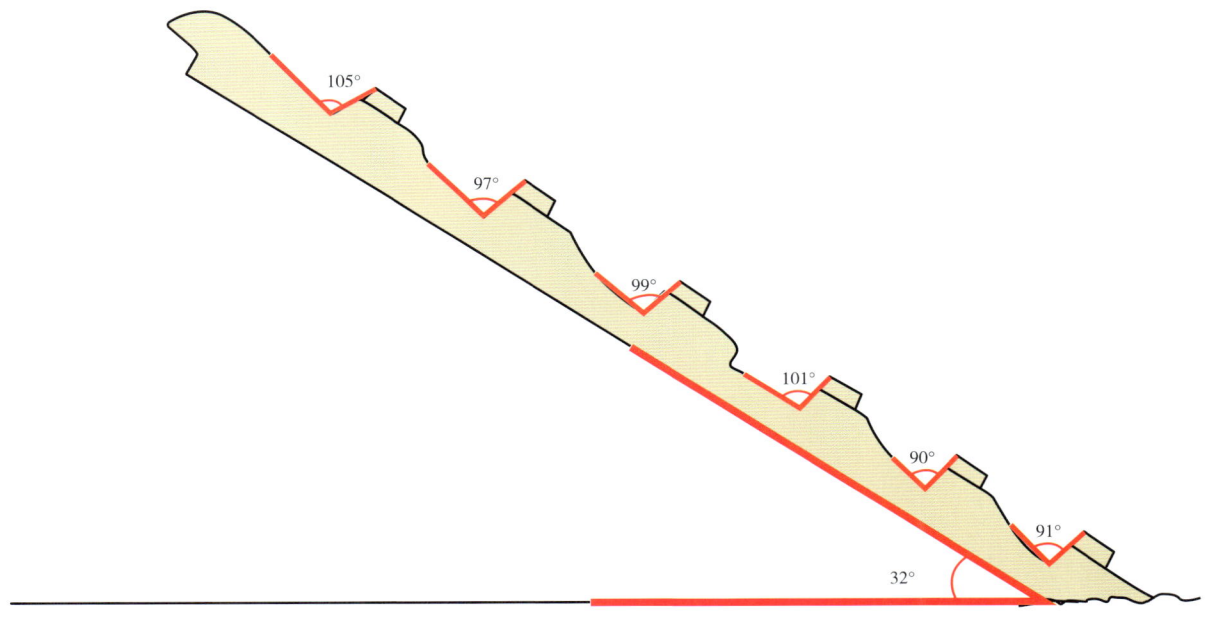

图四 独龙族木梯角度示意图

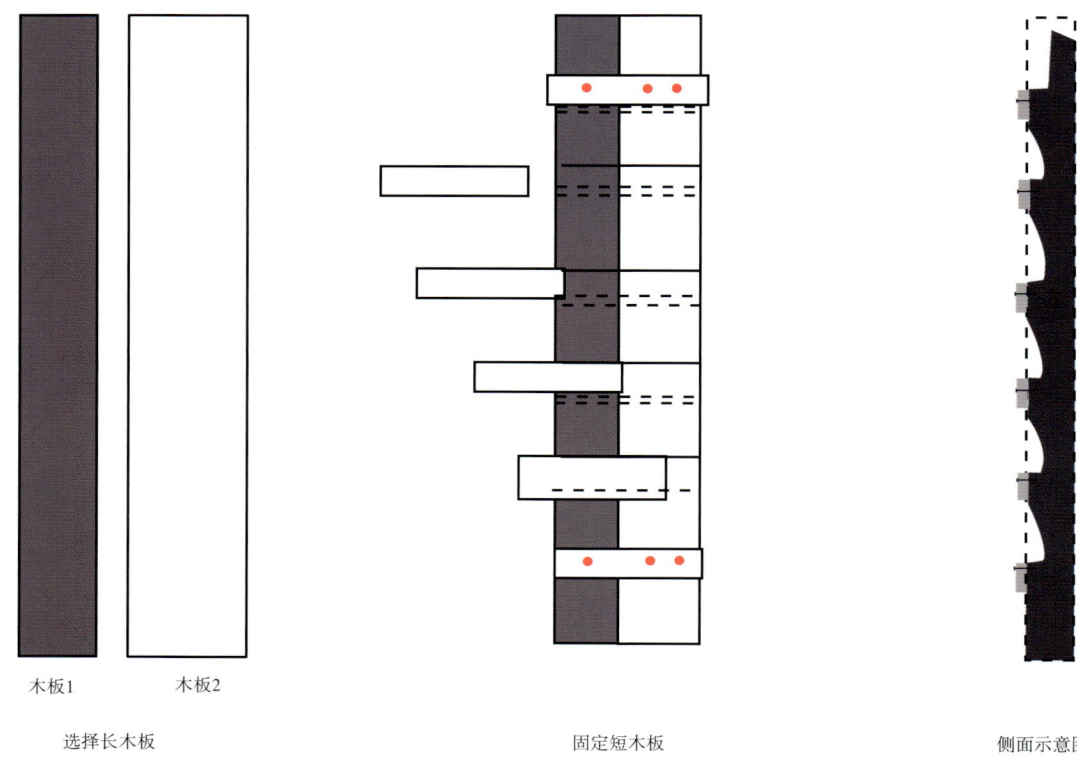

木板1	木板2		
选择长木板		固定短木板	侧面示意图

组合木梯用两块木板拼接而成，更节约木料和人力成本

图五　独龙族木梯组合方式示意图

木材

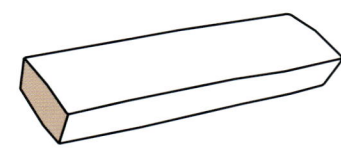
劈成合适大小并修整

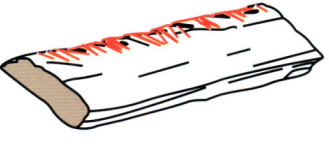
在木头表面砍出凹凸不平状,增强摩擦力

图六　独龙族木梯增强摩擦力示意图

独木梯:用整木砍出踏步区而成

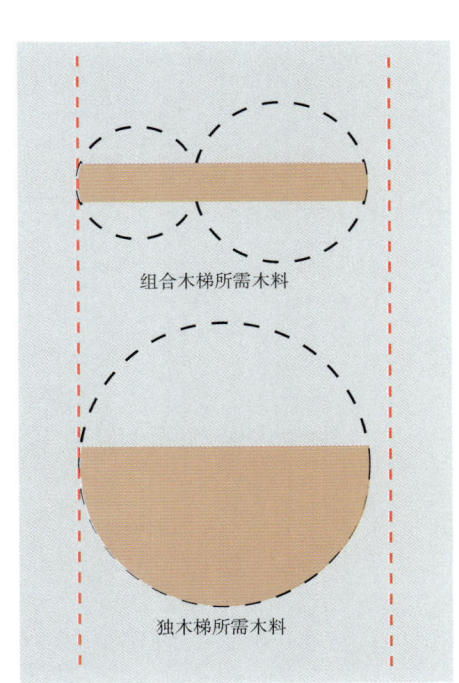
组合木梯所需木料

独木梯所需木料

所需木料对比

图七　独龙族木梯省木料对比图

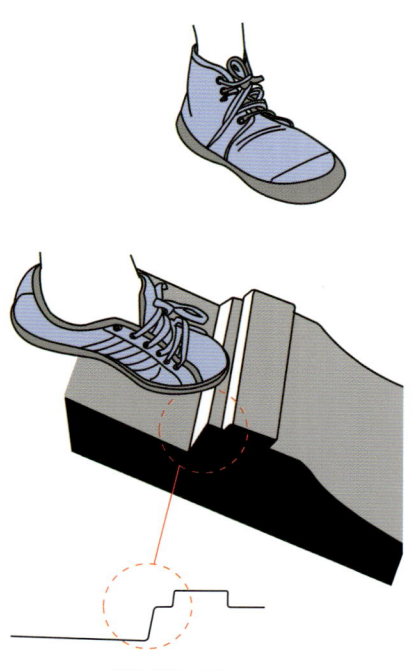

增加踩踏面积

图八 独龙族木梯踩踏区域示意图

图九 独龙族木梯使用情境图

独龙族窗户结构

图一 独龙族窗户结构主图

独龙族传统木竹建筑朴素实用，根据不同的环境和需求采用了相应的设计方案。其中建筑的窗户设置是其较为突出的一个特色，有着深刻的历史文化成因。这种建筑特色是以窗户小巧著称，这一点在独龙江北部地区表现得尤为明显。

本案例选自独龙江中游偏北的地区，近龙元村，是一幢圆木木垒房北墙的窗户，高约51厘米，宽约43厘米。

独龙族传统木垒房或竹篾房开窗户很少，形状大小都有很大的差别。通常是年代久远的老建筑窗户开设得越小，现代的窗户较大；越往独龙江北方流域走窗户越小，越往南方走建筑的窗户越大。窗户的基本功能是通风、采光，现在功能更加复合，在增加隔音的同时采光等等。由于独龙族建筑构造本身决定了其通风效果好，木垒房、竹篾房都有大量的孔隙来增加通风效果，两端山墙的开放式结构，更是增加了通风效果，即使室内烧造产生大量烟雾也能够较快消散。所以，独龙族传统建筑不需要大窗户、多窗户。就采光而言，独龙江南方区域的竹篾房采光更为通透，得益于其建筑相对高挑，竹篾墙透光性更好等。其北方的木垒房室内采光效果差一些，窗户的长度和宽度通常为一根原木直径大小，其做法是先选一面墙（通常是北墙），在合适的高度上和位置上选择两根上下相邻的原木，上下各开近一半的凹槽，形成一个近方形的窗口。用木板垒加的墙面中，通常也会在木板上开边长10厘米左右的方孔。但为什么没有开大窗户，且多开几面墙呢？这里面有着深刻的历史原因。一方面，小窗户作为观察瞭望或射击口来用，不需要开大；另一方面，起到防御的作用，防止敌人或野兽进入室内，增加安全性。从这一角度来看，过去相对恶劣的自然生态和社会环境，是独龙江北方流域窗户小巧的主要原因。随着新中国的建立，经济社会发展，在独龙江中游地区可以看到其北窗明显增大，其高度和宽度可以使大小伙子进出自如，本案例窗户便是如此。这样的窗户可作为紧急情况下的安全出口，其设计也较为简单，窗户左右各立设一窗框，窗框上下端开一凹槽，与上下的垒木相卡合，正面形态若H形，侧面造型若"凸"形，内卡一带轴的窗板，可向外开合。综合来看，独龙族窗户有三种，一种是北方的小方孔形，南方的竹篾墙上也会开类似小孔尺寸；第二种是本案例的带窗扇的平开式；第三种是左右推拉式，推拉式的窗口多为用来经营的小店的售卖窗口，与现代推拉窗户结构原理一致。

独龙族传统建筑窗户的大小多少及形态结构的选择都受其自然和社会环境的影响，体现了不同设计环境产生不同的设计需求，从而产生不同造物形态的设计本质之一。

图片来源

图一、图四至图六　樊进　杨虹　摄影
图二、图三　陈圣鋆　茅珺玉　制图

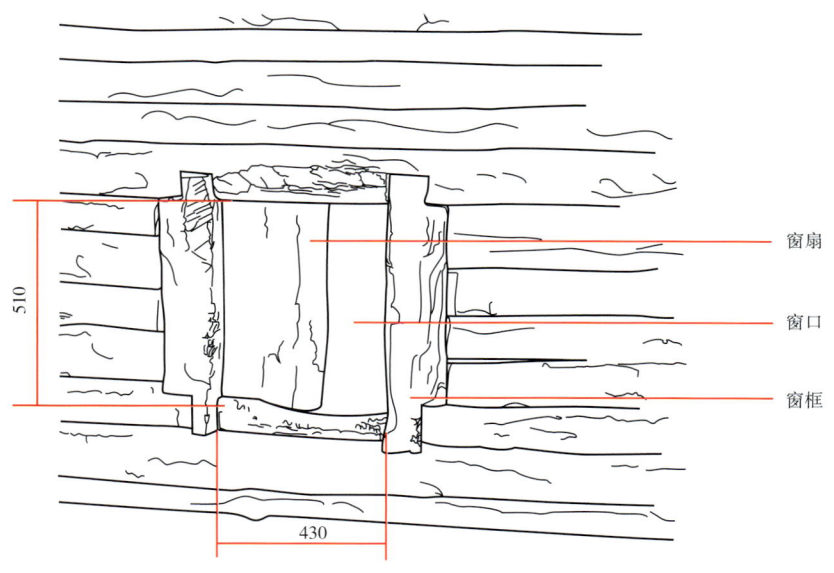

图二　独龙族窗户名称结构尺寸图（单位：mm）

  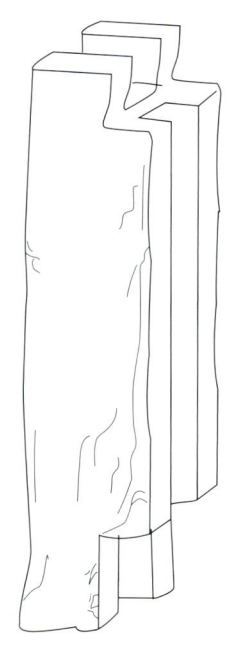

窗扇及其转动结构　　　　　H形窗框（圆木垒墙）支撑结构　　　H形窗框（木板垒墙）支撑结构

图三　独龙族窗户结构部件示意图

图四　独龙族可进出的窗户

图五　独龙族推拉窗

图六　独龙族北方木垒房与南方竹篾房的小窗户

独龙族门闩

图一　小茶腊门闩正面主图

独龙族民风淳朴,在恶劣的环境下保持了互帮互助的依存性的独龙文化,这种质朴清澈的文化在建筑领域也有着清晰的体现。在云南省怒江傈僳族自治州贡山县丙中洛镇双拉村小茶腊小组的独龙族建筑中,有一种较为独特的门闩系统,可以从里面和外面开关门。其尺寸大小因户而异,原理结构基本一致。

小茶腊木垒房入户门的门闩设计较传统门闩最大的不同之处是,增加了从门外进行开合的结构。本案例的门轴设在门框以内,关合门后,门板在门框内侧,用于门闩左右推拉的孔板用铁钉在加厚木板之上,其孔位略高于关合的门板位置。关门之后,往左推门闩即可将门从内部阻挡住,起到闩门的作用。往右推门闩即可收缩门闩,可以自如开门。本案在门闩横竿的左侧铆接一方形长条插杆,长约10厘米左右,此插杆贯穿木板墙,伸至墙外,此处木板开一长条孔,其长短与开关门闩的有效部分一致。从门外往左推即为开门,往右推可关门。这种设计并不复杂,使用也非常便捷。内外皆可开关门的方式主要是为了防止牲畜或野兽,并不防人。此处的独龙族传统房屋多数都不装锁,即使到外面参加劳动或过夜,也不用担心。这种设计体现了村民之间的充分信任。

独龙族在历史上有过艰难的生存,丙中洛镇双拉村小茶腊小组 20 世纪 50 年代由独龙江的孔当移居至此,北有连绵大山阻挡,南有大峡谷阻隔,西有雪山封堵,居住在海拔两千多米的山顶,上山坡度在 70° 以上。这样的环境导致无论从哪个方向去小茶腊村都是艰难的事情。大雪封山时,村民有半年的时间处于封闭状态,与过去的独龙江流域一致。在这样闭塞的环境下生存,艰难环境凸显出人性之间的信任与温暖。

独龙族可内外开合的门闩系统设计是在一个相对固定和封闭的熟人环境下出现的一个设计现象,反映了独龙族人之间的相互信任,体现了独龙人内心的纯净,让人联想起"路不拾遗""夜不闭户"的纯粹与本真,也激发对于人类文明高度发达的今天社会的反思。闭塞与纯净有关系,但不是全部关系;阻隔与传承有关系,但不是全部关系。开放并不意味着可以肆无忌惮,传承并不意味着食古不化。本案例彰显出独龙族亘古至今的生存智慧,反而让今人陡升崇敬之情。

图片来源

图一、图二、图六　樊进　摄影
图三至图五　刘艳斌　陈圣鋆　李青　制图

图二　独龙族门闩背面

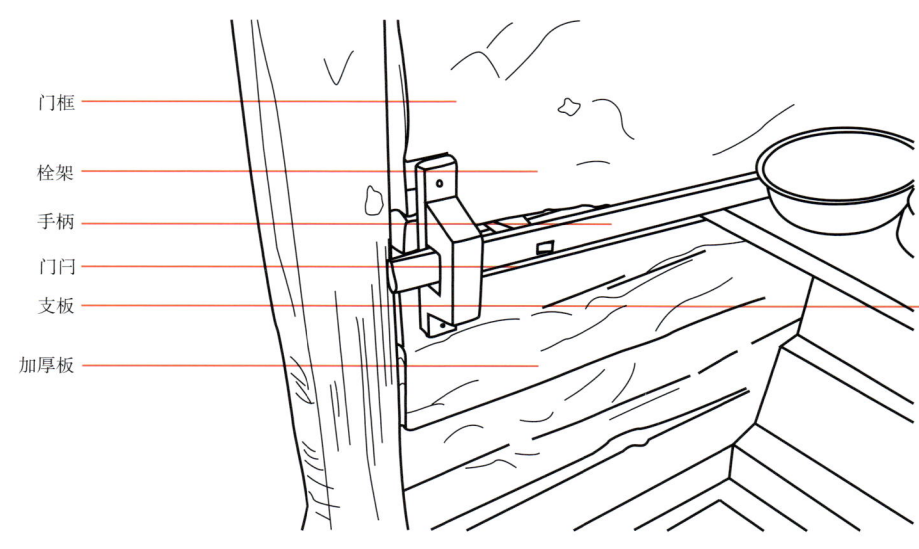

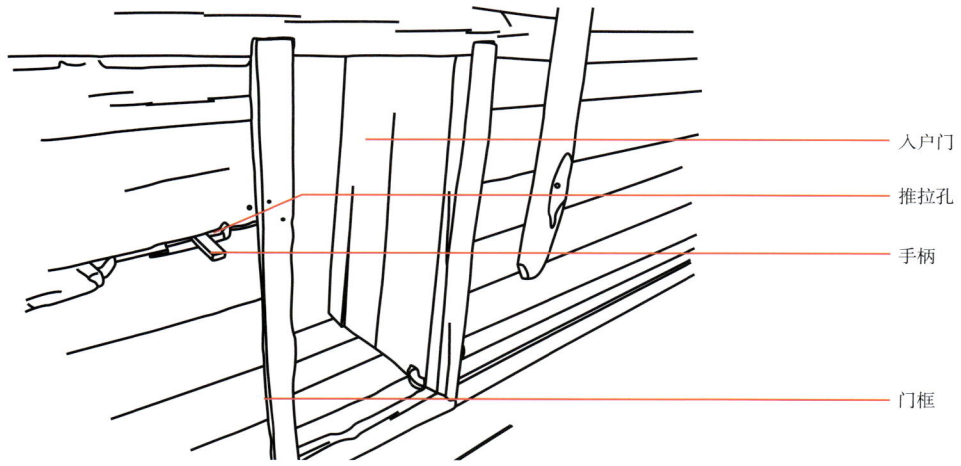

图三 独龙族门闩名称示意图

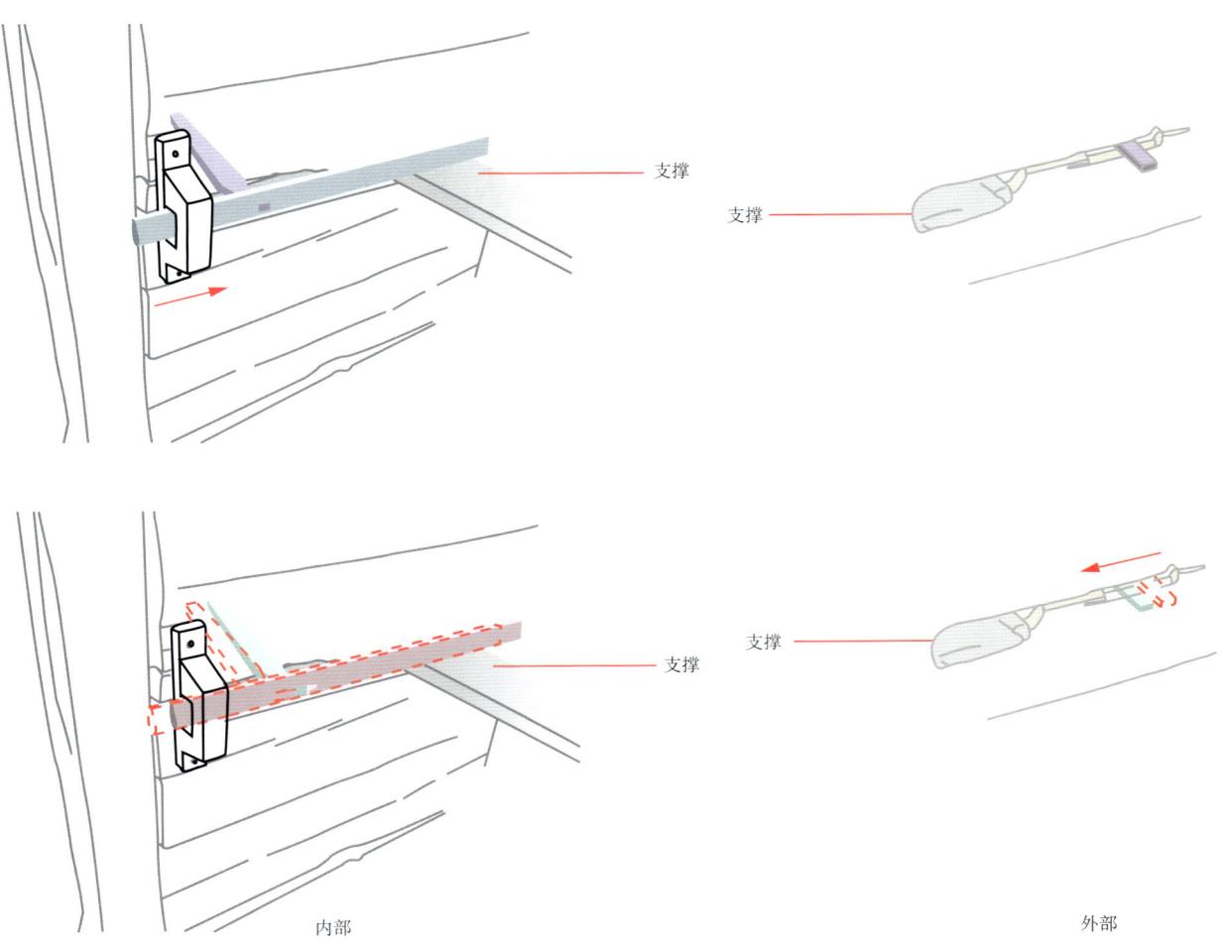

图四 独龙族门闩移动方式示意图

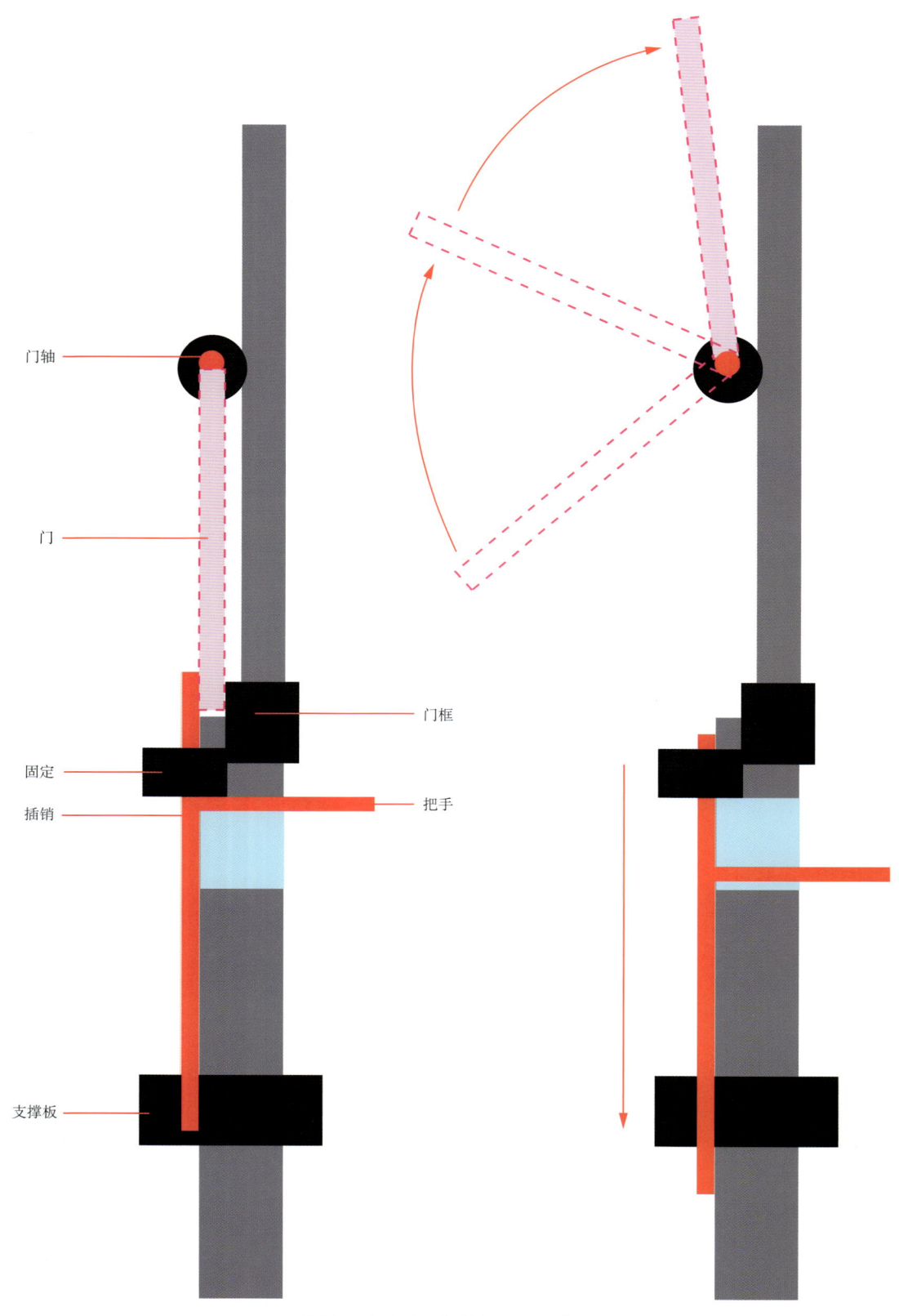

图五 独龙族门闩操作方式示意图

图六　独龙族旋转门闩

第二章 独龙族传统服饰

独龙毯

图一　独龙毯主图

独龙族的传统服饰较为简单，其服装大都是用腰机手工织造而成的布料经不同的缝合或捆扎包裹而成。其中独龙毯是最为典型的披挂服装，白天是裹身的衣物，晚上是睡觉的被毯。独龙族无论男女都有独龙毯，是不可或缺的御寒、装饰装备之一。独龙语称独龙毯为"约多"，独龙毯被形容为"彩虹"，是独龙族服饰最突出的象征符号，独龙族被称为"织彩虹的民族"。

本案例选择云南省怒江傈僳族自治州贡山县独龙江乡迪政当村雄当小组，为彩色的长方形棉麻质地独龙毯，其长约200厘米，宽约120厘米。

独龙族传统的独龙毯织造材料以麻和棉为主，麻布独龙毯居多。现在以棉线、毛线等为主，也有工业化的化纤材料掺入。独龙毯制作较为复杂，耗时也较长，以前一条独龙毯需要十天才能织完。独龙毯原材料多为山上野生的或独龙人自己种的麻，麻经过剥皮、浸泡、翻煮、晾晒等多道工序捻成麻线再经染色，最后织成独龙毯。麻布独龙毯舒适度不如棉毛线类的材质。传统的棉麻线通常用植物性染料染成各类彩色线，有黑、白、红、蓝、黄、橙、紫、绿等颜色，这些颜色都为长条状的色彩，每条色带的宽窄由织造者自由设计，这样便形成宽窄不一色彩绚烂的经向长条色带，与七色彩虹的颜色分布相近。色彩设色自由，对比鲜亮，色调或高昂鲜明或古朴素雅。独龙毯由独龙女子用腰机以经纬织造的方式制作而成。用腰机织造时，其宽度相对固定，通常在 30 厘米左右，长度通常可根据所需增减。每条独龙毯通常由 4 幅左右的彩色条布横向并列缝合而成。这样便会形成几组相同或不同的并列色带，远看像彩虹一样色彩斑斓。独龙毯的厚度通常在 1-2 毫米，扎实耐磨，裹在体外防风御寒。独龙毯在实用方面，既可作为休息的坐垫、外出的衣物、夜晚裹身的盖毯、包裹孩子的襁褓等，也可包裹物体或缝制成挎包。作为系束的服装，独龙毯披挂的方式有多种。其中一种是将独龙毯窄边的两角从右腋下分别包裹前胸和后背，在左肩上方处打结。这种包裹穿戴较为宽松，是较普遍的穿戴方式；也有一手牵住独龙毯上角至左肩头与左锁骨处，另一手牵独龙毯同侧的另一角从背后绕至两腋下再绕至右肩与右锁骨处，再将左右两角上下叠加在胸前的独龙毯上，最后用一根竹针下扎上挑，将三层独龙毯穿合起来。这种包裹方式较为贴身紧凑，通常是外出劳作的男子穿着的方式。也有的独龙女子用两条独龙毯将身体左右向前包裹，斜披至膝。除了实用功能之外，独龙毯也是青年男女恋爱的信物，见证爱情的天空和色彩。独龙毯也是喜庆节日里独龙人的必备装束，是宗教

图二　独龙毯线稿及尺寸图（单位：cm）

活动中不可缺少的祭品和法器，一年一度的"卡雀哇"节到来之前，独龙人都要将新织的独龙毯悬挂在家中，表示对于年节的美好祝愿。"卡雀哇"节里需要剽牛祭天，这天为节日的高潮，妇女们会为祭牛披上独龙毯，并围绕其跳舞，以求得来年的五谷丰登。

独龙毯是典型的一物多用的设计案例，独龙人不仅在实用功能上进行了众多使用方法的探索，合理解决了生活中的一系列问题，也赋予独龙毯独特的爱情、宗教等方面的精神价值。新中国成立以后，随着现代文明的传入，独龙毯的材料也进行了革新，由野生植物纤维变为了棉线和棉毛混纺等材料。独龙毯从一件实用品变成了一种畅销的文化旅游产品，成为独龙族一个新的经济来源。

图片来源
图一、图四、图八　樊进　摄影
图二　陈圣鋆　制图
图三至图六　张孙晨　制图
图七　李金明.中国人口较少民族丛书·独龙族[M].北京：中国民族摄影艺术出版社，2007.

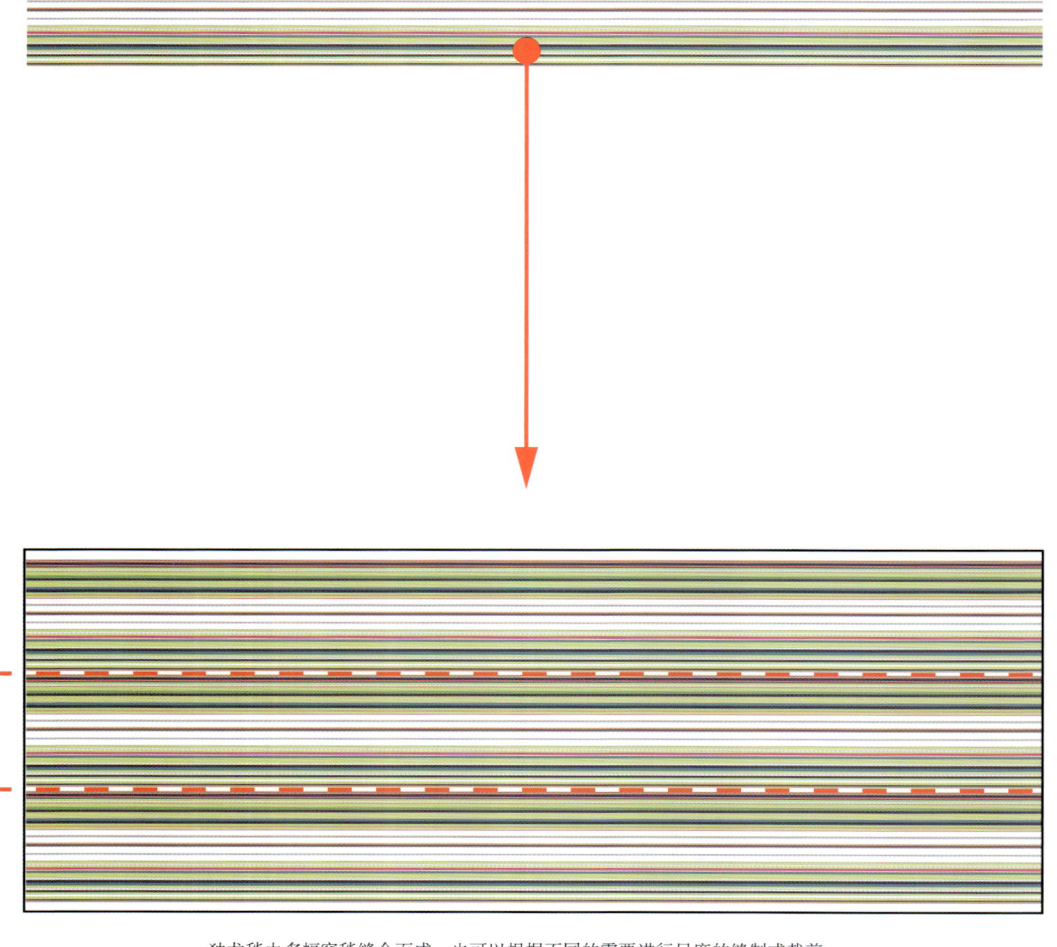

独龙毯由多幅窄毯缝合而成，也可以根据不同的需要进行尺度的缝制或裁剪

图三　独龙毯纹样还原图

图四　原始独龙毯

图五　独龙毯系扎方式

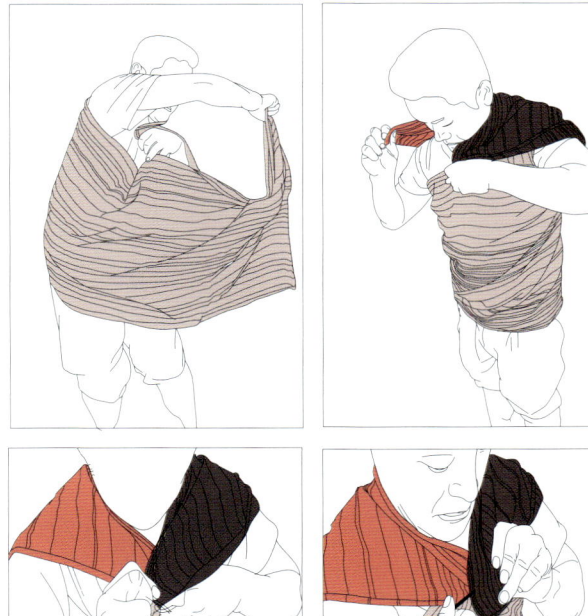
图六　独龙毯穿戴方式

第二章　独龙族传统服饰

图七　穿独龙毯的独龙妇女

图八　穿着独龙毯的独龙族男子

独龙族麻布绑腿

图一 独龙族绑腿主图

绑腿是护腿的一种形式,是在户外活动中为保护腿部和增加便利性而经常采取的防护措施。独龙族是高山民族,常穿梭于山高谷深的复杂环境中,现代独龙人仍常用混纺的棉麻绑腿来缠绕裤脚以增强行动的安全性和有效性。独龙族称绑腿为"干克利"。

本案例选自云南省怒江傈僳族自治州贡山县独龙江乡迪政当村雄当小组,其长约90厘米,宽约28厘米,是当地一采药小伙子的绑腿。

本案例的独龙族绑腿采用棉麻混纺材料,棉麻混纺既有麻质的坚韧又有棉线的轻柔,捆绑起来舒适性较纯麻布高一些。本案例的独龙族绑腿分为绑腿布和绑腿系带两个部分。绑腿布整体为白色长条布，上下两边用蓝和青两色织出一宽一窄两条平行绑腿的色带，色带两侧织一条红线收边。绑腿布的宽度在一般的腰机织造范围之内，独龙族同类绑腿布大都是用腰机手工织造而成，本案例也不例外。绑腿布是绑腿的主要防护部分，通过环绕束紧，可以增加腿部外侧布料的厚度，使裤腿全面贴合小腿，避免裤腿松垮被树枝或棘刺等钩挂、刺扎，增加行进的便利；增厚的多层布料亦可防止蚊虫、蚂蟥等叮咬，防止竹尖、木刺、锐石等穿刺，保障健康和安全；束紧的腿部绑腿又可以缓解长时间登山穿谷带来的疲劳和防止血脉下沉带来的胀痛，可延长户外劳作的时间，提高劳作的功效。独龙族的绑腿布的束紧需要与绑腿系带相互配合才能系扎得牢靠。系扎时从脚踝上部开始往上环绕，收紧绑腿布最后半圈时，将绑腿系带压入绑腿布近边缘的夹层之中，在继续环绕的同时借绑腿布的裹压形成始发力，需要一手用力拉住绑腿布的一角，另一手拉住绑腿系带快速沿绑腿上边缘拉紧层层缠绕，最后收尾时将绑腿系带塞入系带与绑腿布之间。独龙族的绑腿结构较为简洁，捆扎使用较为简易，多系扎几次便可以掌握。绑腿系带在特殊情况下也会用作包裹布、捆扎带，一物多用。独龙族的绑腿的形成有一个发展历程，据一些独龙族老人讲述和记载来看，独龙人曾使用树皮筒、竹片、兽皮做过绑腿，后来演化成用麻毯绑腿，即用独龙毯材料制作的绑腿，与现在的一致。

独龙族绑腿是传统服饰的重要配件之一，反映了独龙人在高山深谷、林密草杂、蚊蛭蛇虫等复杂恶劣的环境下不断变化发展的应对方式，体现了独龙人的生存智慧。如今的独龙族绑腿也成为独龙人服饰的一种符号，衍生出许多文化上的语义。

图片来源
图一、图八　樊进　摄影
图二至图七　刘艳斌　制图

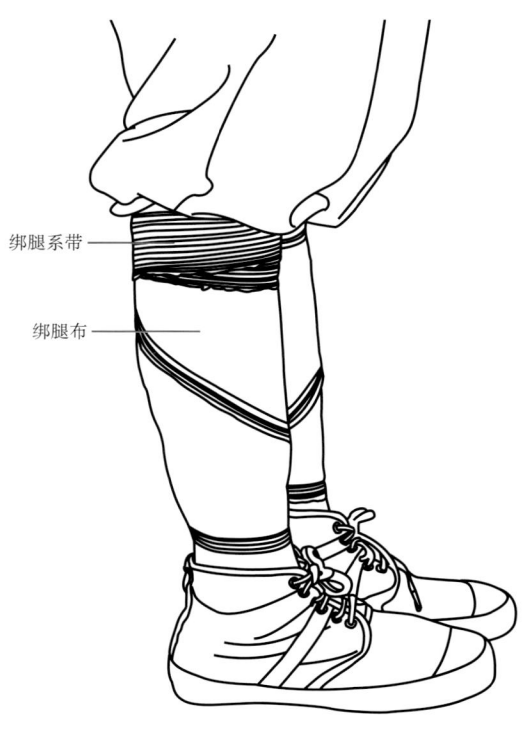

图二　独龙族麻布绑腿名称图

绑腿布

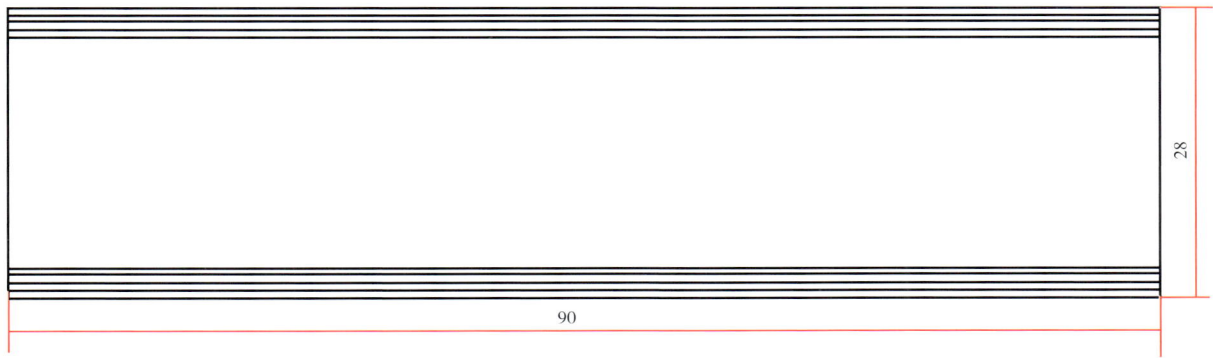

绑腿系带

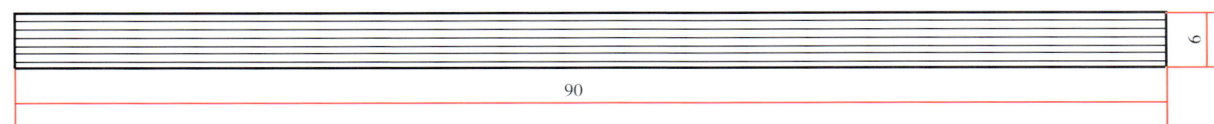

图三　独龙族绑腿尺寸图（单位：cm）

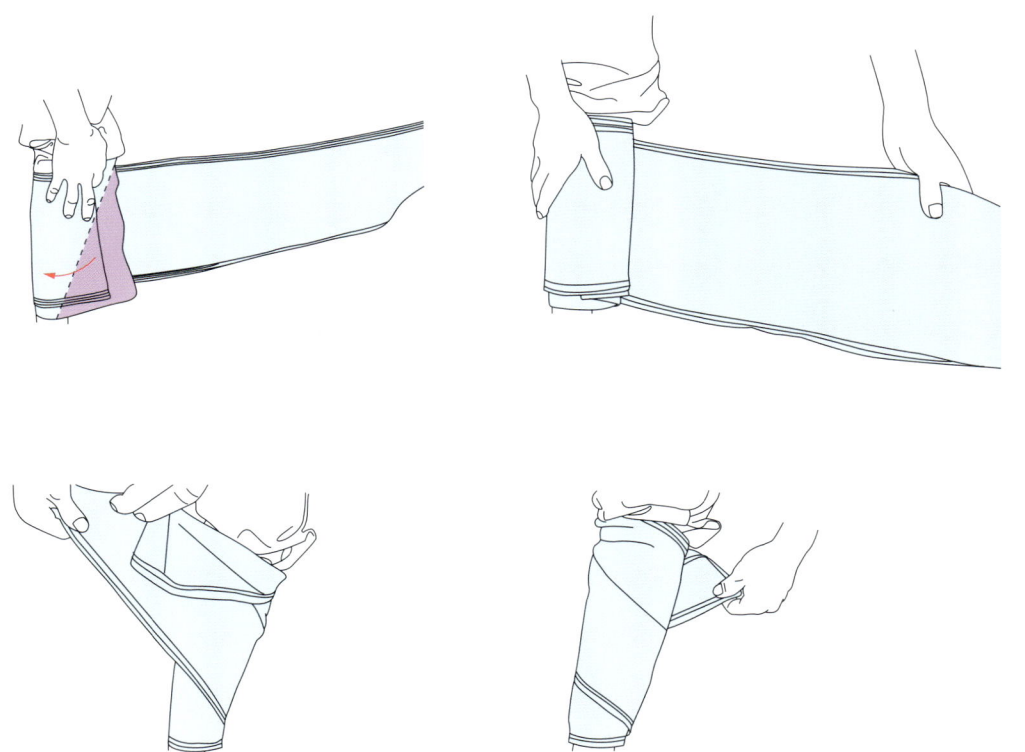

图四　独龙族绑腿绑布示意图

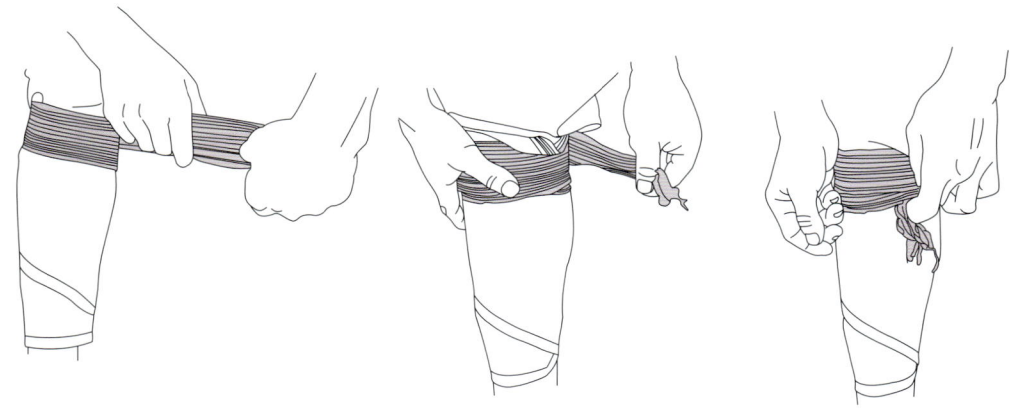

图五　独龙族绑腿麻布收边示意图

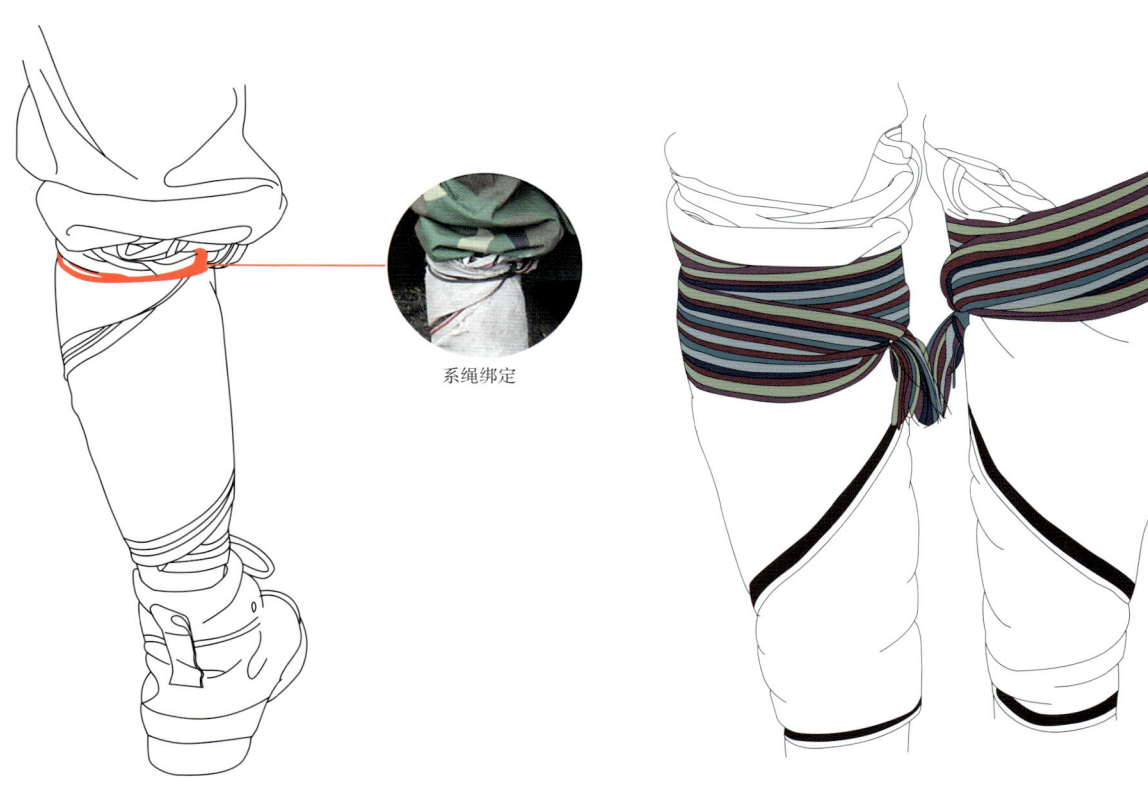

系绳绑定

图六　独龙族麻布绑腿系绳收边示意图

图七　独龙族麻布绑腿色彩分析图

图八　独龙族雄当采药小伙麻布绑腿

独龙族遮阴板

图一　独龙族遮阴板主图

遮阴板，是独龙族最低限度的遮羞服装形态。在《云南通志》里记载有披麻毯、系竹片绑腿和遮阴板的独龙族和怒族人，"衣木叶，茹毛饮血，宛然太古之民"。独龙族主要居住在云南西北的独龙江河谷地带，东岸是高黎贡山山系，西岸是担当力卡山，每年大雪封山半年，与外界联系甚少。同时，独龙江地区夏秋季多雨，海拔较高，光照强，夹山而居，这造成了潮湿与闷热共存的环境。在这种相对恶劣的生存环境下，出现了极为简陋的服装形态——遮阴板。

本案例选自云南民族博物馆民族服饰与制作工艺展厅，它用木板与麻线穿制而成，大板长约15厘米，宽约8厘米；中板长约11厘米，宽6.5厘米；小板长约9厘米，宽约5厘米。

独龙族遮阴板通常选用较为轻质的木材，用麻绳穿挂于身体腰部，木板与麻绳都较为耐朽，使用时间较长。遮阴板构造简单，整体呈一腰鼓形，上边稍长于下边，中间偏上为最外侧的凸出部分，左右对称。在上边下侧一两厘米处左右对称各钻一孔，用麻绳从背面左右贯穿。遮阴板周边都做了倒角处理，并打磨得较为光滑，穿戴起来不会对肌肤造成直接割伤。遮阴板根据每个人的体型和发育来定制，通常成年人所用较长较大，小孩所用较短较小。遮阴板目前没有确切的记载为谁所用。独龙族男性会用一块较窄的棉麻布折叠后首尾相缝合，贯通裆部前后，向上收紧，再用一根麻绳等系束在腰间。这种装束是旧时热天狩猎时独龙猎人的常用服装形态，同样是较为节省的低限度的一种设计。

独龙族遮阴板是独龙人在特殊环境下的设计产物，是一种较为原始的最低限度的穿着方式，更是特殊情境下的造物现象，是在极端环境下的设计选择。

图片来源
图一　樊进　摄影
图二至图八　刘艳斌　制图

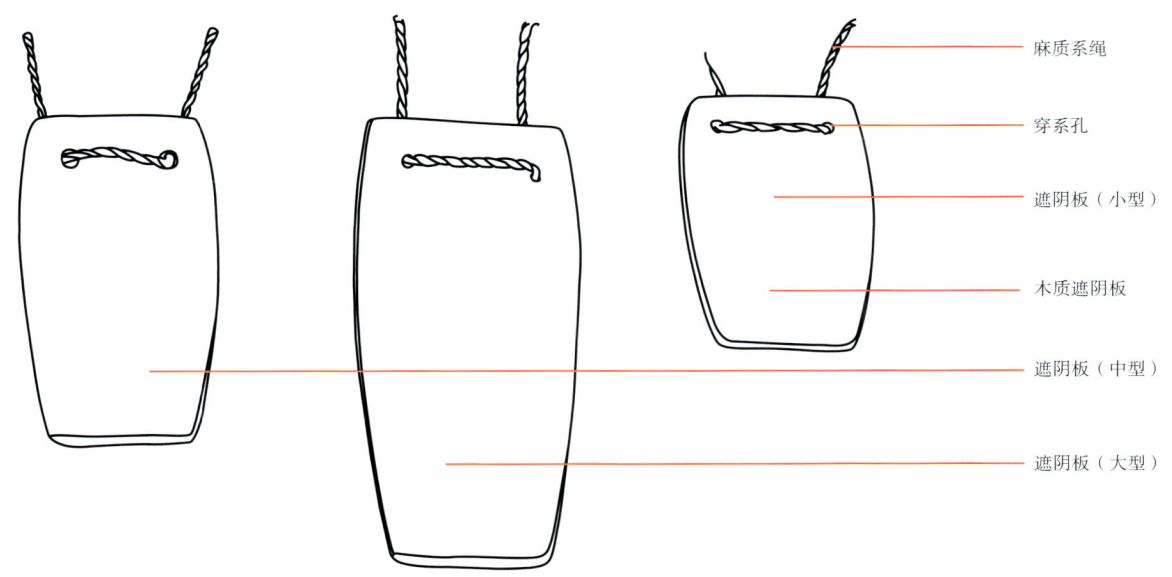

图二　独龙族遮阴板名称图

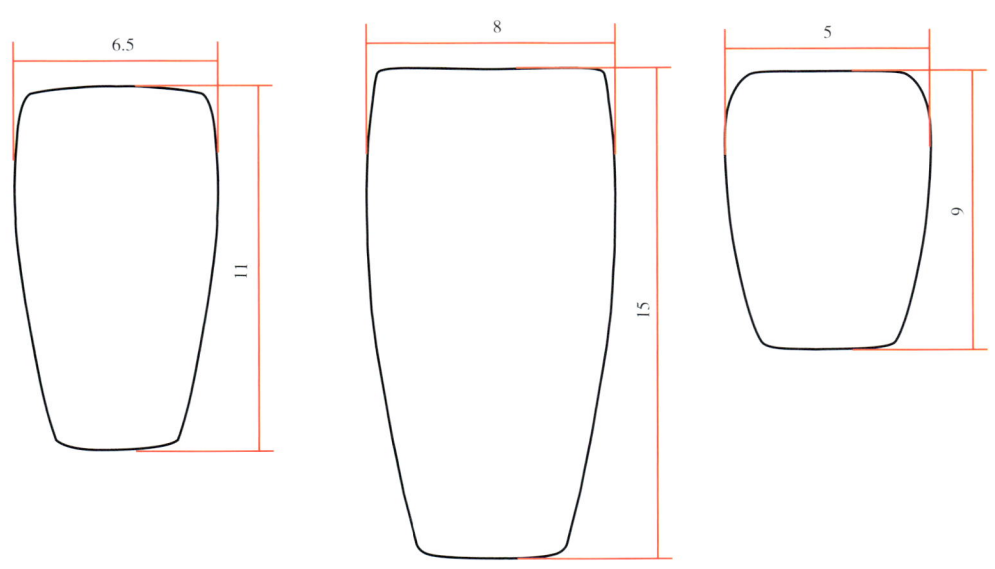

图三　独龙族遮阴板尺寸图（单位：cm）

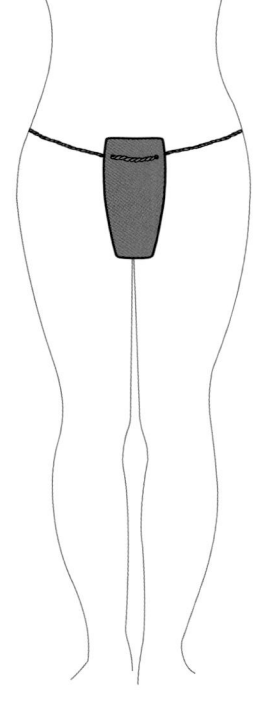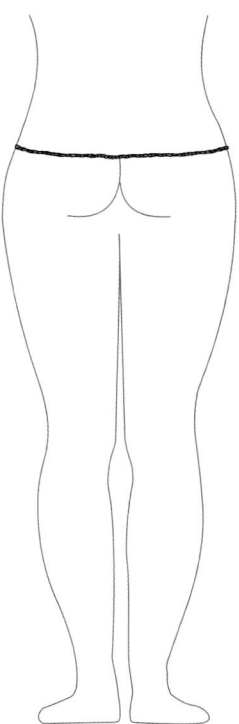

图四　独龙族遮阴板穿着示意图

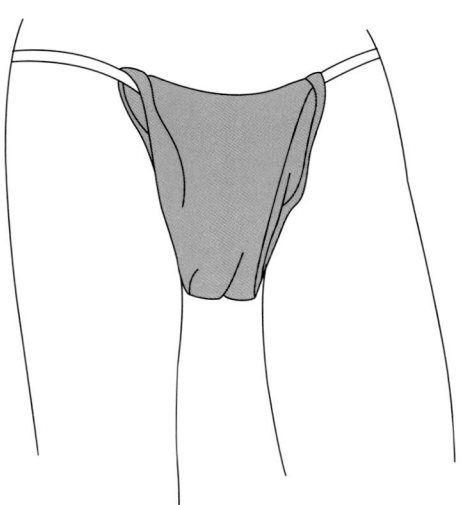

图五　独龙族麻布兜裆裤

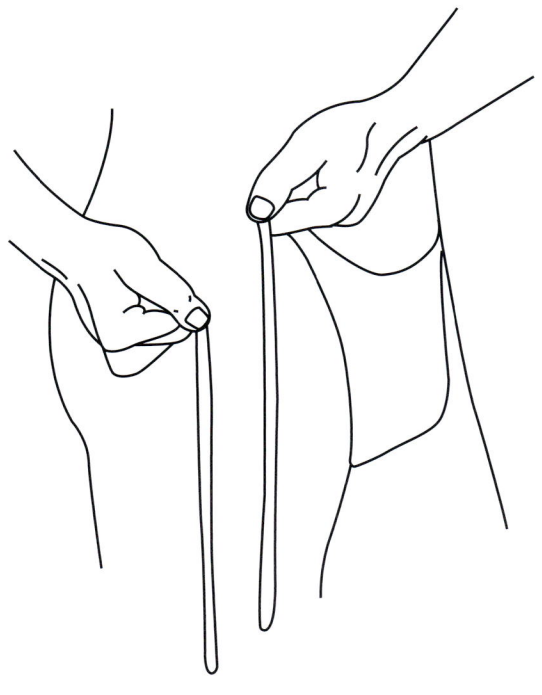

图六　独龙族麻布裆布系绳示意图

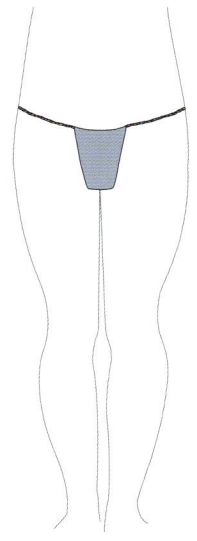
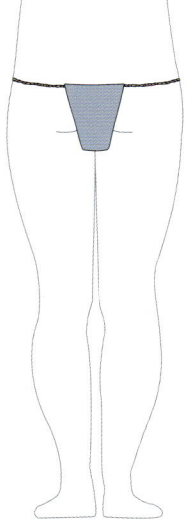

图七　独龙族麻布裆布穿着示意图

第二章　独龙族传统服饰

061

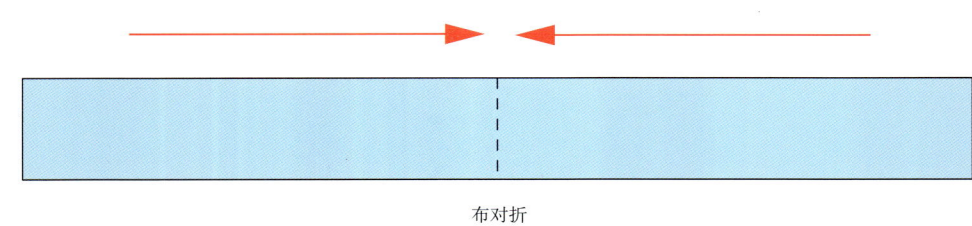

布对折

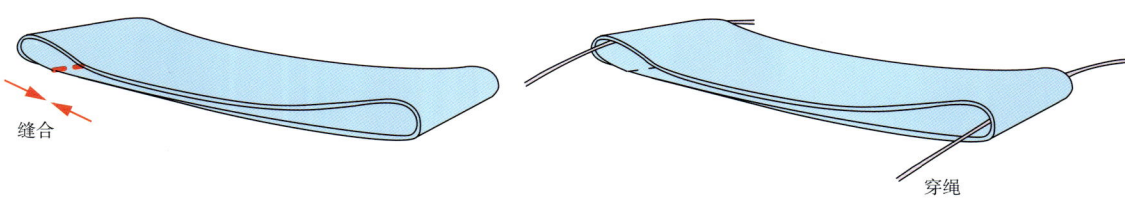

缝合　　　　　　　　　　　　穿绳

图八　独龙族麻布裆布制作方式示意图

现代独龙毯服装

图一 现代独龙毯服装主图

用独龙毯的基本形态制作现代服装是现在独龙服装发展的方向之一。从传统的棉麻材质到与现代工业化的混纺、化纤等材料的结合；从传统穿着讲究的顺序和手法到现代服装对形态模拟和简略都开始了探索。

本案例选自云南省怒江傈僳族自治州贡山县独龙江乡迪政当村，是一独龙少女的服装，其服装总高度约106厘米，宽约55厘米，头巾长、宽皆为46厘米。

本案例的现代独龙毯服饰造型由斜肩连衣裙和三角头巾两部分构成。斜肩连衣裙的造型源自传统独龙毯简易披挂的形态。传统独龙毯有一种较为简易的系束方式：将独龙毯窄边的两角从右腋下前后上拉，分别包裹前胸和后背，在左肩上方处打结，这种穿戴方式较为宽松，可以让右手更充分地解放出来，是独龙毯较普遍的穿戴方式。

本案例的现代独龙毯服装显然借鉴了这一服装形态，将左肩上方的系结结构消解，变为服装的肩带；并将右腋下的服装开为前后两片，并用类似盘扣的结构来扣结，右腋下开襟扣结的方式类似普通旗袍或长袍的开合方式。本案例服装边缘皆用二方连续的绿和紫色交错相对三角形条带装饰，顺沿装饰条内侧设一排白色花边。斜肩连衣裙整体以纵向排列的彩色条带为基本图形，这些图形大致分为四组：柠檬黄、橘黄、胭脂红、粉红的红黄色系，果绿、嫩绿、钴蓝、天蓝色的蓝绿色系，果绿、钴蓝、天蓝、橄榄绿的蓝绿色系，橘红、胭脂红、粉红、浅蓝红蓝色系。在各组色系的交界处设有蓝、红并列或蓝色或黄色的窄色带等间隔，使不同色系之间有了较为明晰的区分，同时使纵向的色带有了粗细上的变化，丰富了视觉的节奏感。这样多彩的色带与雨后彩虹颜色近似。其颜色整体比传统独龙毯色彩饱和度有提高，这与工业化、标准化的染色和材料质地有关。三角形状头巾的色彩布局与斜肩连衣裙一

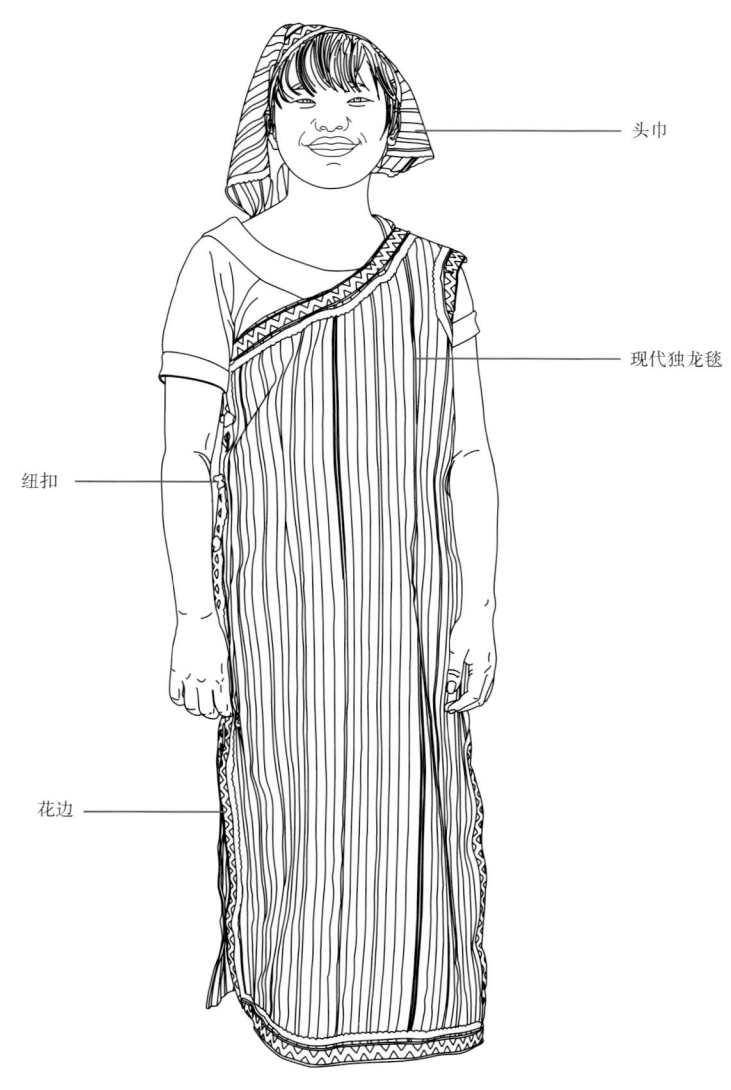

图二　现代独龙毯服装名称示意图

致，都是纵向排列，其在周边都用花边作装饰，在系束的一侧装饰边较宽，图案与连衣裙一致。沿这条装饰带延伸出系束的窄条带，从额头上方经耳朵上方往后脑下侧斜向系束，使头后形成较为修长的尖状头巾。头巾与斜肩连衣裙的组合穿戴在绿色盎然的自然环境中显得更为耀眼夺目。

本案例现代独龙毯服装是基于穿着的便捷和装饰性美观目的进行的探索，在服装设计、剪裁和装饰上都摆脱了传统独龙毯的系束穿着方式，反映了独龙人在面对日益现代化的社会生活下对于自身民族文化的坚持、变化与融合。

图片来源
图一　樊进　摄影
图二至图七　刘艳斌　制图

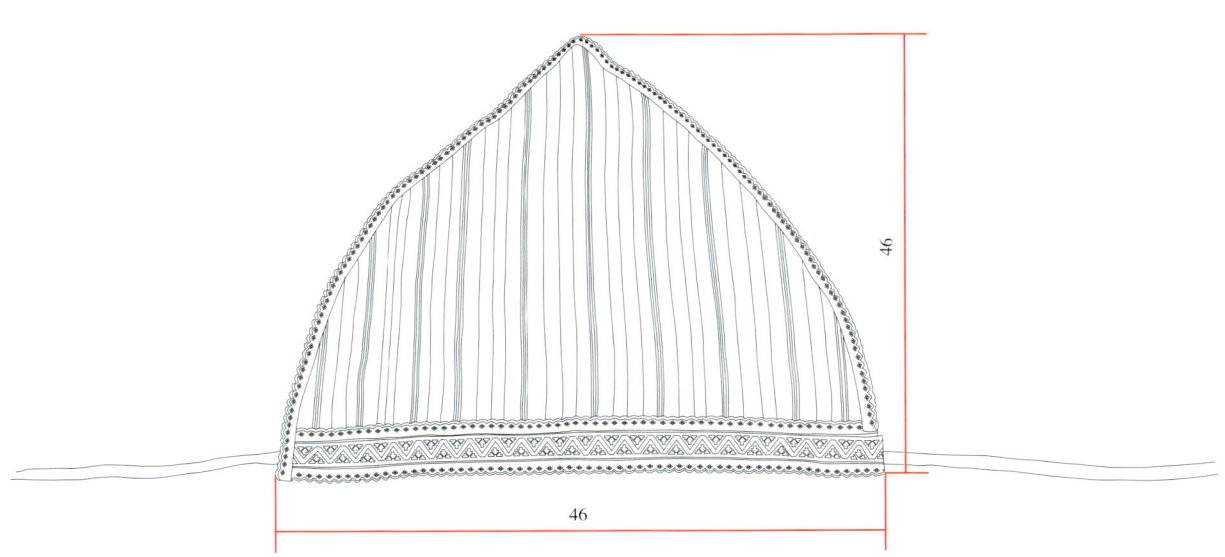

图三　现代独龙毯头巾尺寸图（单位：cm）

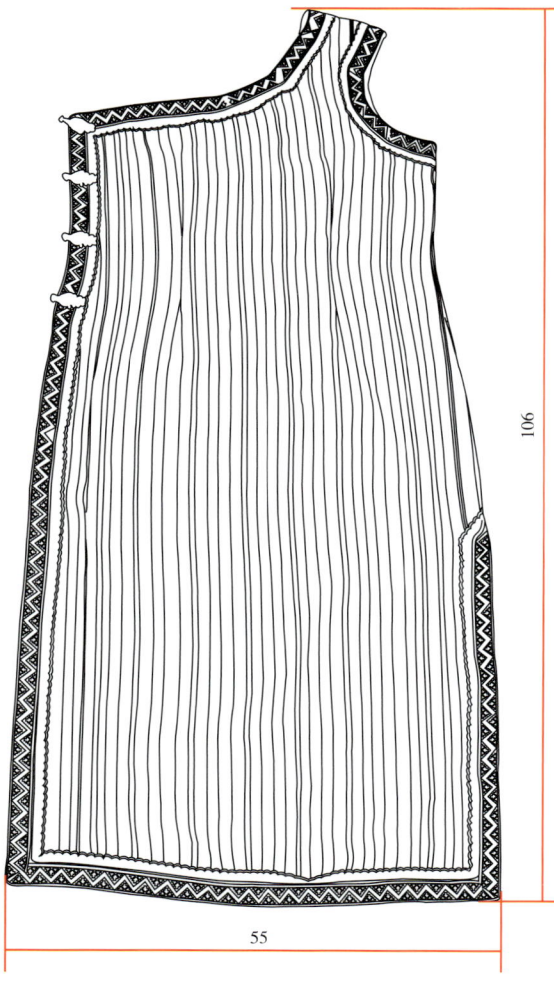

图四　现代独龙毯服装尺寸图（单位：cm）

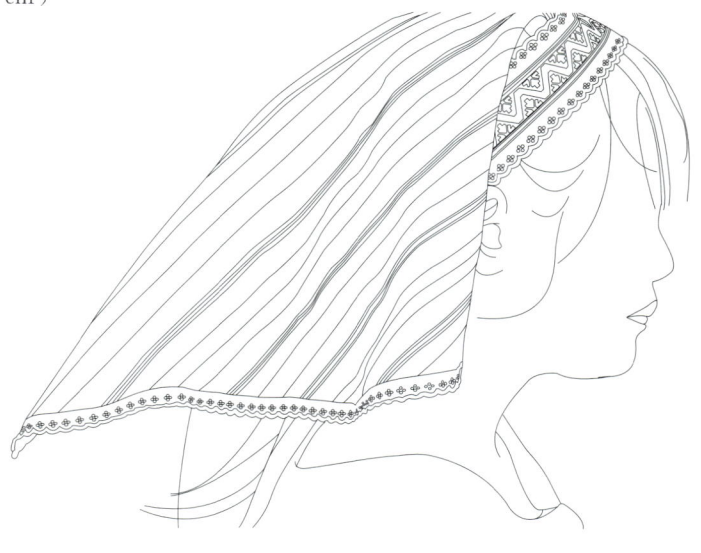

图五　扎头巾示意图

图六 独龙族头巾佩扎图

图七 现代独龙毯头巾图案

独龙族药物首饰

图一　独龙族药物首饰主图

首饰是既古老又时尚的装饰器物,在通常意义上与财富、权利、地位、思想、观念、情绪、审美等等中的一种或几种密切相关。现代首饰的概念早已突破了世俗的看法,成了标榜自我存在或认识世界、解读社会的一个窗口。笔者在云南省怒江傈僳族自治州贡山县丙中洛镇双拉村小茶腊小组见到的独龙族另类首饰——药物首饰,别具特色。其为一独龙族小女孩系带,系挂的香囊长约4厘米,宽约3厘米,松鼠腿长约6厘米。

本案例的药物首饰由两部分组成,即药物香囊和风干了的松鼠腿。药物香囊用普通的结构疏松的浅绿色衣物材料缝合而成,为椭圆形的香囊,上侧为缝合口,针脚较大,里面放天然的花椒干果；风干的松鼠腿带脚趾、皮毛、骨骼、肌肉，保存较为完整。花椒在全国各地多有种植，物产丰富，是最为常见的调味品之一，性情温热，属纯阳之物，可驱寒；其本身具有很多挥发性的植物油，比如柠檬烯、牛儿醇等，闻起来气味芬芳，可增加唾液分泌，促进食欲。同时花椒也具有一定的抗菌作用。松鼠本身会有一较强的体味，风干的松鼠腿也难免会有这些味道，与花椒香味相反，是一种具有刺激性的物品。松鼠是独龙族传统狩猎的对象，丰富的自然山地环境为独龙人不断提供肉食，传统的独龙人信仰万物有灵论，松鼠能给人带来好运。

药物香囊和松鼠腿高低错开系在绳子上，药物香囊系结在松鼠腿上方。这两个物品都是贴身系挂在锁骨以下位置，人体的温度可以使它们更易挥发各自的气味与药性，气味受热自然向上扩散，可以使之自然进入人的鼻腔更好发挥其作用。

本案例的首饰的主要作用显然是为了应用其药性而设计的随身佩戴的器物，制作因陋就简，质朴自然，体现了因地制宜的设计思想。

图片来源
图一、图五　樊进　摄影
图二至图四　卢慧敏　制图

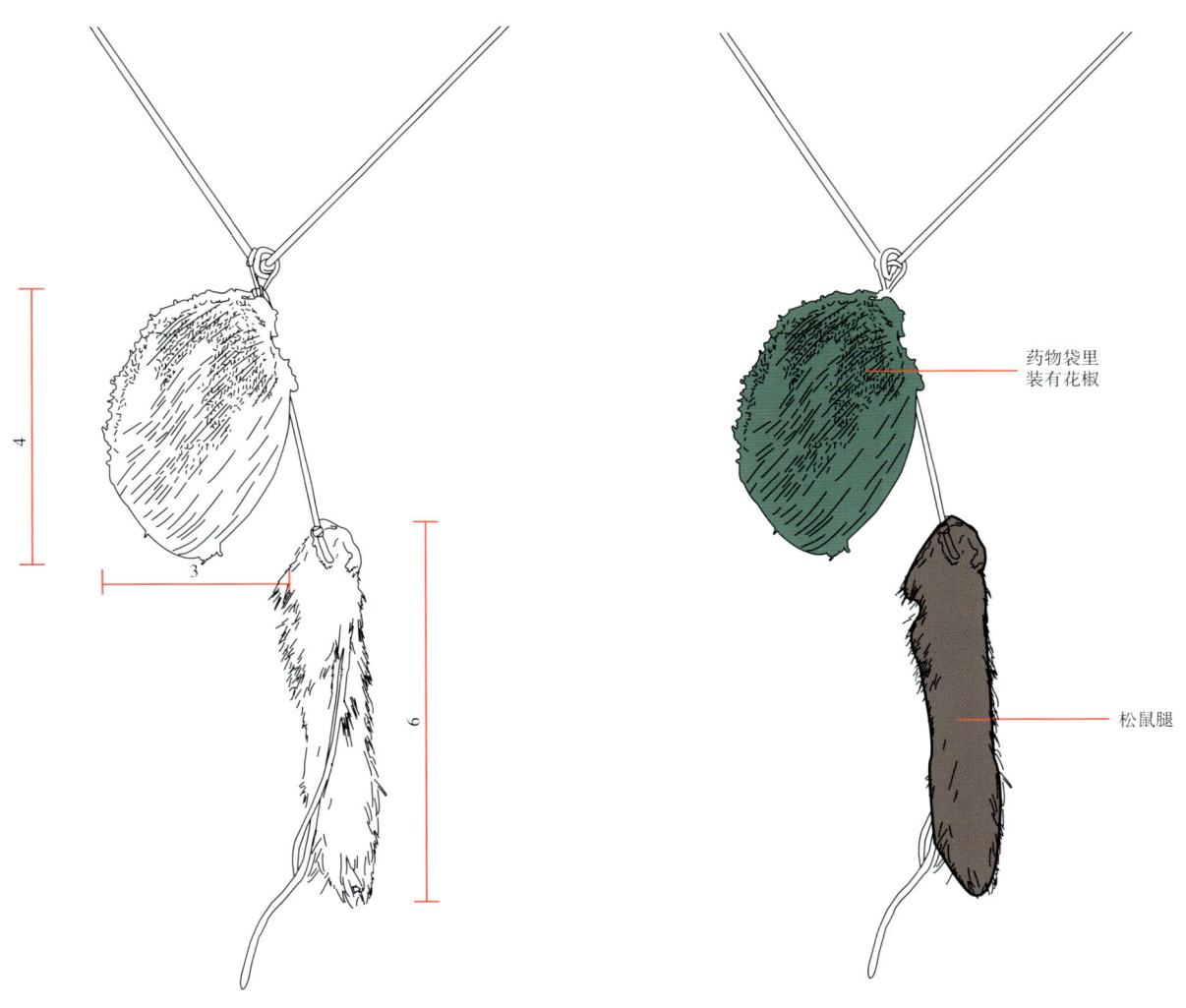

图二　独龙族药物首饰尺寸名称示意图（单位：cm）

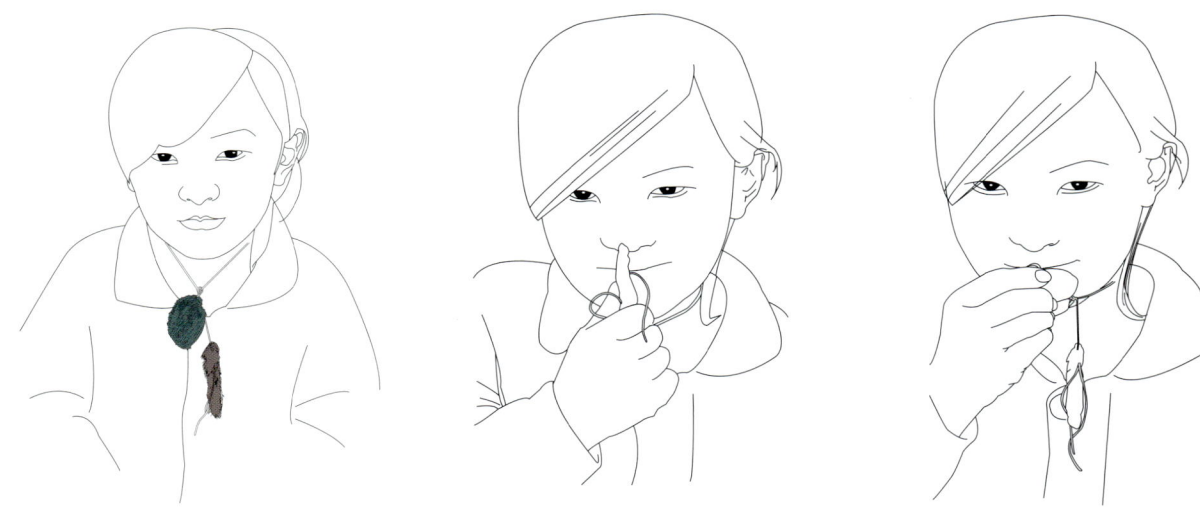

图三　佩戴方式示意图　　　　　图四　使用分析图

图五　案例相关图片

独龙族合金舞饰

图一　独龙族合金舞饰主图

独龙族和众多少数民族一样都喜欢用舞蹈抒发自己的思想情感，喜欢通过"跳"和"唱"来表达对生活的热爱，舞蹈时独龙人为了增加动作的节奏感和美感也会在腿上系绑一些能够发声的装饰器物。本案例选自云南省怒江傈僳族自治州贡山县独龙江乡迪政当村，是一独龙女子所用的一组装饰物，在舞蹈时系绑在臂膀或者小腿上，其直径约3.5厘米。

本案例的合金舞饰是三个为一组的环形组合。三个形态皆若粗壮的素金戒指，其表面为凸起的圆形结构，上面铸造了各式花纹形态。这些花纹布满了除内圈以外几乎所有的位置，条纹较为粗壮野性，花纹一个似横向的虎纹条状，另两个为菱形装饰纹。这两个装饰纹一个较为粗大，有三列完整的菱形装饰纹，另一个较为细腻，有四列完整的菱形装饰纹。它们的整体形态与轮胎的花纹较为接近，但也让人联想到当地一些鱼类表皮的形态——鱼鳞纹和斑皮，也与独龙毯的条纹及编织中常出现的三角形组合——菱形有一定的关联。条纹状图形呈四周发散的放射状，菱形以130°左右的角度进行了疏与密的划分，呈现出规律性较强的排列效果。三件环形装饰造型饱满，外壁布满凹凸有致的肌理装饰，与内壁的光滑平素形成了鲜明的对比。这三件圆环为合金材料，具体不明，但没有生锈，三者相撞时声音清脆悦耳，舞蹈时会随着手臂的动作而相互碰撞，发出悦耳的声音，增强舞蹈的节奏感。在色彩上三者皆为灰黑色，凹槽里颜色较深，表面的呈灰色，佩戴在身体上其效果较为突出。用来贯穿圆环的绳子也有讲究，多以色泽鲜艳的当地棉线编织成绳，常系于成年人的腿肚上方，也有人将这种腿饰佩戴于手臂上。本案例的合金舞饰的制造方式为铸造，可见清晰的铸造口。

独龙族历史上是一个处于半封闭状态下的世居民族，生存环境恶劣，其自给自足的装饰件较少。因此，本案例应为外来的物品，但从上面的装饰纹饰来看又有着或隐或现的渔猎文明特点，其清脆的响声又为喜爱舞蹈的独龙人增添了欢乐的声音，在某种程度上契合了独龙族人民的审美观念。

图片来源
图一、图九　　樊进　摄影
图二至图八　　刘艳斌　制图

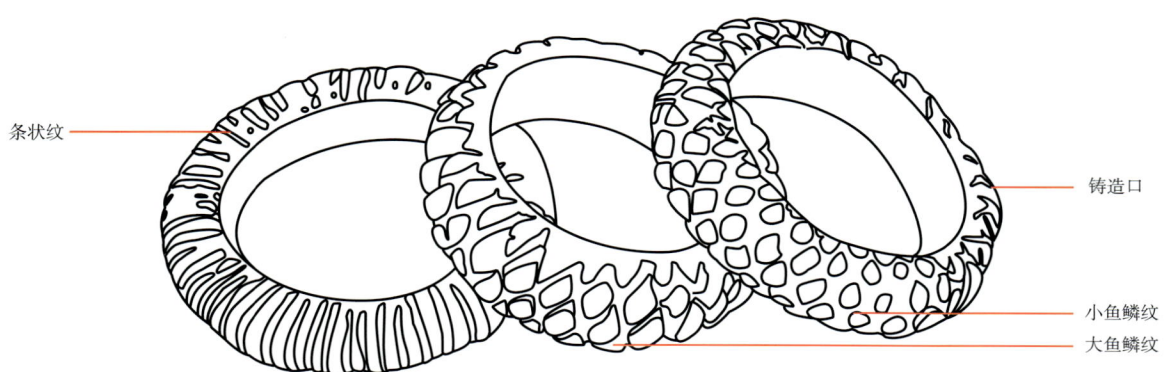

图二　独龙族合金舞饰名称图

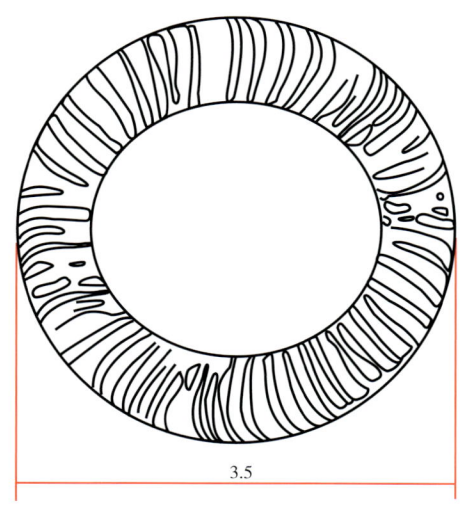

图三　独龙族合金舞饰尺寸图（单位：cm）

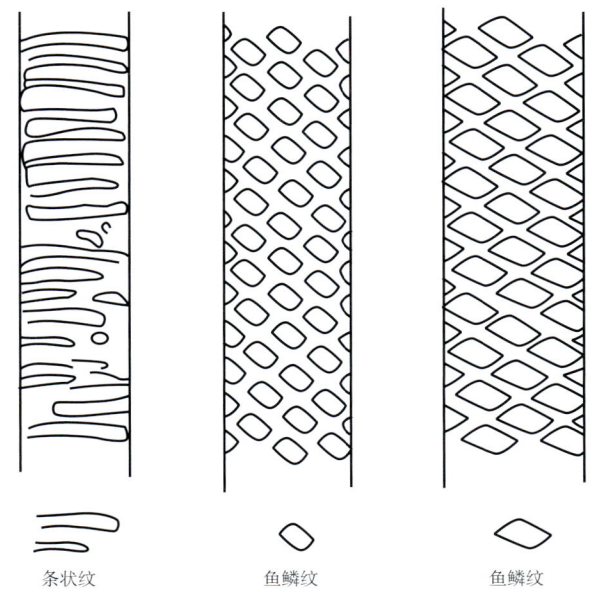

条状纹　　　鱼鳞纹　　　鱼鳞纹

图四　独龙族合金舞饰图案

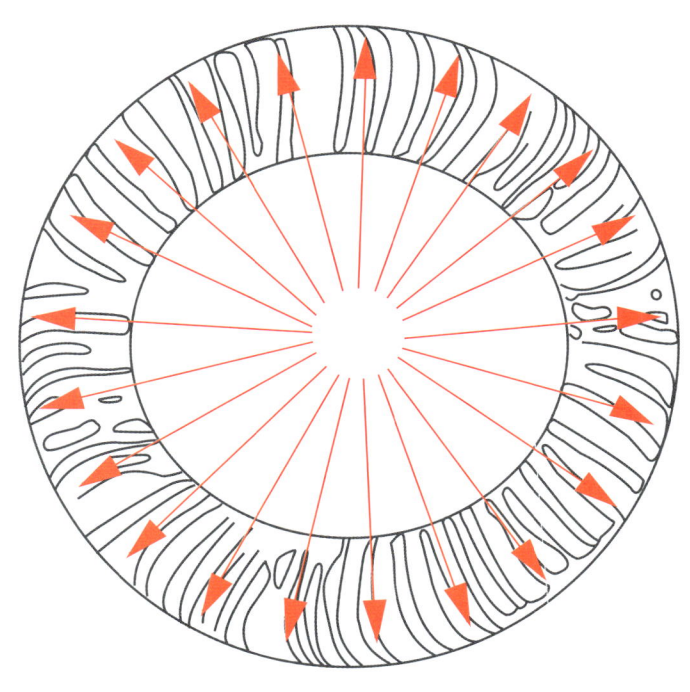

图五　独龙族合金舞饰图案发散示意图

第二章　独龙族传统服饰

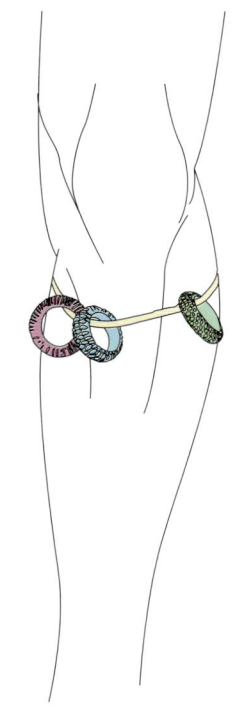

图六　独龙族合金舞饰佩戴示意图

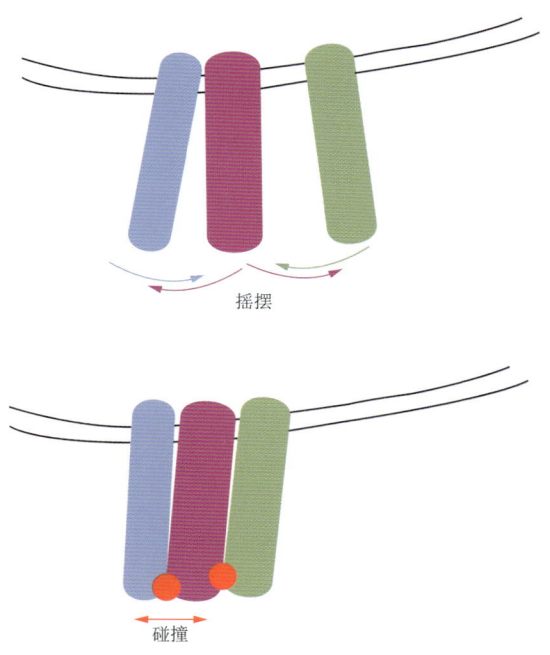

图七　独龙族合金舞饰撞击示意图

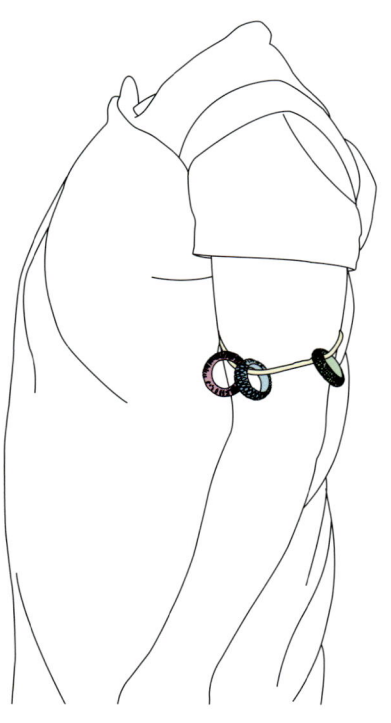

图八　独龙族合金舞饰手臂佩戴示意图

图九　独龙族合金舞饰其他视角

独龙族铜镯

图一　独龙族铜镯主图

爱美之心，人类亘古有之。独龙人在艰苦的环境下依然充满对身体装饰的热爱，在过去经济水平条件较为初级的状态下，佩戴铜镯在独龙族妇女中较为常见。

本案例选自云南省怒江傈僳族自治州贡山县独龙江乡孔当村，是一独龙女子所用的一组装饰物，为一开口手镯，外径5厘米，内径4.5厘米，开口处距离为2.8厘米。

本案例的铜镯为材料为黄铜。铜是人类应用最早的金属之一，在《尚书·禹贡》中把金、银、铜并称为"唯金三品"。在我国传统民间首饰里面有着大量的应用，普遍认为佩戴铜器能够使人远离晦气或霉运。佩戴手镯能够对手腕按摩活血，减缓手腕关节的疲劳，对人体具有一定的保健作用。在相对闭塞的旧时代铜镯应是独龙族较为珍贵的装饰品。本案例的表面装饰为重复的叶状脉纹样，近似连续的V形叠加，中间贯穿一条錾刻的中线，铜镯正面两侧的边缘间隔设有缀珠状圆点或柱状凸起。这些装饰点缀使得单调手镯面中有了一些变化，有类似露珠的效果，使其整体表现得较为生动。铜镯的制作采用了铸造加錾刻来完成。铸造多为失蜡法。一般可用铸造蜡雕刻出原始铸型，并加注液口。之后用黏土、石膏或沙土等覆盖蜡，再整体加热，低温失蜡，高温焙烧硬化铸造腔体；再将融化的铜水通过注液口注入，注满即止；等铜液固化后再去除腔体，取出铸造的铜镯，再去除铸造水口、整形、打磨、錾刻、抛光后即成。整体而言本案的铸造制作较为粗犷，不拘小节，草叶的脉络錾刻相对考究，给人粗中有细的感觉。

本案例的铜镯具有朴素自然的造型，与独龙族人的自然观和世界观相契合。

图片来源
图一、图九至图十　樊进　摄影
图二至图八　刘艳斌　制图

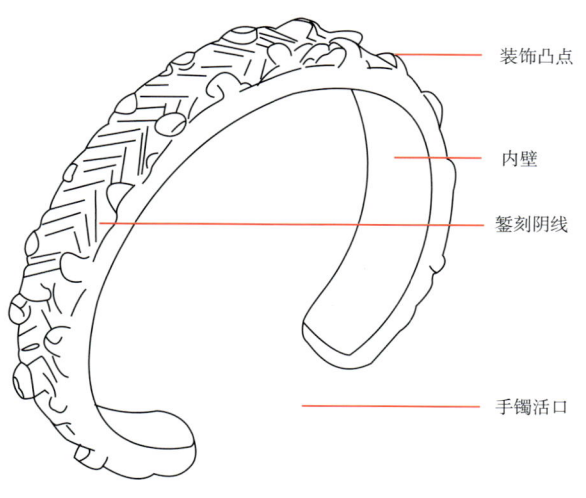

图二　独龙族铜镯名称示意图

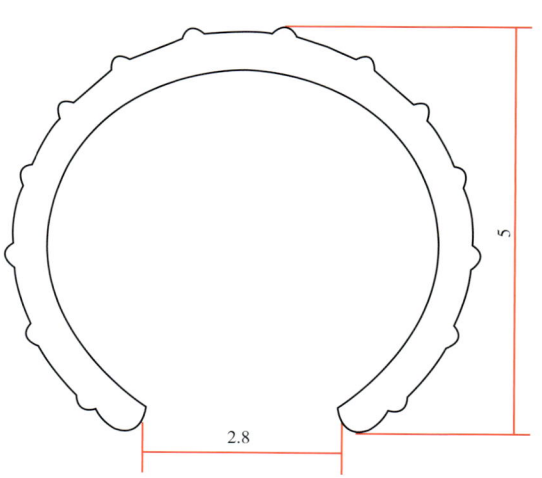

图三　独龙族铜镯尺寸图（单位：cm）

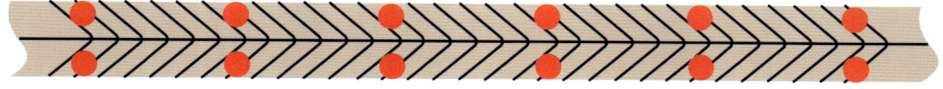

叶状纹　　　　珠状纹

图四　独龙族铜镯展开图案图

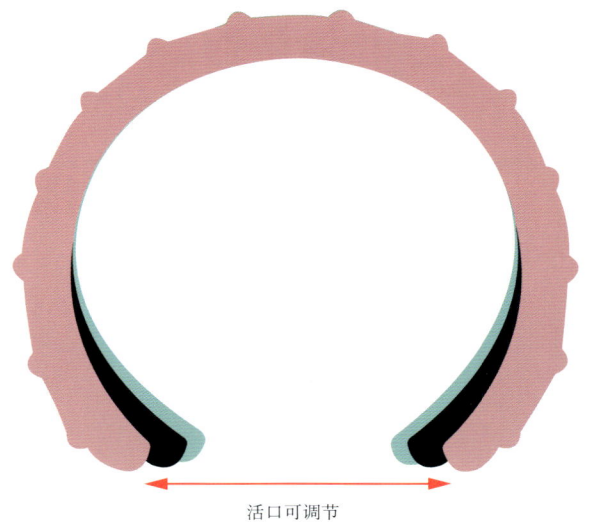

图五　独龙族铜镯活口调节示意图

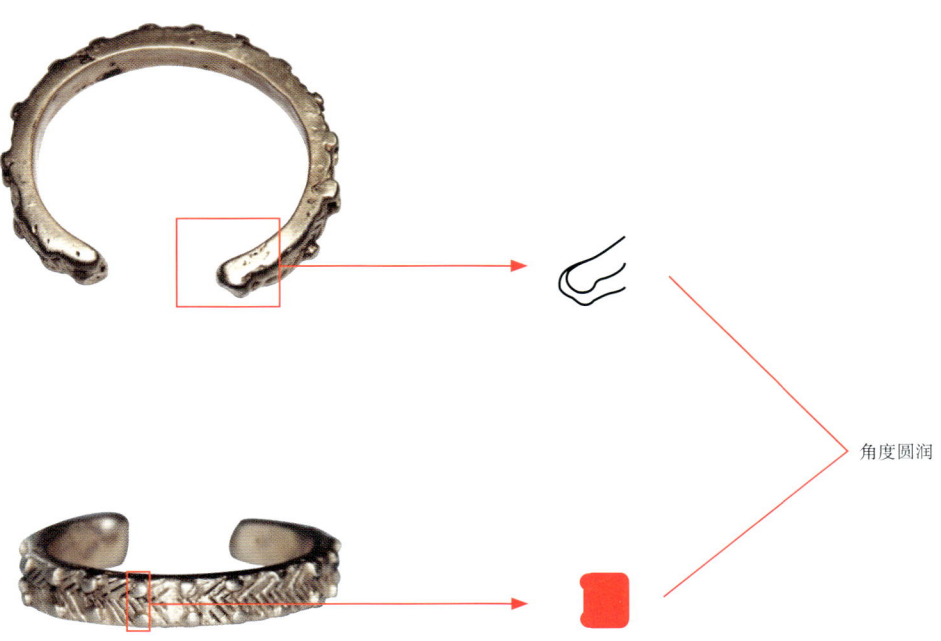

角度圆润

图六　独龙族铜镯角度圆润度分析示意图

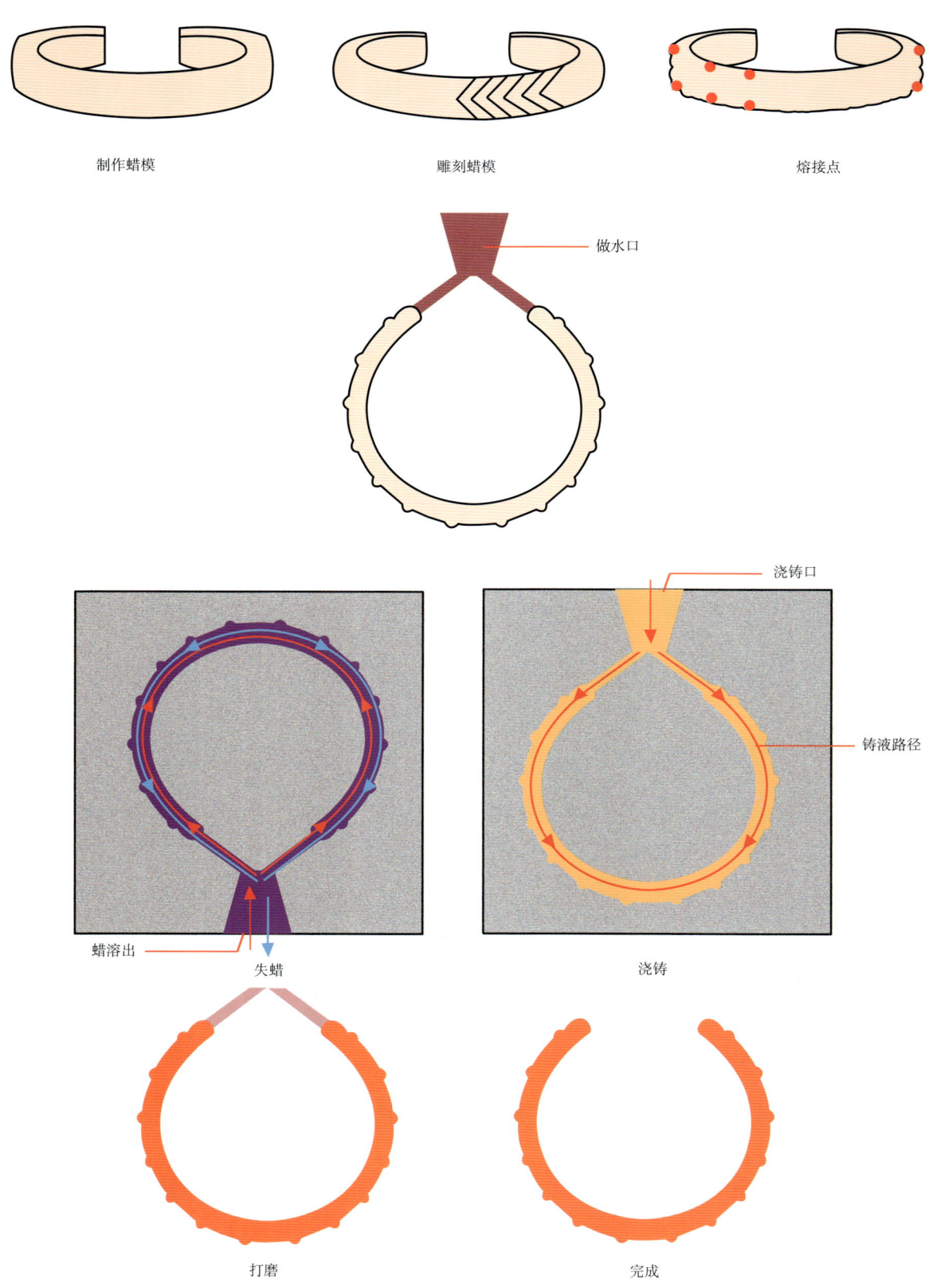

图七 独龙族铜镯制作方式示意图

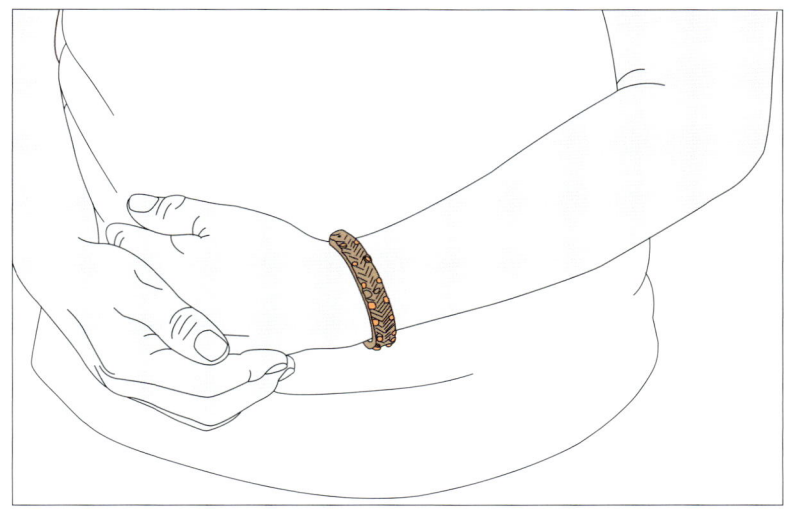

图八　独龙族铜镯佩戴示意图

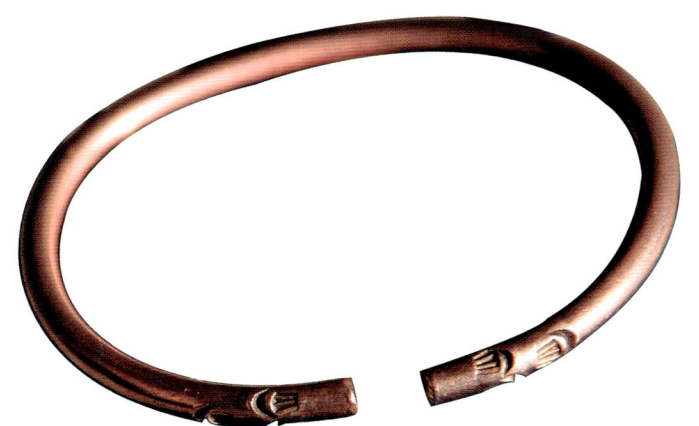

图九　独龙族紫铜手镯

图十　独龙族铝镯

独龙族串珠系香项链

图一　独龙族串珠系香项链主图

项链是人体装饰的重要部分，独龙族所佩戴的项链通常以珠粒状为主。

本案例是串珠系香项链，采集于钦郎当地区，为当地女子所佩戴。本案例的串珠系香项链在佩戴起来时，其长度约 34 厘米，宽度约 28 厘米。

本案例项链材质以仿制的珊瑚珠、砗磲珠、绿松石和玻璃珠以及天然香料为主。本案例由细小的红白色串珠项链和较大颗粒的串红蓝双色系的串珠项链两类组合而成。仿制的珊瑚珠、砗磲珠数量为居多，也较为常见。细小的串珠项链由 6 条红、白双色珠链组成。大颗粒的串珠项链多由深红色和暗绿色的玻璃珠组成，其中也夹杂了一些近似绿松石的蓝色珠子及棕色的香料。红与蓝两种颜色的珠子有成段的间隔串连，也有单颗红色珠间隔在蓝色玻璃珠中间，红与蓝绿色的搭配和红与白的搭配都是较为醒目的搭配方式，两者混搭在一起使项链的颜色更为丰富多样，明度、冷暖都有着较为明显的差异，透明与非透明的各色球体形成了别样的视觉感受。两组大小悬殊的圆形项链混搭在一起，既有区别又有联系，在规整统一的圆形中又有随形的自然造型。系有香料的项链在贴身佩戴的时候，人的体温可以使香料保持一定的温度，促其挥发自身的香气，香气受热而上升，可以自然进入人鼻孔呼吸的范围，从而达到提神醒脑的作用。所用球造型圆润光滑,与皮肤接触起来较为舒适。

本案例的串珠系香项链的混搭方式与景颇族类似,相对自由,造型相对古朴无华,造型简洁大方,色彩对比较为强烈。其在项链上增加香料的设计提高了佩戴者的愉悦性,具有浓厚的生活气息,是独龙族较为典型的珠串式项链。

图片来源
图一　樊进　摄影
图二至图六　卢慧敏　制图

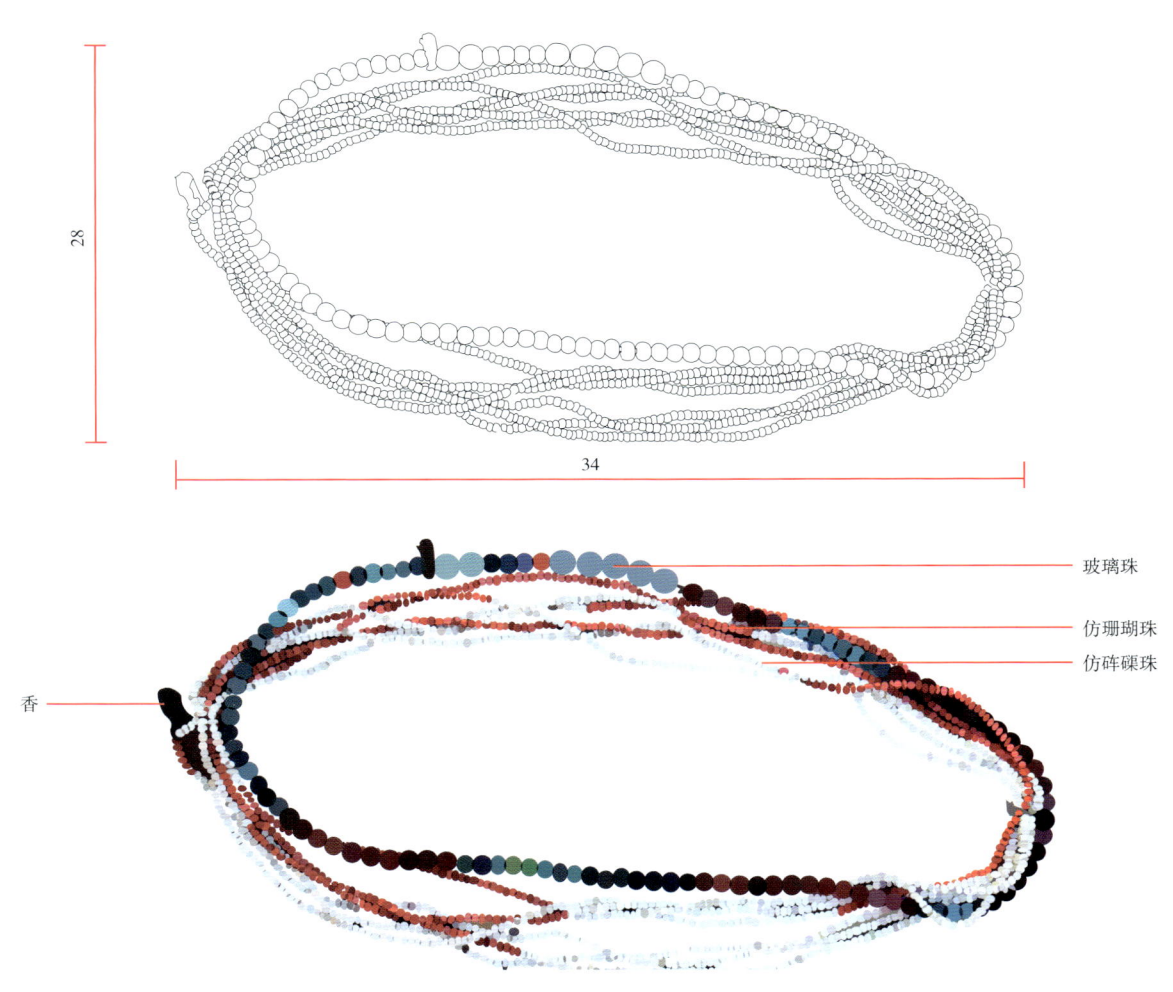

图二　独龙族串珠系香项链尺寸名称图(单位:cm)

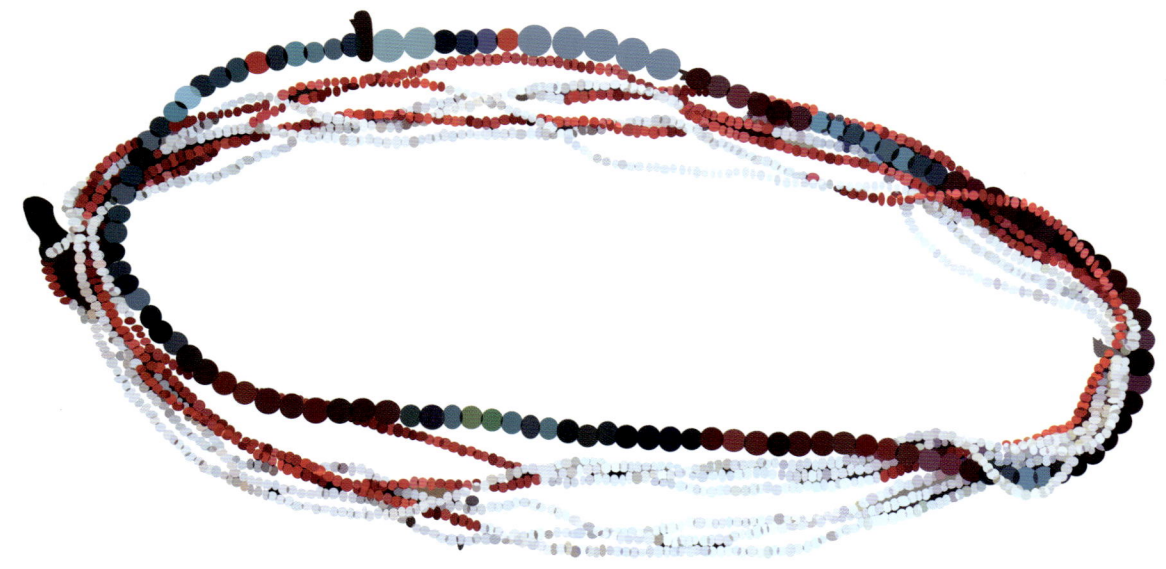

图三 独龙族串珠系香项链色彩分析图

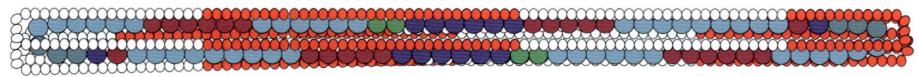

聚在一起的项链

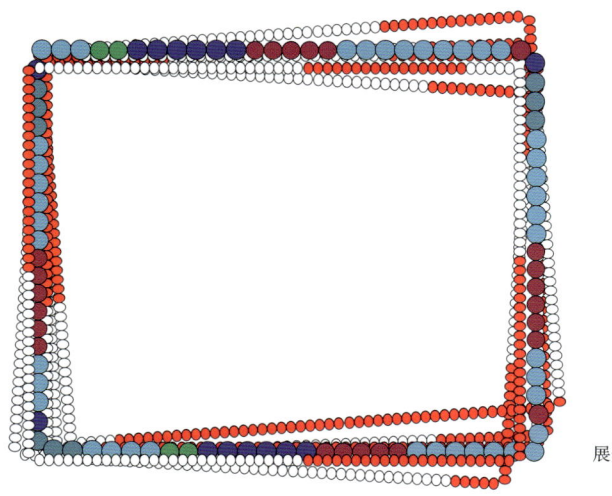

展开的项链

图四 独龙族串珠系香项链不同状态示意图

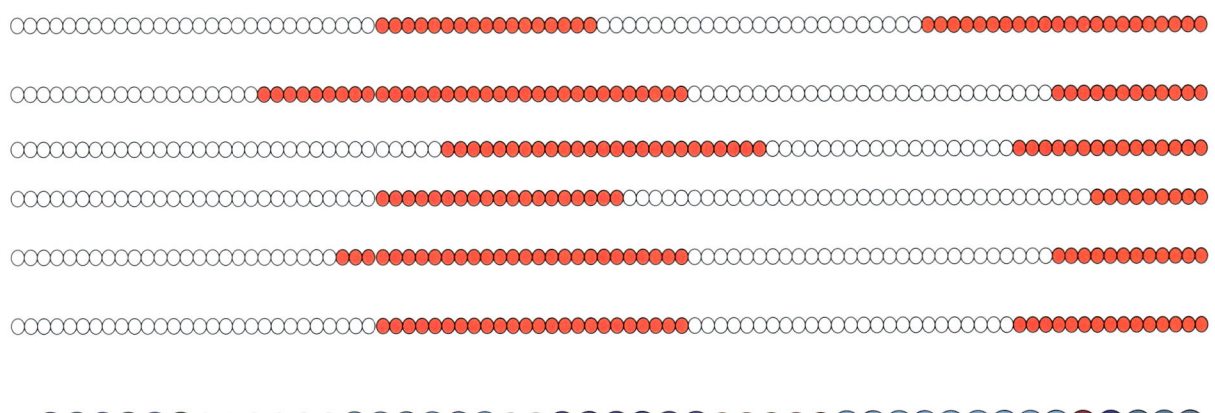

图五　独龙族串珠排列方式示意图

图六　独龙族串珠系香项链佩戴方式示意图

第二章　独龙族传统服饰

第三章 独龙族传统餐饮

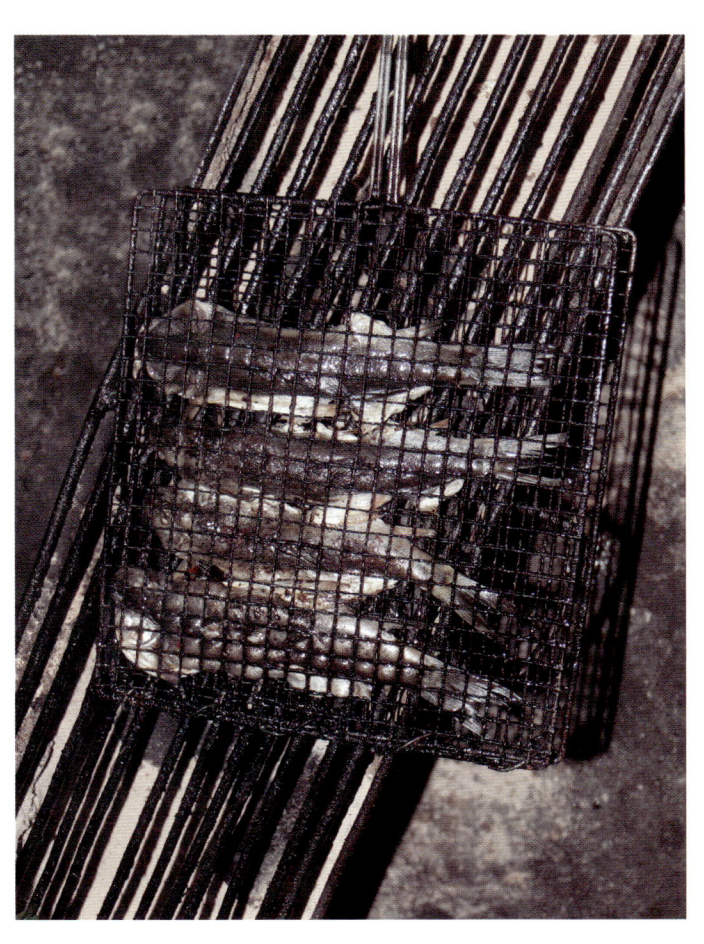

独龙族烤白鱼

图一　独龙族烤白鱼主图

独龙江中的鱼以条鱼和扁鱼为主，本案例烤制的白鱼便是条鱼的一种，是笔者与独龙兄弟在汇入独龙江的小河中捕捉的鲜活原料。本案例选自云南省怒江傈僳族自治州贡山县独龙江乡迪政当村，烤白鱼则是独龙族地区一种经常食用的美味。

这种条状白鱼是典型的冷水鱼，鳞片细腻，几乎可视为无鳞，不用刮除，鱼皮甚薄，只要将内脏清除干净即可进行下一步操作。独龙人通常会采取煮或烤的方式来烹饪。白鱼富含丰富的蛋白质，营养丰富，烤制的白鱼更为鲜美溢香。烤白鱼的步骤大致如下：将捕获的白鱼去除内脏，并用清水将其血水冲洗干净，备好主材；把洗净的白鱼放入火塘的火炭中，这些木炭刚燃烧完毕，不出火苗，但其上面的温度应比通常烧烤的木炭温度稍低。待一面表皮烤至焦黄后，便使用火钳将白鱼翻转，继续烤制。待下面同样烤制焦黄时，意味着其内部鱼肉已经烤熟，即可食用。这种烤制并不需要过长的时间，一方面这些鱼的体量并不大，另一方面鱼有鱼皮的相对完整的包裹，可以使底部的加热的热量快速在相对封闭的环境下积聚，从而使鱼肉快速熟透。因是双面的烤制，使鱼肉汁水都被锁定在鱼肉里面，味道更为鲜美。烤制完成的白鱼只要适当去除上面的灰即可享用，也可以根据自己的口味佐以适量的盐巴。不蘸盐巴是正宗的原汁原味的吃法，可以充分体会烧烤冷水白鱼的味道。当白鱼在高温下灼烤的时候，若使用的急火容易焦煳。独龙人烤制白鱼时较为轻松惬意，在谈天说地的氛围中便可以轻松制作完成。

　　本案例的烤白鱼是独龙族地区在独龙江鱼汛期时大多数家庭的平常饮食，是较为典型的案例。独龙人的烤白鱼制作简易，食用方式直接，营养丰富，是独龙人改善饮食结构的重要方式之一。

图片来源
图一至图三、图五至图六　樊进　摄影
图四　卢慧敏　制图

图二　独龙族烤白鱼原材料

把清理干净的鱼放在火塘里面

时不时地用火钳翻转鱼身

烧烤至焦黄的时候即可

图三　独龙族烤白鱼烧烤过程分析图

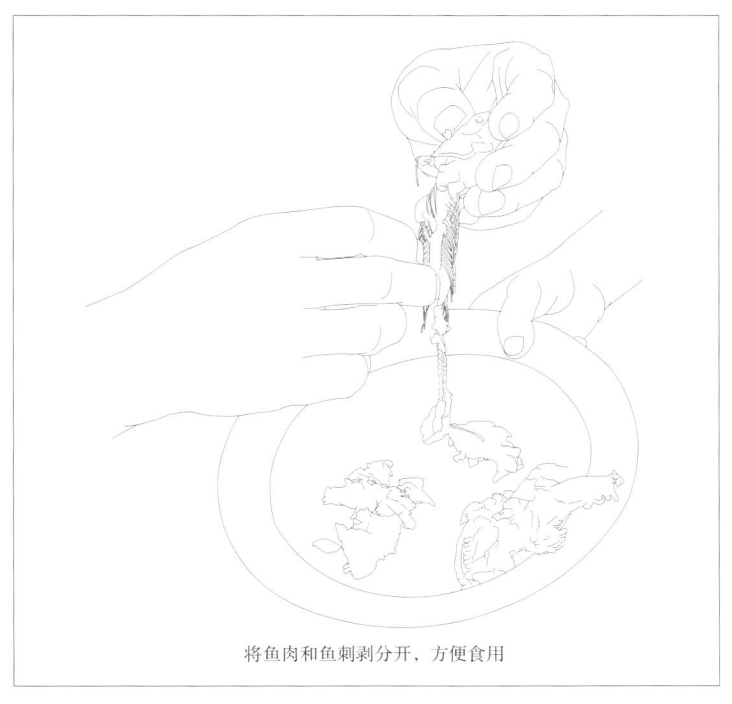

将鱼肉和鱼刺剥分开,方便食用

图四 独龙族烤白鱼食用方式示意图

图五 独龙族烤白鱼延展案例图

图六 独龙族烤白鱼延展案例图

独龙族烤土豆

图一 独龙族烤土豆主图

土豆是独龙人日常食用的主要淀粉类食物之一,也是每家每户种植的农作物。客人来到独龙人家,坐在火塘旁,主人通常会端上酥油茶和原生态的烤土豆。烤制品是独龙族一大特色,在多人聚餐时,烤制的种类也会增加,此时的烤土豆会根据来人多少准备,以切片的形式快速烤制。

本案例烤土豆选自云南省怒江傈僳族自治州贡山县独龙江乡孔当村普卡旺小组,是多人聚餐时常食用的烤制菜系。

独龙族是火的儿女,野外生火和用火烧烤食物是传统独龙人必会的生存本领。本案例烤土豆所用原料较为丰富:土豆片、色拉油、盐,烤制好之后,独龙人还喜欢放胡椒粉、辣椒粉等。色拉油可以使土豆快速增温同时锁住水分,使烤制进程加快并保持土豆内部酥软。胡椒粉和辣椒都是祛寒除湿的食物，也会增加热辣的口感和食欲。本案例制作过程如下：首先将新鲜土豆洗净去皮，切成片状，倒色拉油并加盐拌匀。再用竹夹把土豆片一片一片地夹到铁网（烤架上）烤制，土豆片表面焦黄便是成熟可以装盘。这样的烤土豆味香色浓，表面焦脆里面酥软，老年人也能食用。这种聚餐式的烧烤是在户外进行的，人们围绕烧烤火塘，边做边吃，边唱边聊，是一种带有社交属性的烧烤聚会。独龙人除了这种快速烧烤形式以外，还有家庭式烤土豆，即将完整的土豆放入火塘灰内，利用炭火余温焖烤而熟，是最为原始的烤制方式，通常需要较长时间，熟后剥皮食用。独龙族人的烤制品相对丰富，除了烤土豆以外，经常食用的还有烤鱼、烤鸡、烤肉、烤茭瓜及各类蔬菜等，制作方式大多与烤土豆类似。

独龙族烤制形成了一种传承文化，本案例的烤土豆是独龙人改良烤制方式的一种食物，较之传统的烤土豆，切片烤制效率有了提高，调味品的加入使口味也有了多元选择。这种改良扩大了接受人群，有利于烤制文化的拓展，同时也丰富了独龙人的饮食品类，展现了独龙人对于新事物的开放式接受。

图片来源
图一、图三、图五　樊进　摄影
图二、图四　张孙晨　制图

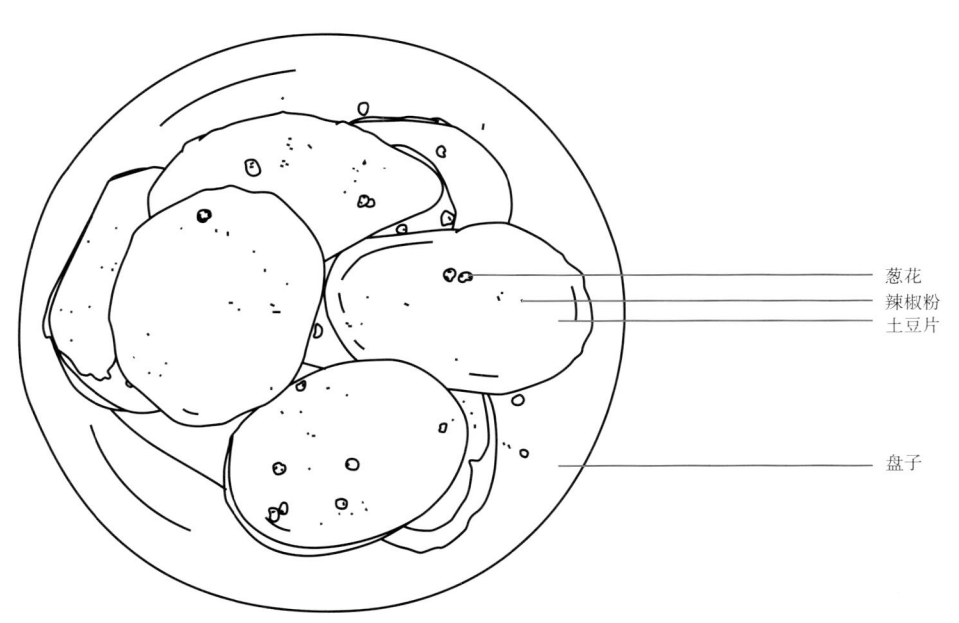

图二　独龙族烤土豆名称图

图三　独龙族烤土豆的原料

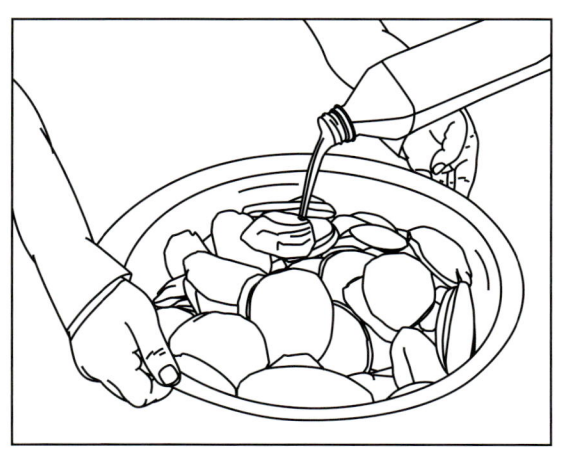

第一步：将土豆切成片并倒入油

第二步：倒入油之后放盐，并拌匀

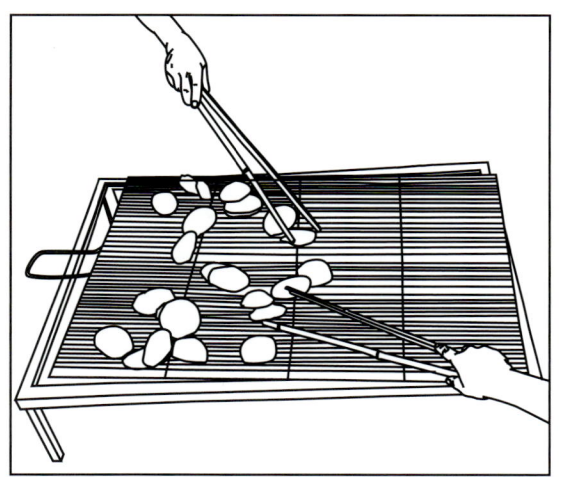

第三步：最后把土豆放在铁丝网上烤熟

图四　独龙族烤土豆制作过程图

图五　边烧烤边唱歌的独龙人

独龙族酥油茶

图一 独龙族酥油茶主图

酥油茶是独龙人爱喝的一种饮品,是高原人滋润肠胃、补充营养、增强体力的重要饮品。客人来到独龙人家,主人通常会端上酥油茶招待。

本案例选自云南省怒江傈僳族自治州贡山县独龙江乡迪政当村雄当小组。

独龙族酥油茶制作原料大致有:酥油、奶粉、食盐、砖茶、漆油和猪油。酥油是一种从牛奶、羊奶中提炼出来的乳制品,是类似黄油的脂肪。夏秋季的牦牛酥油口感好、色泽佳,味道香甜,是最好的酥油。酥油的提取方法是:先将牛奶装入山羊皮袋里放在冷水里浸泡冷却,或者把奶直接放在奶桶中冷却。接着将奶倒入铜锅中加热到一定温度,奶温过低或过高产油量都会变少。牛奶加热后倒入酥油桶中,用一端装有圆盘的活塞搅棍上下提打搅拌,这样奶中的油脂会分离出来。一般夏天打1300下左右,秋天打800下左右,打至搅棍上附着酥油即可。酥油打好后抽出搅棍,用手将半流质的油脂捞出捏成扁圆形或者方形,放入冷水中冷却,很快油脂便会凝固形成酥油。一年内奶牛产奶的最佳期大约 120 天。独龙人有每天饮酥油茶的习惯，如果酥油需要存放较长时间，要在捏团的时候用力挤出多余的水分，以便储存。提取过酥油之后的奶也不会浪费，独龙人用它提取奶渣再做成奶饼、奶块；奶粉的加入增添了酥油茶的营养元素。独龙族的砖茶现多为贡山地区所产，过去的砖茶既有从藏区交换而来的汉地砖茶，也有自产的茶砖。打制酥油茶时先要先准备好酥油和浓茶，将砖茶加入少许水煮沸即可得到浓茶。然后将热开水、浓茶倒入专门的酥油茶桶中，再加入适量的酥油和盐，用一根前端带有木塞的木棍用力上下搅动，使酥油、盐充分融入茶水之中，香气四溢的酥油茶便制作完成。打酥油茶是独龙人需要掌握的一项生活技能。独龙人爱喝酥油茶，是受藏族习俗的影响，没有酥油时，他们便以清茶、清油茶甚至猪油茶来代替酥油茶。

独龙族酥油茶是民族间饮食文化交流的一个典型案例，是高寒地区的民族在相对寒冷恶劣自然环境中所采取的应对措施。

图片来源
图一、图四、图六　樊进　摄影
图二至图三、图五　卢慧敏　制图

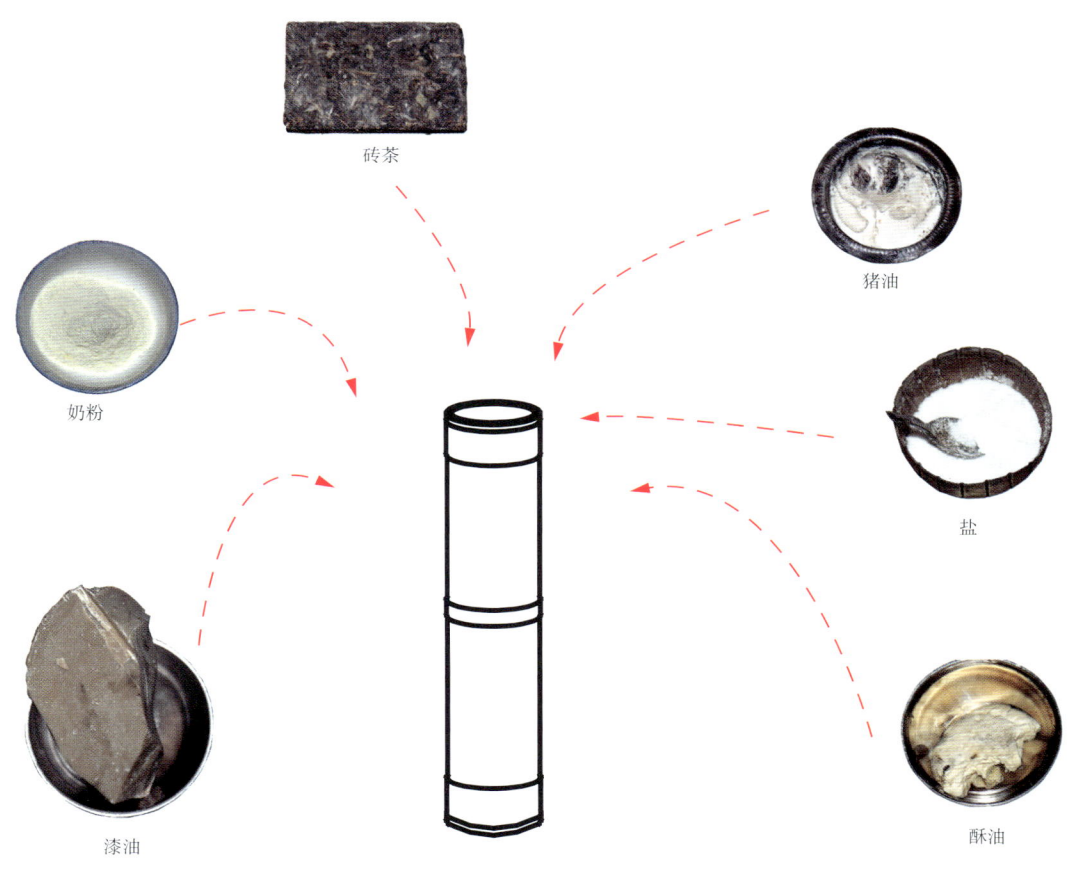

图二　独龙族酥油茶原材料名称图

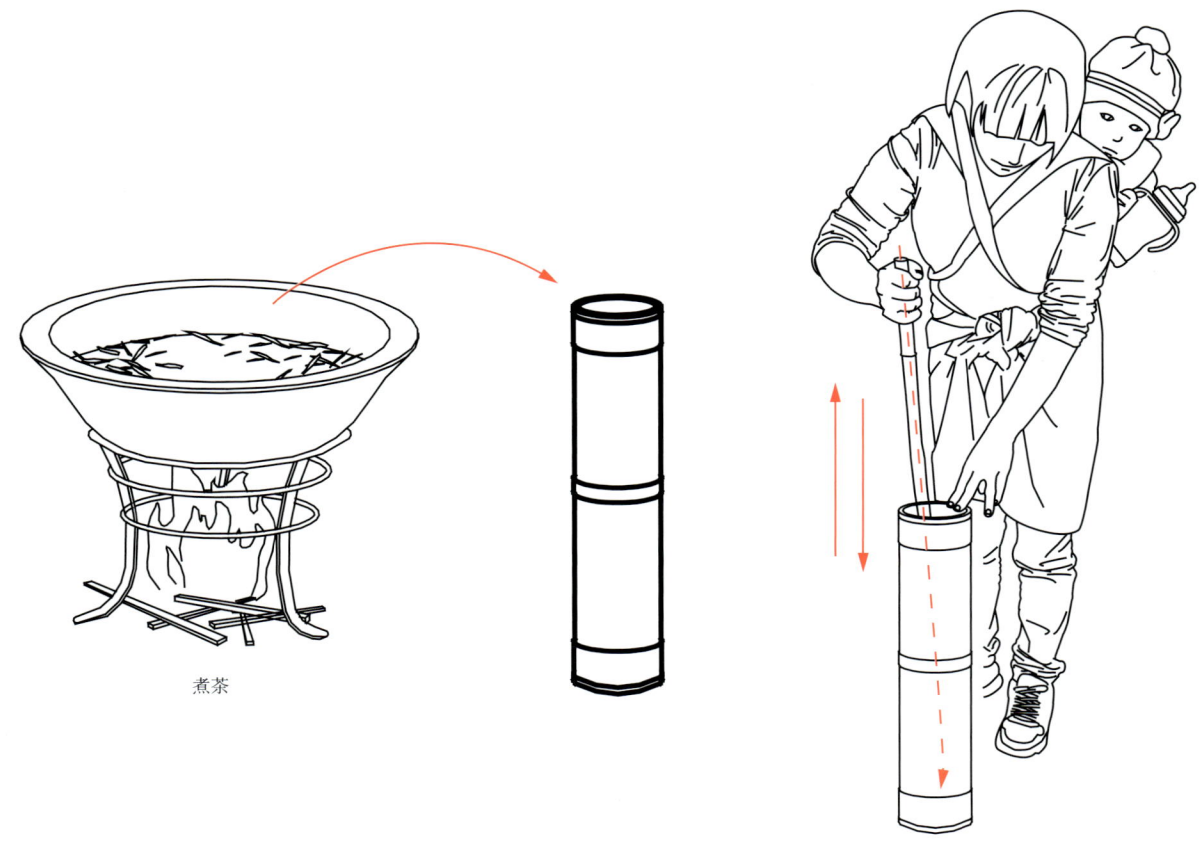

煮茶

图三　独龙族酥油茶制作过程分析图

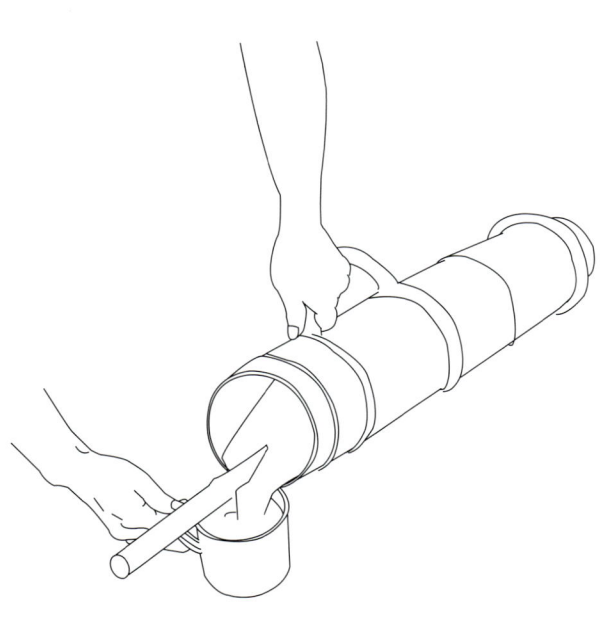

图四　独龙族酥油茶倾倒方式示意图

图五　独龙族酥油茶饮用示意图

图六　独龙族酥油茶案例相关图片

独龙族夏拉酒

图一　独龙族普卡旺夏拉酒主图

独龙族地处中国西南高寒地区，气候潮湿，独龙人多喜欢喝酒，酒被称为"夜晚的太阳"，喝酒可以防寒祛湿。独龙人对于酒应用有着较为独特的方式，"夏拉"便是一道独特风味的食物。"夏"为肉的意思，"拉"（辣）为腊酒之意，夏拉即是将肉与腊酒混焖制作在一起的食物，形成了独龙族独特的饮食文化。本案例夏拉是以鱼为肉材，选自云南省怒江傈僳族自治州贡山县独龙江乡孔当村普卡旺小组。

"夏拉"是独龙语，可以翻译为"肉酒"之意。它是独龙族常用来接待来宾、朋友的特色饮食。制作夏拉的原料简单，通常为鱼肉或鸡肉、当地产的漆油和水酒。鱼一般是从独龙江里捕捞的江鲜。其制作过程大致如下：首先把鱼洗净切块，然后在锅里倒入漆油，将油烧热后倒入鱼块爆炒，鱼炒熟后，倒入白酒，再用温火焖煮十分钟左右，夏拉便制作完成。吃的时候将酒和鱼盛在杯子或碗里，边喝酒边吃鱼肉。夏拉酒混合了酒和鱼的味道，酒中有鱼味，鱼中有酒味，需要有一定酒量的人来享用；夏拉的颜色和鱼的清汤近似，表面漂着油花，鱼肉沉在酒底。鱼的鲜美与水酒的醇香结合在一起，对于外人来讲具有一定的挑战性，独龙人习以为常。在夏拉酒的制作过程中，由于白酒被加热烧煮过，酒精有所挥发，夏拉的酒精度并不高，多为20°左右，一般情况下少喝不会醉倒。独龙人认为，夏拉是一种夜晚祛风防寒除湿的饮食，也可以暖和身体，对于患有风湿疾病的人，还有减轻病痛的作用。独龙人在重要时刻通常会制作夏拉，在晚上与亲朋好友聚会的时候，围坐在火塘旁，边饮食夏拉边吃烧烤，这是独龙人的开心时刻。

独龙族的夏拉是颇具特色的饮食，也是独龙人在高寒潮湿的环境下在饮食方面做出的一个具有民族特色的案例，是独龙族饮食文化的一个亮点。

图二　独龙族普卡旺夏拉酒名称图

图片来源
图一、图三　樊进　摄影
图二、图四　张孙晨　制图

图三　独龙江特产的鱼切块

第一步：在锅中放入当地特有的树漆油

第二步：等油化开后，放入切好的鱼块翻炒

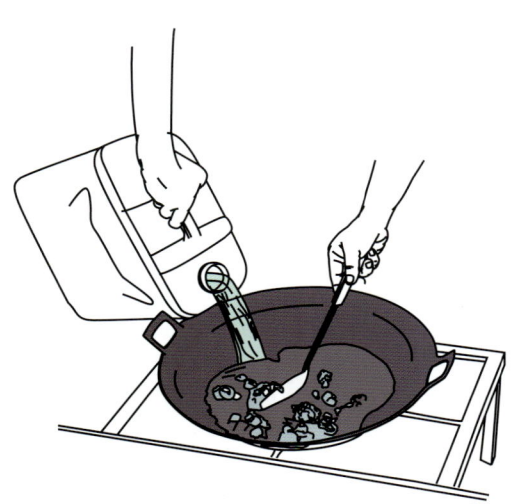
第三步：倒入白酒继续翻炒

第四步：煮好后就可以装杯（碗）饮用了

图四　独龙族普卡旺夏拉酒制作过程

第四章 独龙族传统生活用具

独龙族斜刃刀

图一　独龙族斜刃刀主图

独龙族是个高山民族，狩猎是独龙人必备的生存技能。便携式小刀具——斜刃刀，充满了独龙人的设计智慧，是狩猎的利器。

本案例选自云南省怒江傈僳族自治州贡山县独龙江乡迪政当村。本案例斜刃刀整体长约 15 厘米，刀身最宽处约为 3.6 厘米，刀柄长约 6.5 厘米，宽约 3.7 厘米，是外出狩猎必备工具。

斜刃刀制作材料为钢铁刀刃和硬木手柄，整体呈月牙状，刃设外侧，尖端至手柄沿线处较为平直，也是最为锋利的地方，往手柄方向开始向内弧收，刀刃渐钝；刀背在内侧平直。刀柄为一块圆木削制而成，中间钻孔，插入刀体的根部，是刀体发力生根之处。刀刃与手柄角度在 122° 左右，当刀柄与水平线垂直，刀刃与水平线的角度在 22.5° 左右。这样的角度一方面方便执握，可以整手把握刀柄向下向后切割动物毛皮，小角度的倾角可以增加切割的力度和功效；切剥动物皮毛时，刀柄可以卡在虎口中间，食指抵住刀背发力，借手腕之力可以轻松切剥。削竹篾时，三指卷握刀柄，拇指靠压在刀体中间，刀尖朝外，置于食指下方，前后推拉竹条便可完成快速切削。这种方法同样适合在野外狩猎时制作竹箭。本斜刃刀整体尺寸如手掌般大小，可执、可握、可夹，小巧灵活，便于携带，适宜在丛林密集的高山中使用。本案例的产品形态类似今天印尼及马来西亚一带所使用的爪子刀，但刀刃和刀背的设计截然相反，形制较为优美。

独龙族斜刃刀是一款具有强大使用价值的设计案例，一刀多用，体现了独龙族的生活智慧和狩猎文明，具有较强的代表性。

图片来源

图一、图九、图十　樊进　摄影

图二至图八　刘艳斌　制图

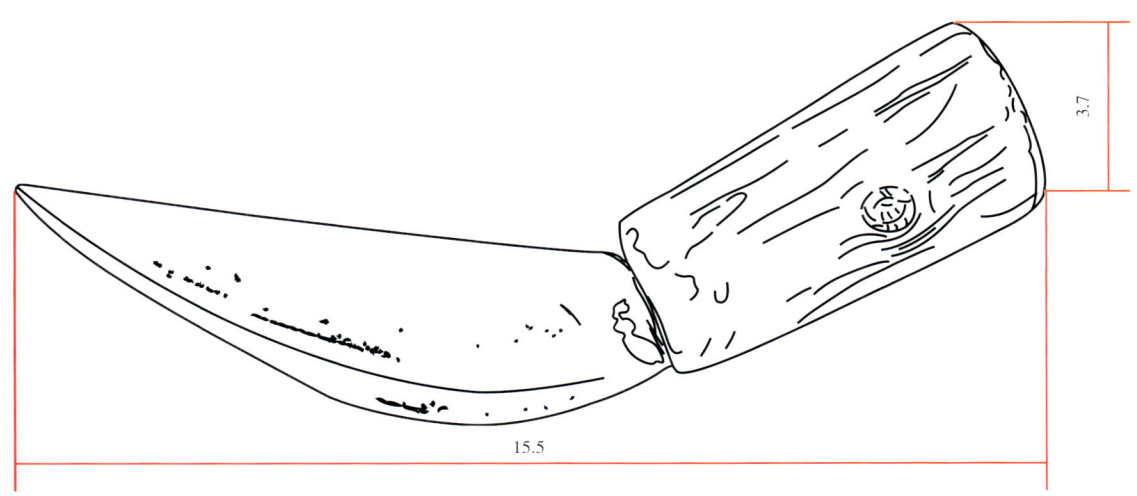

图二　独龙族斜刃刀尺寸图（单位：cm）

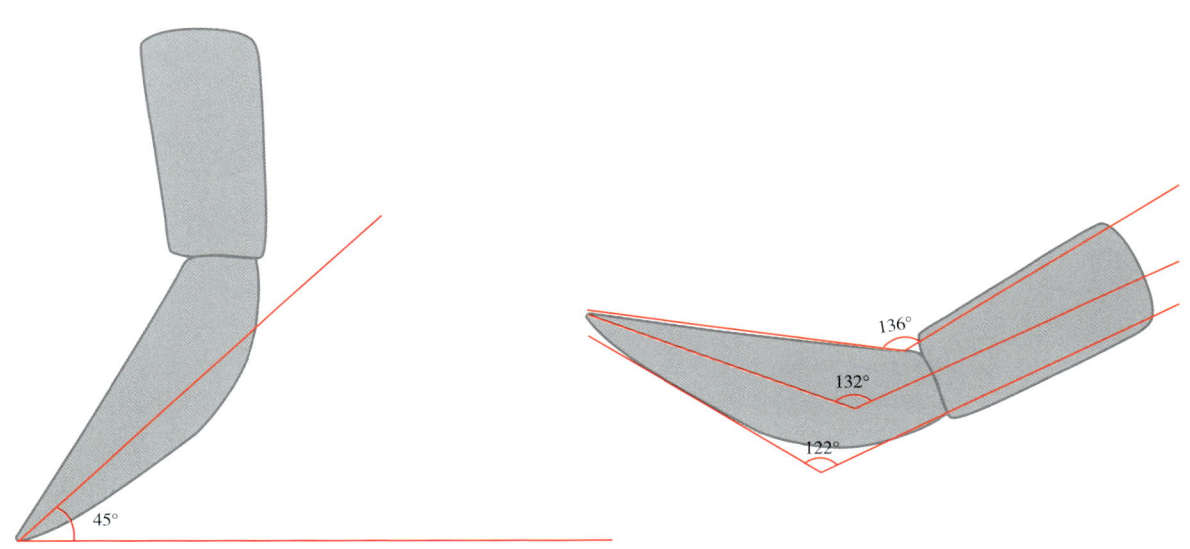

图三　独龙族斜刃刀角度分析示意图

第四章　独龙族传统生活用具

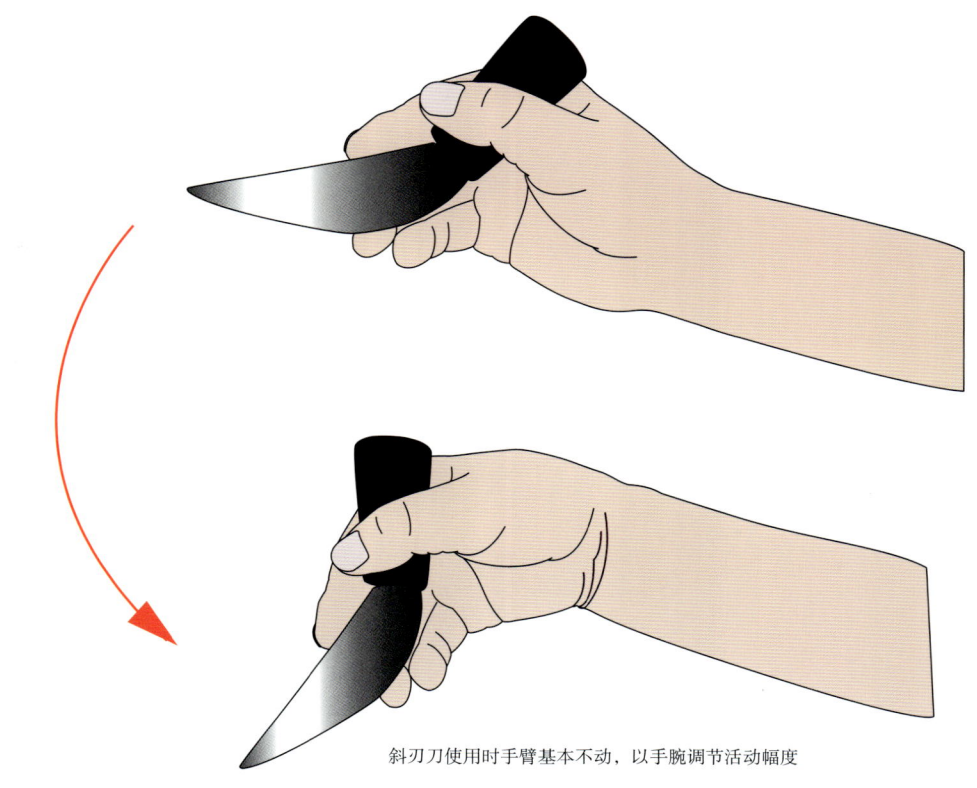

斜刃刀使用时手臂基本不动，以手腕调节活动幅度

图四　独龙族斜刃刀幅度调节示意图

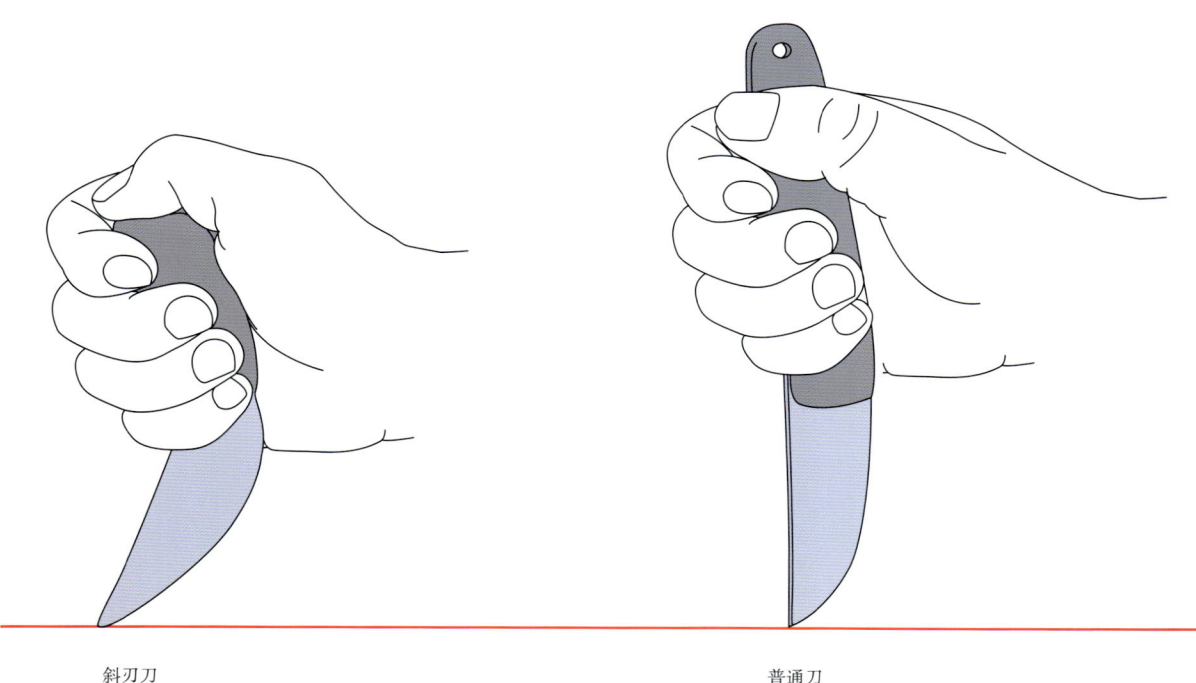

斜刃刀　　　　　　　　　　　　　　普通刀

图五　独龙族斜刃刀与普通刀的比较示意图

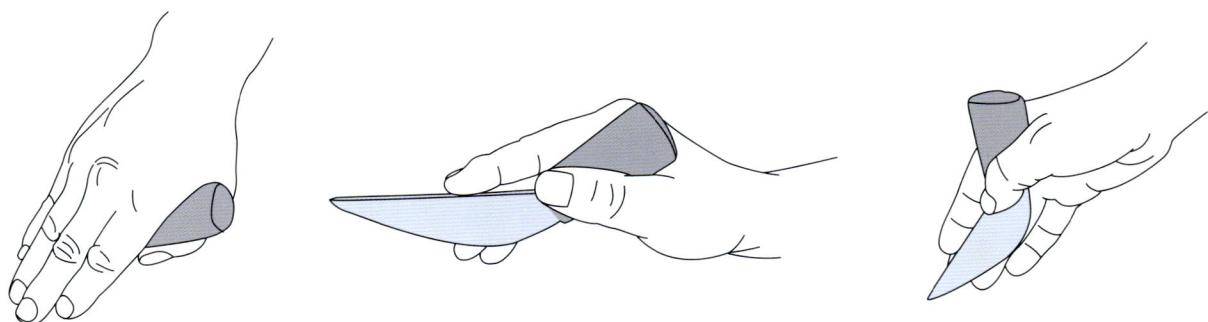

图六 斜刃刀操作方式示意图

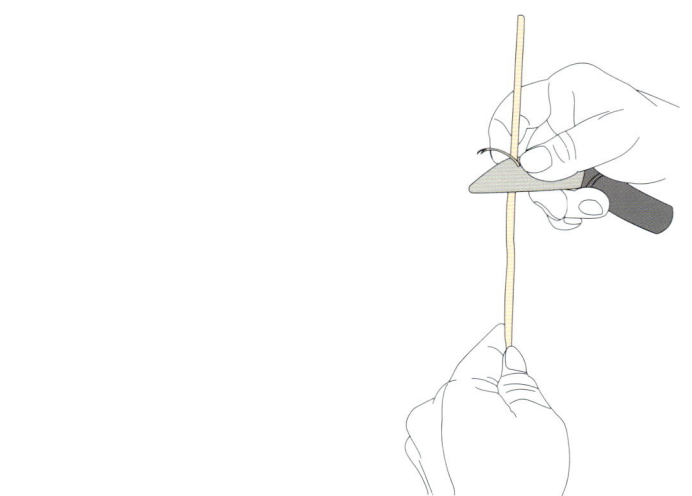

图七 独龙族斜刃刀使用场景示意图

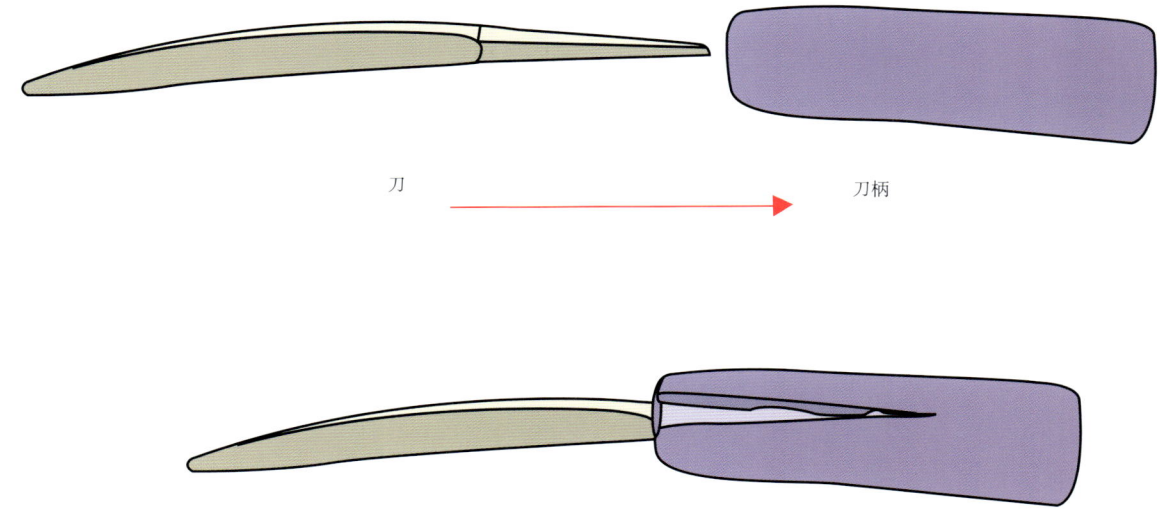

图八 独龙族斜刃刀插入木柄方式

刀　　→　　刀柄

第四章 独龙族传统生活用具

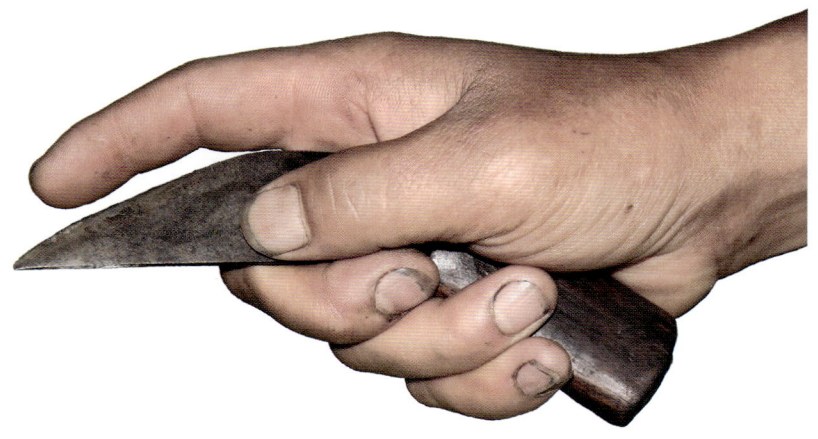

图九　独龙族斜刃刀延展图

图十　独龙族熊当斜刃刀

独龙族马口钳

图一 独龙族雄当马口钳主图

独龙族日常生活与木材加工有着密切的关系，木材加工工具在独龙生活中占重要地位。如马口钳，又称"班妻""马口""阻铁""碰头"，即是一种阻挡木材移动的工具，是刨子和斧子的重要辅助工具。

本案例选自云南省怒江傈僳族自治州贡山县独龙江乡迪政当村雄当小组。马口钳长约25厘米，高约5厘米，钳嘴最大张开约7厘米，钳柄最大张开约27厘米。

马口钳的造型与老虎钳相似，它由钳嘴、钳腮、钳柄和钉足构成。钉足就是钳柄尾部向下弯的部分，与钳柄之间形成约90°夹角，其形态类似锥形。钳嘴与钳柄相连并围绕钳腮转动开合。作为一种木工工具，马口钳的主要作用是固定木块，使用时，先将其打开一定的角度（角度根据待刨木块宽度决定），钉足朝下放置在木板上，接着用锤子用力敲击钉足部分，使其牢牢钉入木板之中，然后将待刨的木块放置在张开的两根钳柄之间（木块的高度需高于马口钳的高度），并用力向前顶住，使木块不会左右或前后移动，接着只需用刨子去刨高度高于马口钳的那部分即可。若待刨木块的宽度大于钳柄打开的宽度，需要将木块顶在钉足之后。与现代中原地区的马口钳相比，两个钳把手后面没有尖状的刺钉，钉足后方为平面结构。同时马口钳的钳口部分张开后也可以当作夹具来使用，一物多用。

马口钳是一种较为古老的木工辅助工具，其对于独龙族来说，是一件外来的工具样式。旧时相对封闭的独龙族仅是地理环境的相对隔绝，但在对外来先进技术学习上并没有停止，这种开放的态度也正是如今独龙族快速发展的一个重要原因，在技术开放与文化创新上能够平衡会使得独龙人的生活水平有更大的提升。

图片来源

图一　樊进　摄影
图二至图七　张孙晨　制图

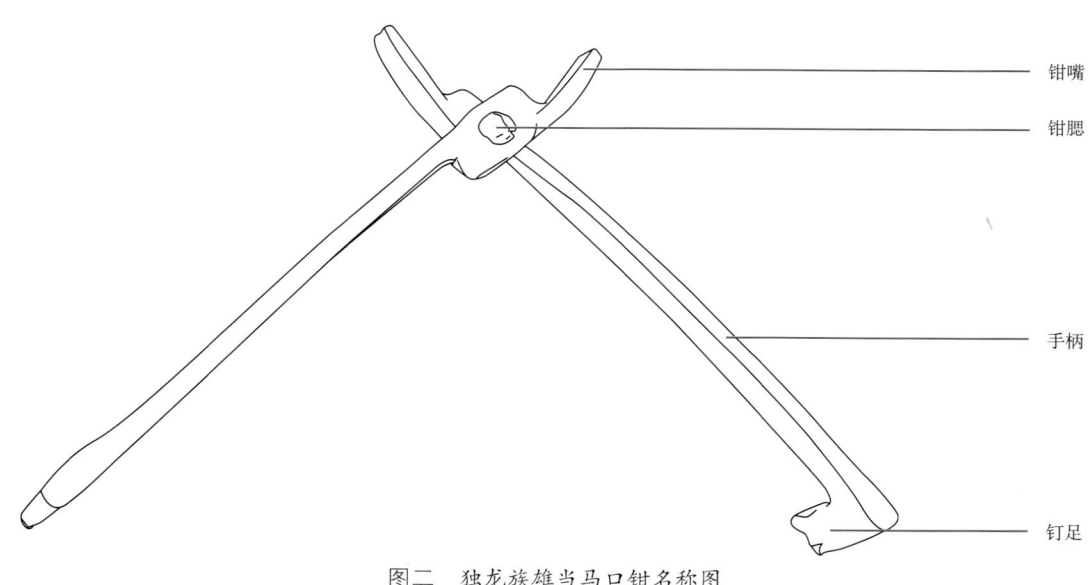

图二　独龙族雄当马口钳名称图

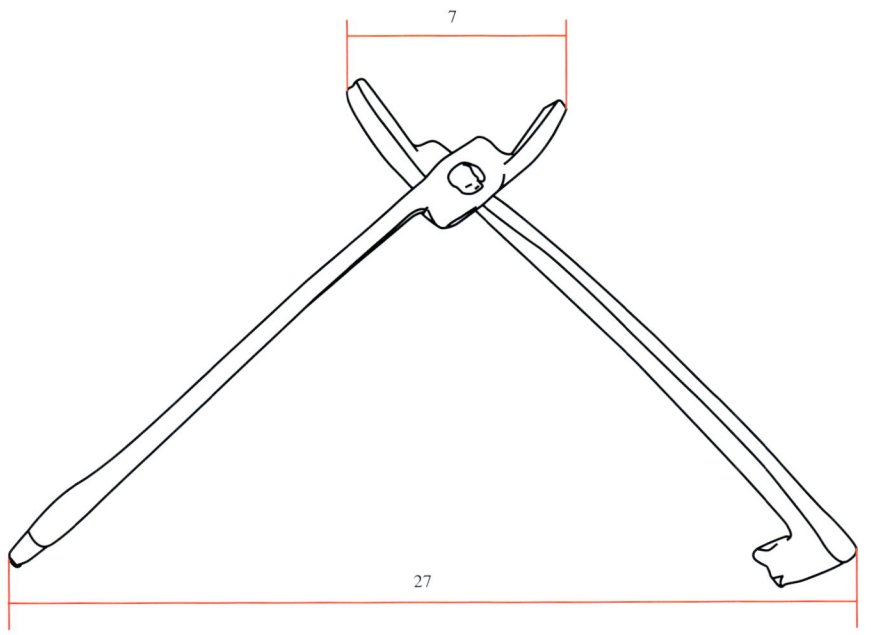
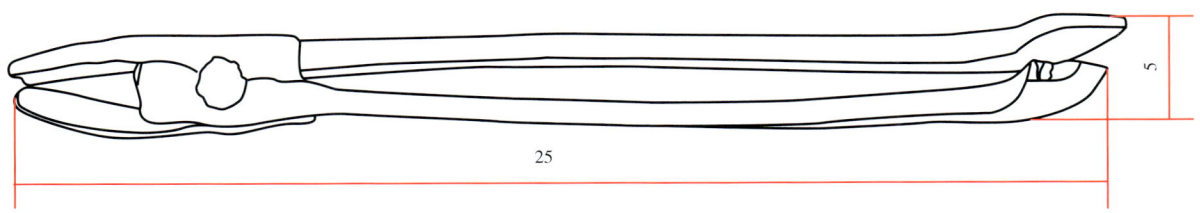

图三　独龙族雄当马口钳尺寸图（单位：cm）

第一步：用锤子将钉钳敲入木板之中，使得马口钳固定在木板上

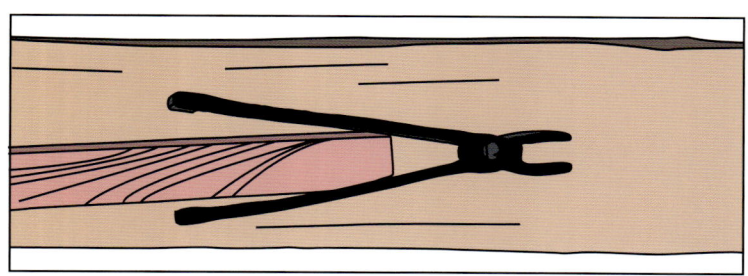

第二步：将待刨的木头卡入马口钳之中，使之固定，在刨木头时不易移动

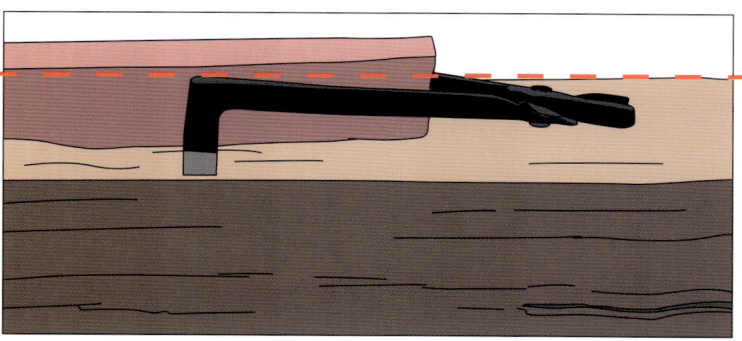

第三步：虚线上方则为被刨的部分

图四　独龙族雄当马口钳使用方式图

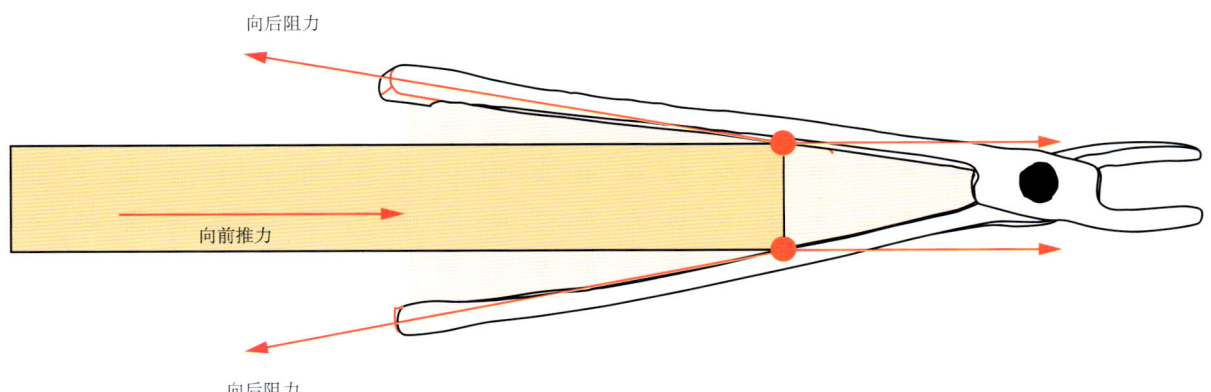

将手柄打开一定角度进行固定,把待刨木头放入其间并卡住,使木头不易移动

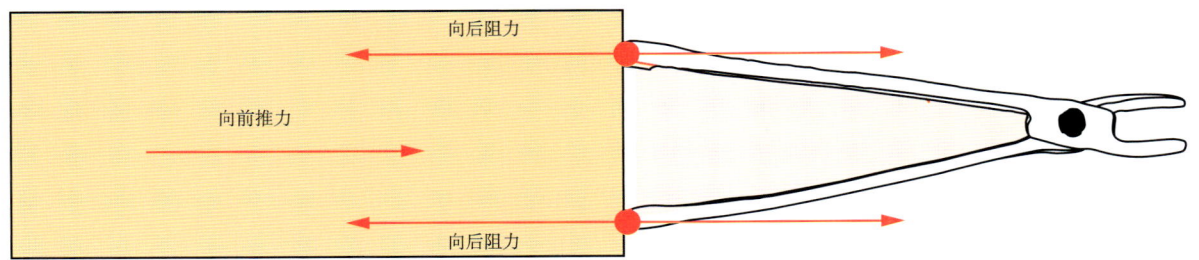

当待刨木头较宽时,可将木头顶住钳柄外侧,使其不易移动

图五 独龙族雄当马口钳使用受力分析图

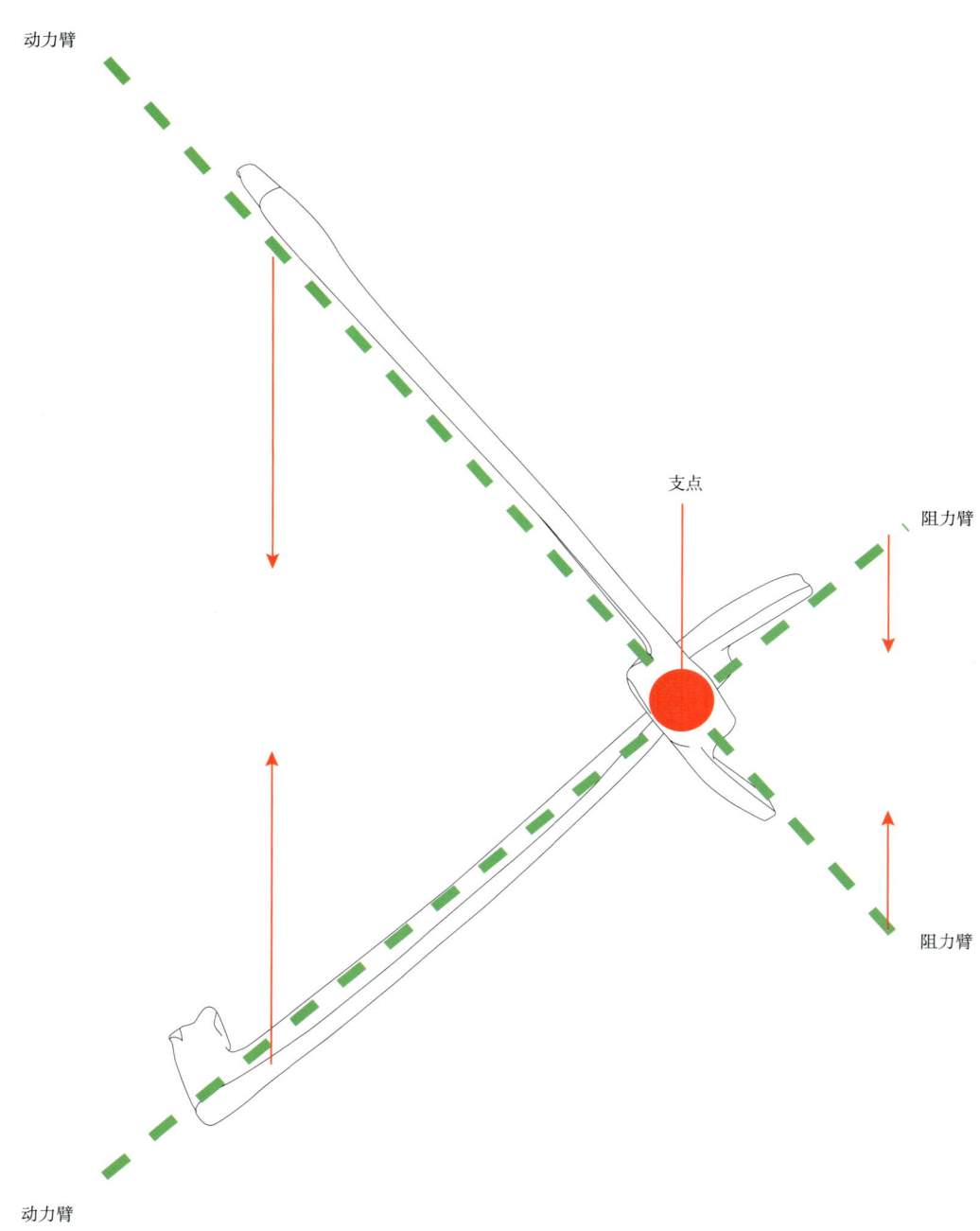

当给钳柄施加压力时，钳柄围绕支点转动，此时动力臂大于阻力臂，为省力杠杆

图六　独龙族雄当马口钳杠杆分析图

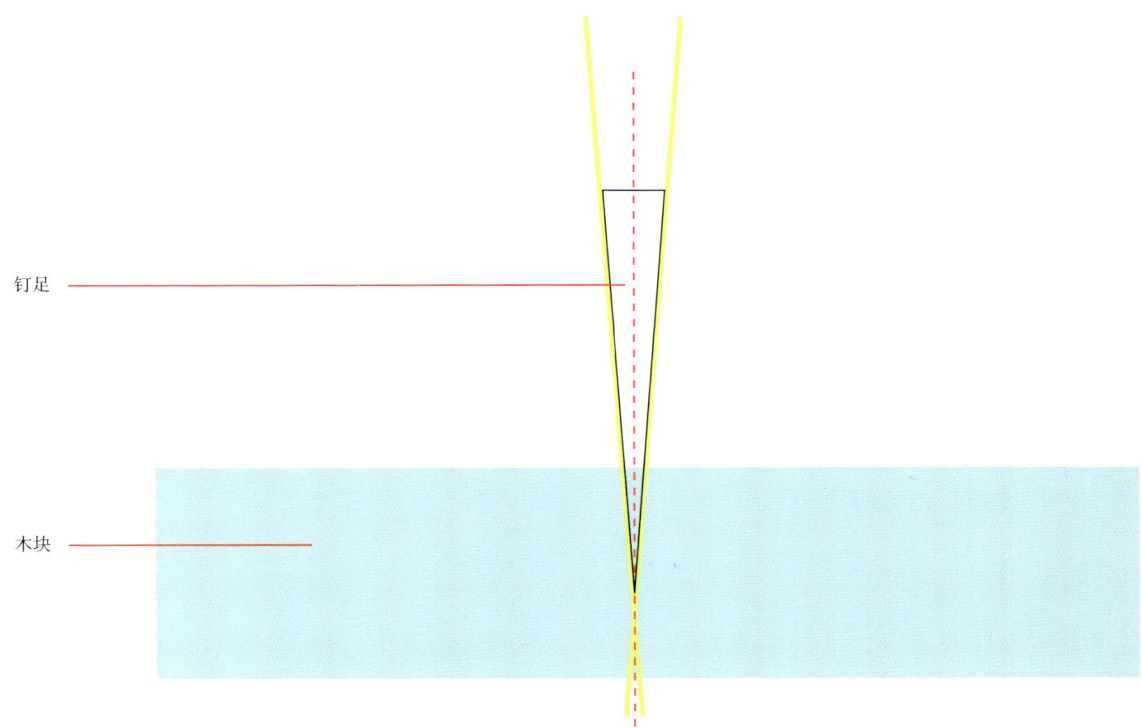

钉足呈倒梯形状或倒三角形状,这样钉足可以被较轻易地钉入木板中固定

图七　钉足剖面结构图

独龙族木料刀锯

图一　独龙族木料刀锯主图

在传统独龙族木器加工中，截断大的木料，再将木料开为合适的板材始终是一个重要的课题。从一些独龙族的建筑构件和生产生活器具当中可见，其木材加工方式主要靠斧头和锯子，斧头可用来劈砍、截断较小木料，但较粗圆木的切分和大原木锯板裁切，通常需要大型的木料刀锯。

本案例独龙族木料刀具选自云南省怒江傈僳族自治州贡山县独龙江乡龙元村白来小组，它是一件较大型的木料切割器具，锯条长约170厘米，加上手柄整体长度在220厘米左右。

本案例木料刀锯，又称大刀锯，它由大刀锯片、T形手柄、锁头拉杆三部分组成。这类大型的刀锯用来切分大型木料最合适，也是传统木料开板必用工具。使用时，先将锁头拉杆固定在刀锯的小头一端，固定时将锯条塞进圆盘中间的缝隙之中，再用木塞从垂直的卡槽中嵌入，使锯片与固定的圆盘牢牢结合在一起。圆盘内部是木头材质，外部用铁皮包裹再用螺丝固定，这样的木质材料和结构可以使锯片结合得更为妥帖牢固。使用刀锯时，有两种状态，一是水平拉锯，通常用来将木材横向截断；一是上下拉锯，这种使用最为普遍，也是传统板材常用的切分方式。通常将要锯的木材固定在木架上，架空一人多高，一人在架上双手提拉T形拉杆，一人在其正前的斜下方向下拉大锯。拉大锯时，锯齿朝下，也就是往下拉时是切割，下面的人要借刀锯自身重力和上方人往下推送的力量，用力下拉；快要到锯齿末端时，两人默契地向外向上抬拉大锯，下面的人是顺时针的弧线下拉上送，上面人做逆时针的下推上提。刀锯在不用时，需要抹油保养，并将锯齿卡在一开槽的木条里，以防磕坏。

独龙族木料刀锯在过去的木板加工中发挥了重要的作用，是传统建筑木工必备工具。这样的刀锯使用提高了木材的使用率，节省了木料，是独龙族传统木作的见证者之一。

图片来源

图一、图九　樊进　摄影

图二至图八　刘艳斌　制图

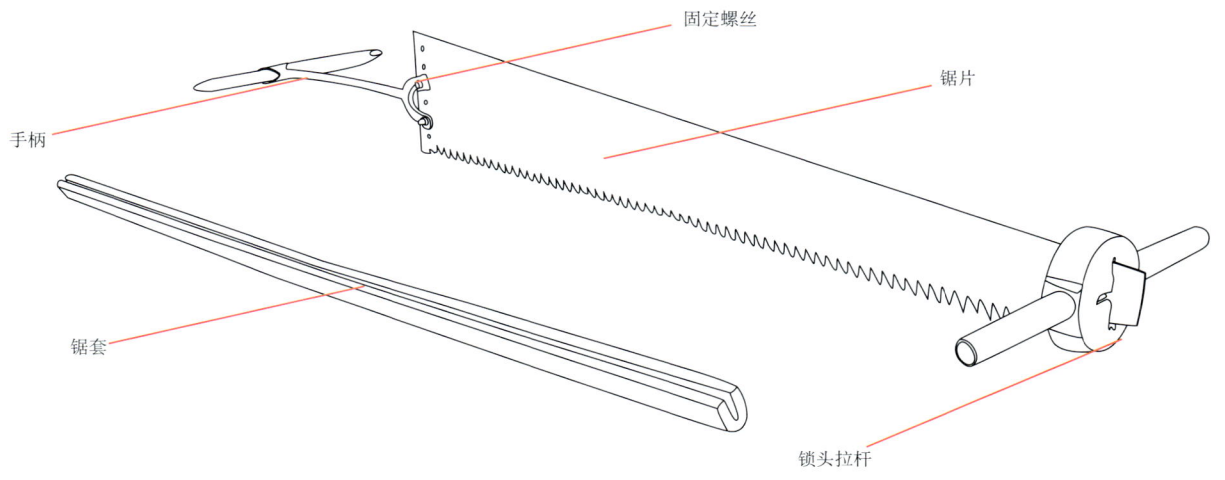

图二　独龙族木料刀锯名称图

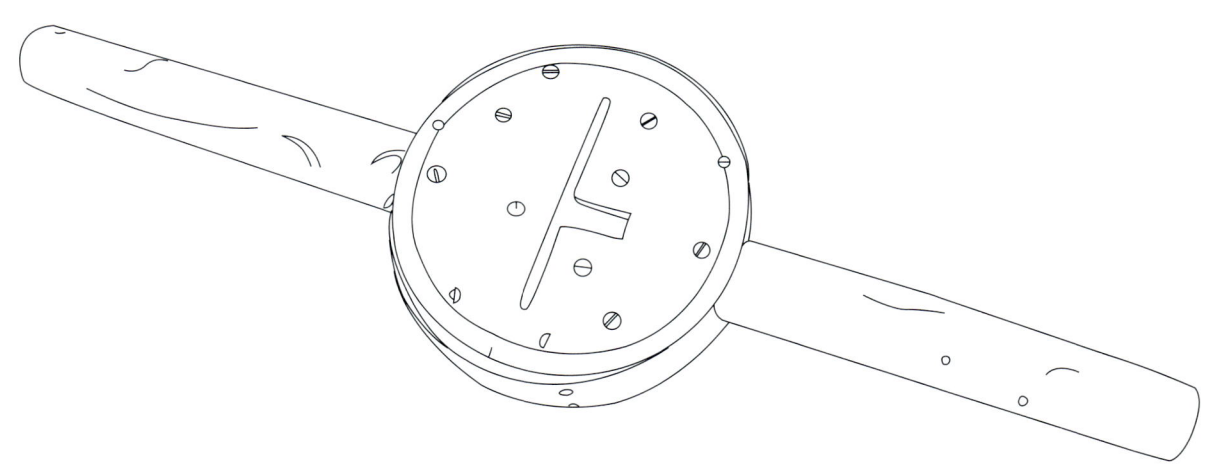

图三　独龙族木料刀锯附件图

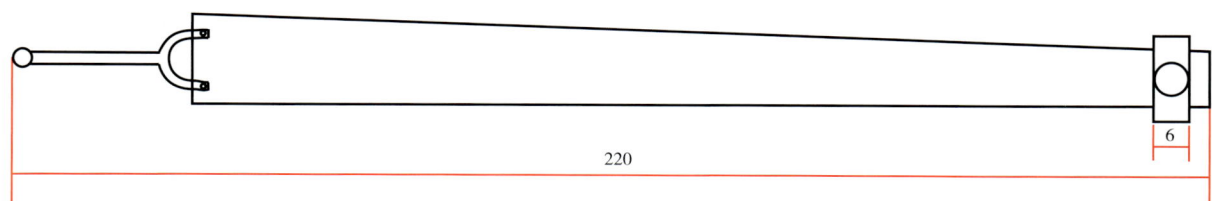

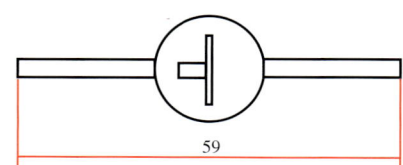

图四 独龙族木料刀锯尺寸图(单位:cm)

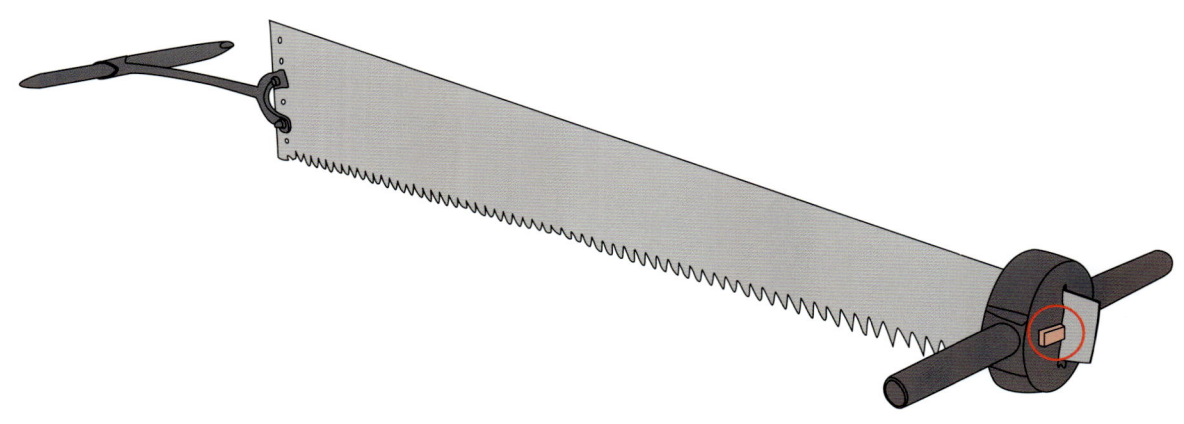

图五 独龙族木料刀锯附件卡口细节示意图

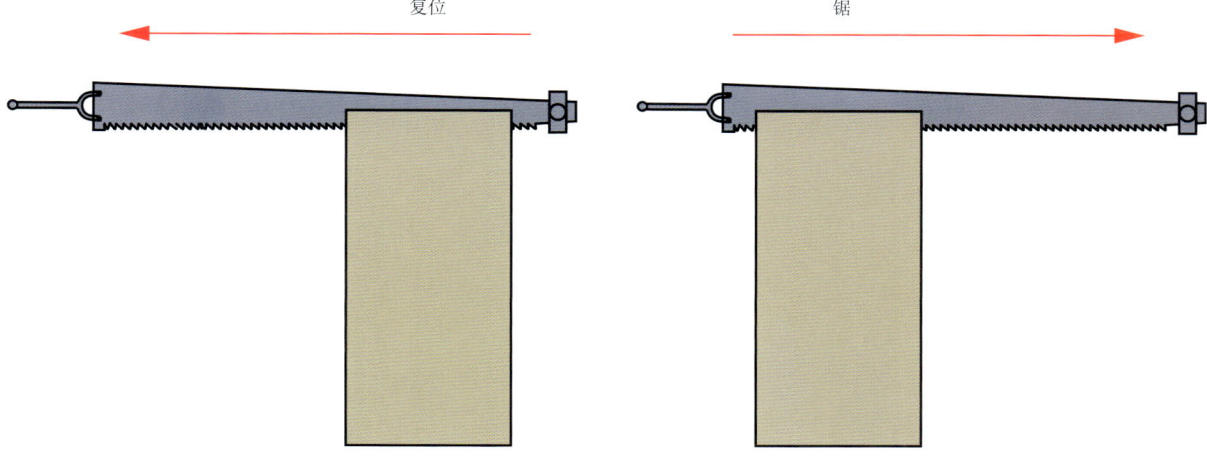

图六 独龙族木料刀锯操作方式示意图

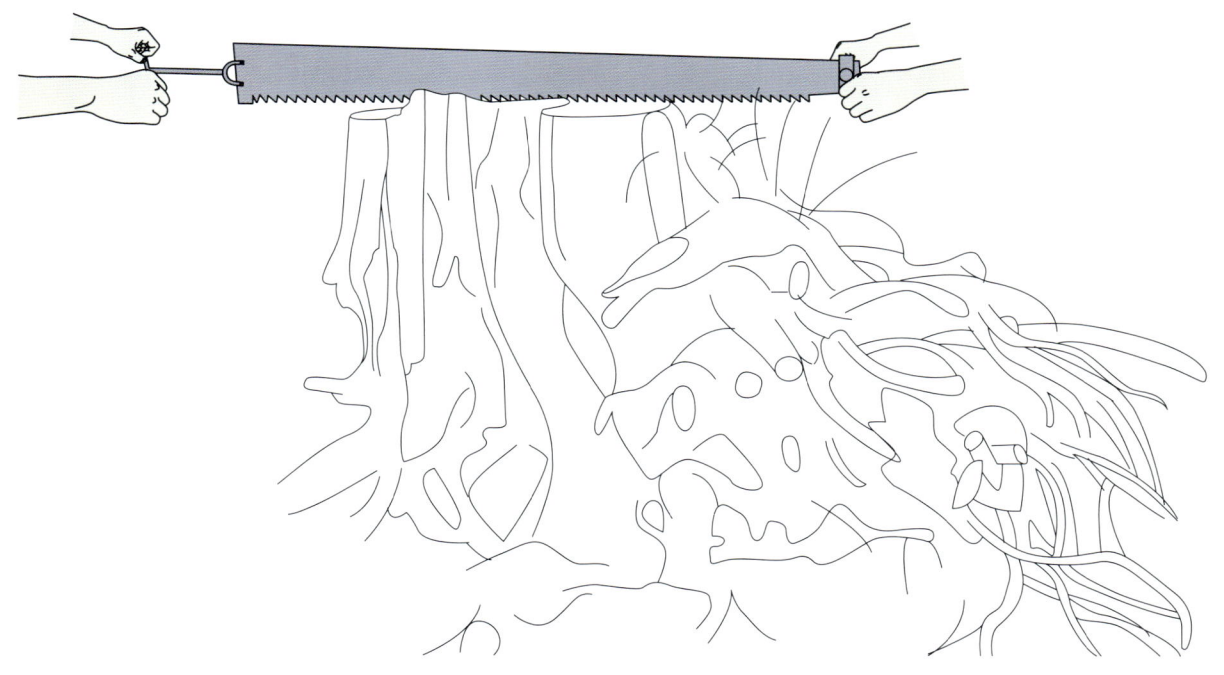

图七 独龙族木料刀锯操作场景图1

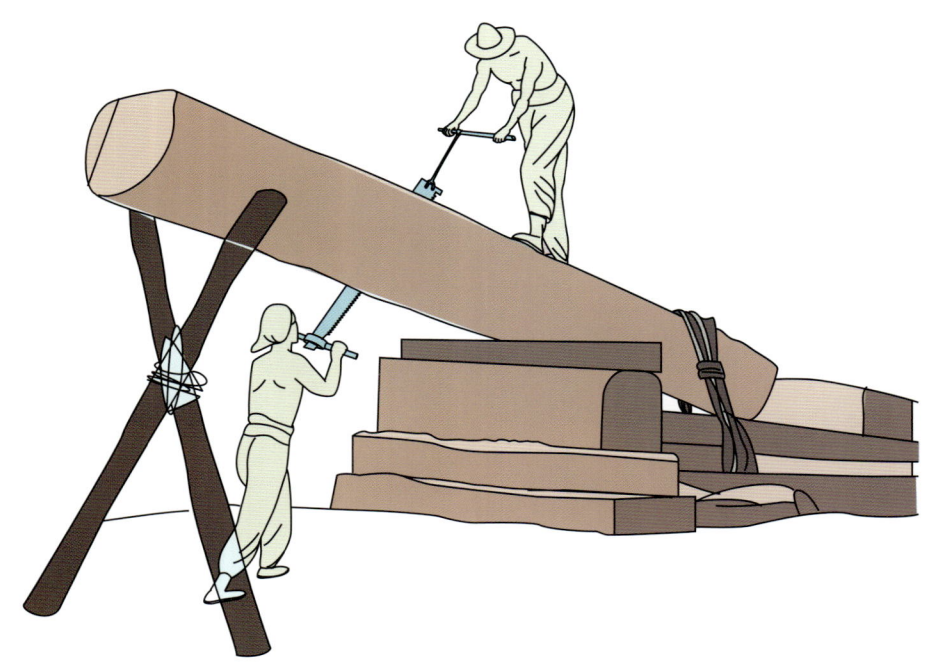

图八　独龙族木料刀锯操作场景图 2

图九　独龙族木料刀锯附件

独龙族独木矮凳

图一　独龙族独木矮凳主图

独龙族独木矮凳是独龙族地区家家必备的蹲坐器具，日常所用的木凳多为自己设计制作。

本案例采集自云南省怒江傈僳族自治州贡山县独龙江乡迪政村雄当小组，是当地一独龙老汉所制作和使用，凳长约 90 厘米，宽约 19 厘米，高约 12 厘米，凳腿的长度约 24 厘米。

本案例矮凳属于独木凳，即用一根木料经锯切或砍削而成。选用的木材致密，故木凳整体体量虽小，分量不轻，稳定性高。此独木矮凳整体结构呈一字型，凳面中间较平，两端都有一些坑洼沟槽，有些沟槽明显是刀砍所致，凳面刀砍痕迹多，说明是将此矮凳当作砍削其他物体时的垫板。这也从侧面说明矮凳选用高密度材料的另一个用途；矮凳底面将中间一小半长度通过锯切、砍削等去除，厚度保留了一小半，两端的凳脚较为宽大。从侧面来看本案例，凳面两端都砍削出较大弧度的倒角，视觉形态上给人更为敦实的印象，使用起来也不会因为边棱的锋利导致伤害或不适。独龙族矮凳基本结构类似，也有大小、长短、高低的变化，倒角与非倒角的凳面都有。因人而异，因材而异，重在实用，物尽其用。

本案例的独木矮凳是独龙人为蹲坐而设计的常规器具，与景颇族的独木凳有一定的相似。其扎实的选材和过硬的质地使其承担了蹲坐和垫木作用，修长的比例也让其有着一定的造型感，倒角的凳角设计也体现了一定的人文关怀。

图片来源
图一、图六　樊进　摄影
图二至图五　卢慧敏　制图

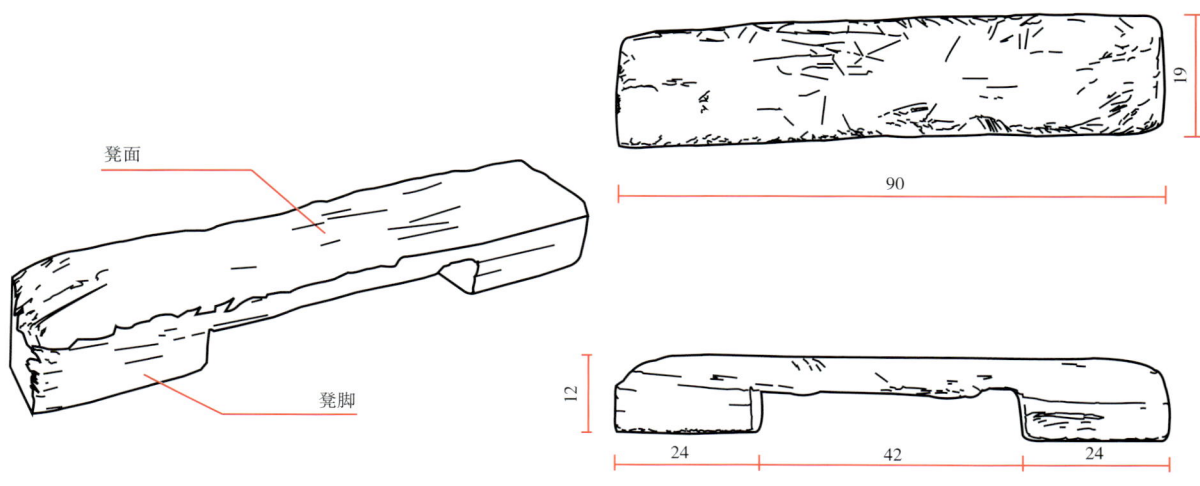

图二　独龙族独木矮凳尺寸名称图（单位：cm）

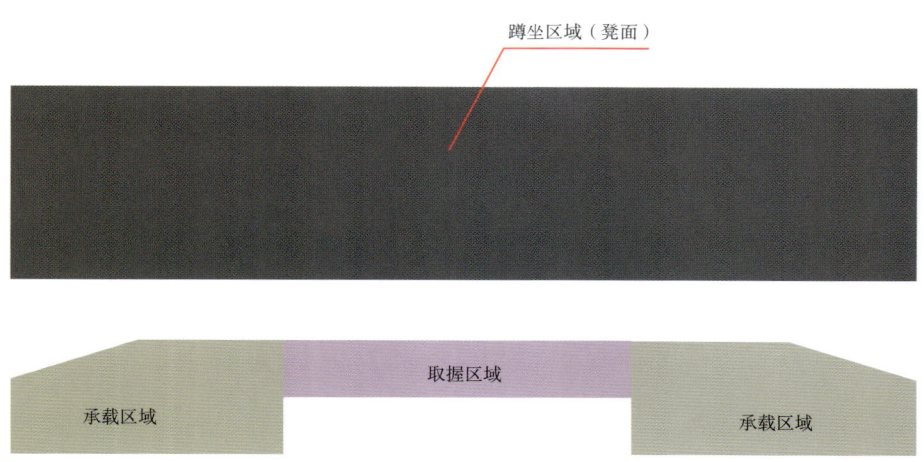

图四　独龙族独木矮凳功能分区图

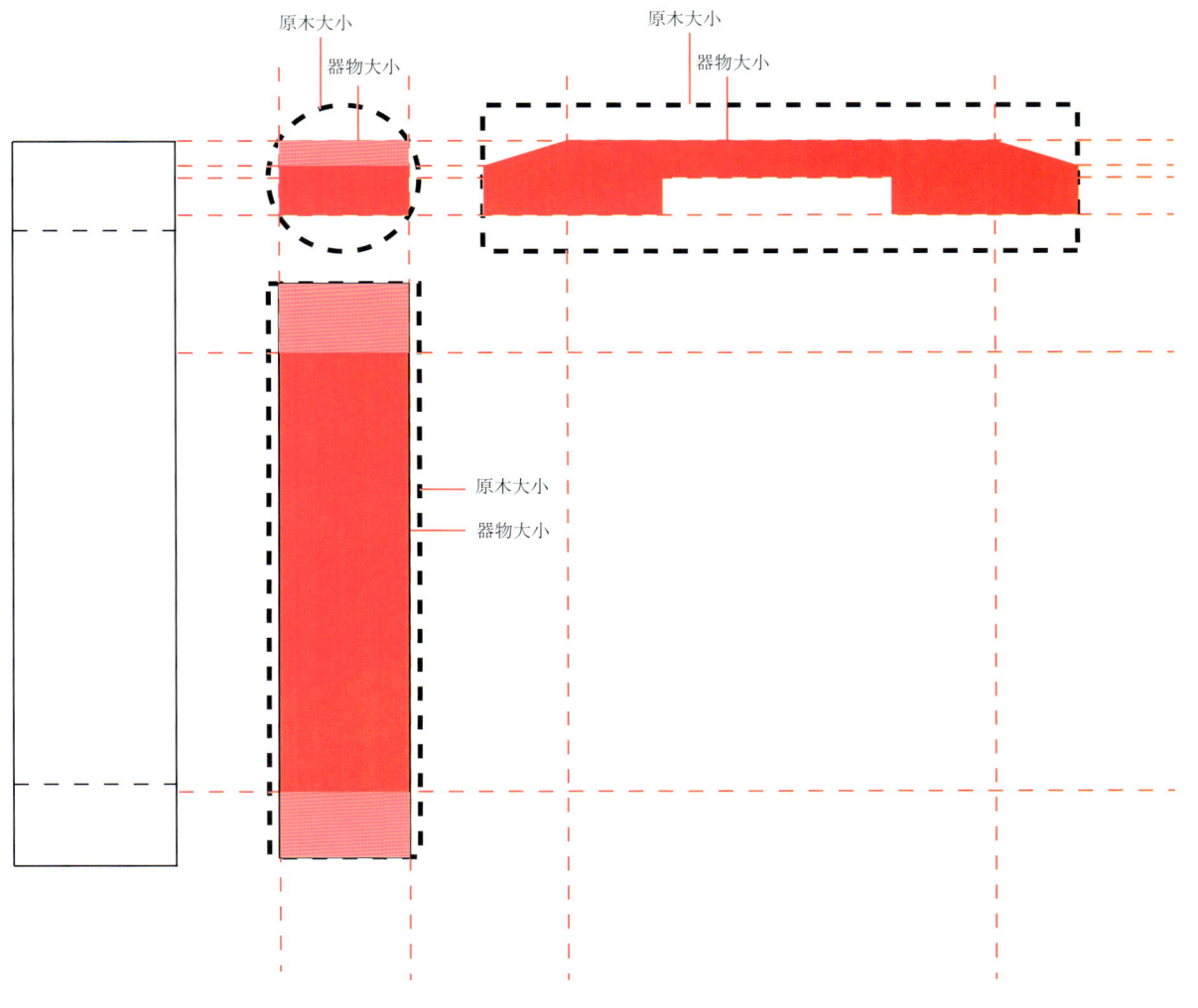

图三 独龙族独木矮凳制作方式分析图

图五　独龙族独木矮凳使用情境图

图六　独龙族独木矮凳不同造型

独龙族树杈高凳

图一　独龙族树杈高凳主图

独龙族木凳有矮凳也有高凳，矮凳可以蹲坐，高凳可以正坐也可以用来登高。

本案例独龙族树杈高凳采自云南省怒江傈僳族自治州贡山县独龙江乡龙元村里的白来小组。凳面长约 90 厘米，宽约 12 厘米，树杈高凳总体高度约 40 厘米，凳腿的倾斜角度为 20°，是独龙人生活、生产中常用的器具。

本案例树杈高凳选用独龙江地区生长快而多的"冬瓜树"树杈制成。冬瓜树树杈横向生长，这便为制作树杈高凳提供了得天独厚的资源。树杈高凳的结构构成主要部分是凳腿和凳面。凳腿是将原生态的一面带有四根树枝的树干整体锯切下来，将四根树杈的长短取平便成了最基本的树杈凳腿。为了增加凳面的面积，弥补树干本身的不足，又在原生态的凳面之上增加了一块电锯加工的长条木板，其长宽都覆盖了原生态凳面。二者用铁钉钉合在一起。

本案例的树杈高凳造型自然质朴，具有浓郁的原生态气息。它体现出因陋就简、因材制宜的设计理念，也是现代工业生产与原始自然状态相结合的一个案例。

图片来源
图一　樊进　摄影
图二至图六　卢慧敏　制图

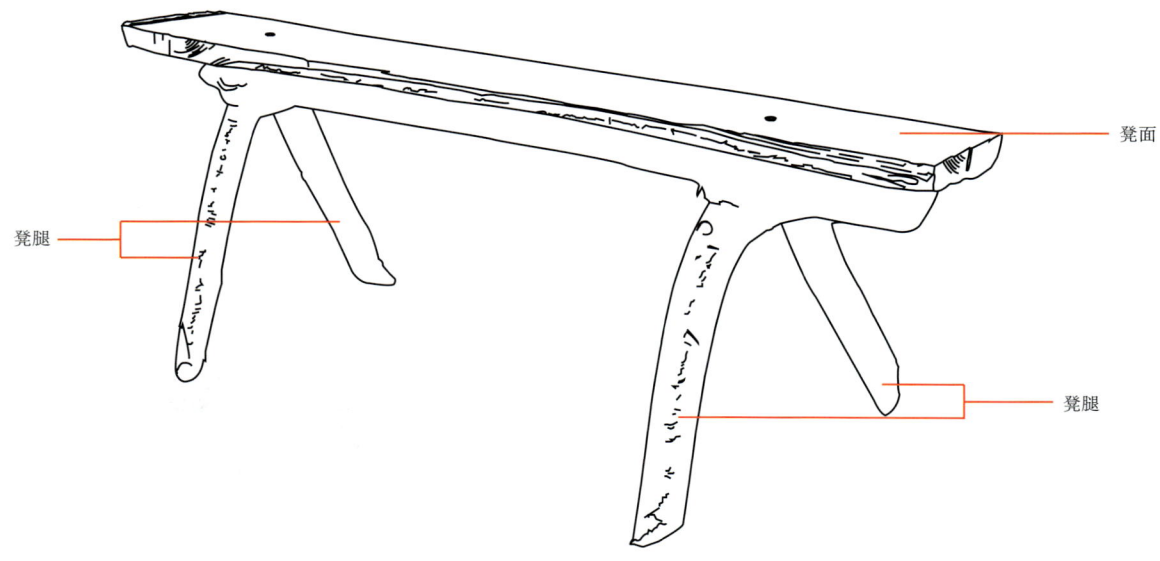

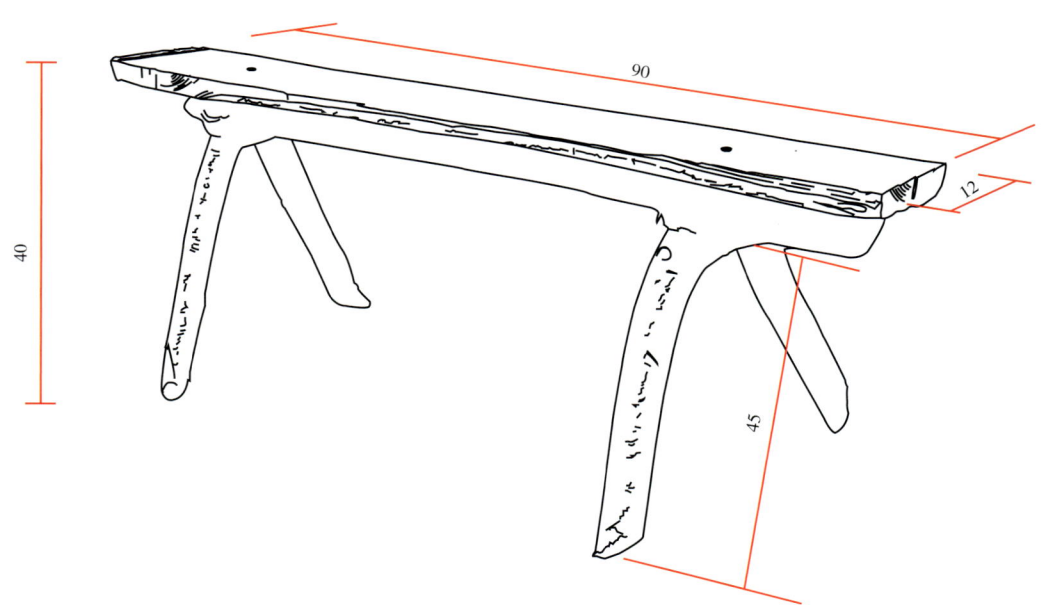

图二　独龙族树杈高凳尺寸名称图（单位：cm）

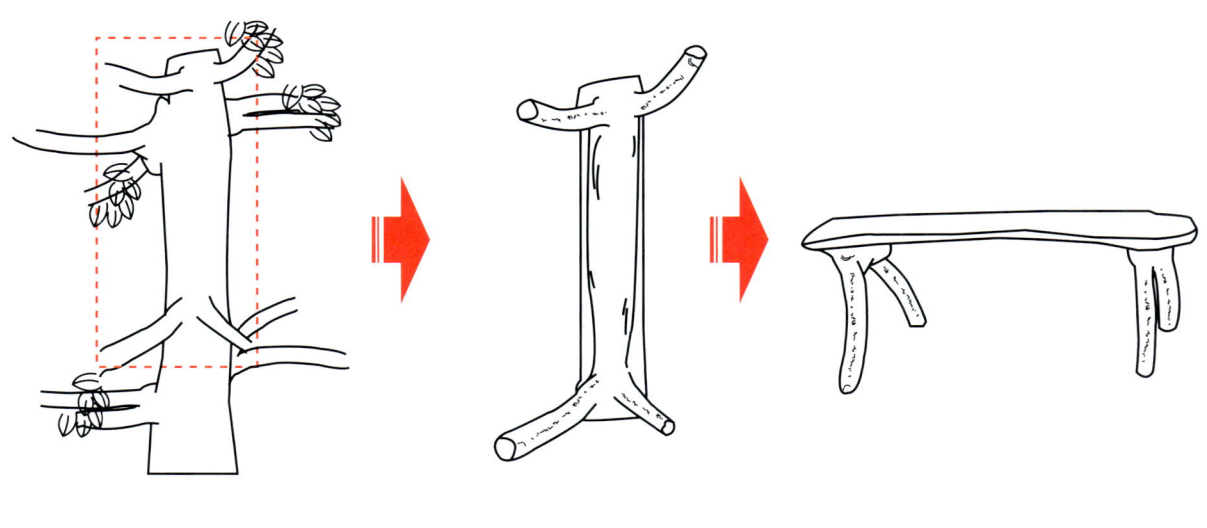

冬瓜树木自然形态　　　　　潜在功能形态　　　　　产品功能形态

图三　独龙族树杈高凳形制分析示意图

图四　独龙族树杈高凳结构分析图

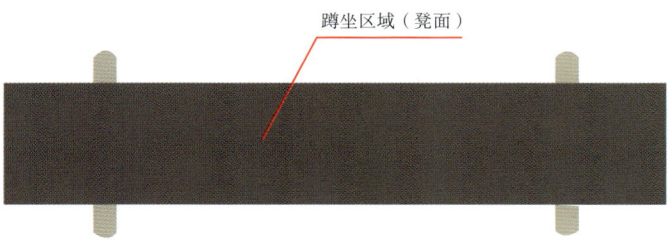

 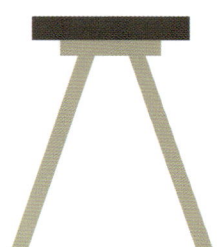

图五　独龙族树杈高凳功能区分图

图六　独龙族树杈高凳使用情境图

独龙族轮胎皮畚箕

图一　独龙族轮胎皮畚箕主图

独龙族地处群山腹地，交通异常不便，物资运输更为艰难。在物资匮乏的情况下，独龙人充分发挥对社会现实事物创造性改造的能力，将物品的性能根据需求作跨界改造和应用。本案例的轮胎皮畚箕便是这样的创造物。

本案例采自云南省怒江傈僳族自治州贡山县独龙江乡迪政当村某工地上使用的轮胎皮畚箕。此畚箕长约40厘米，宽约35厘米，高约12厘米。

本案例使用的主要材料是汽车轮胎皮和竹枝，以及辅助捆绑的铁丝。汽车轮胎是橡胶和各类纤维混合的复合材料，具备很好的弹性、韧性、耐磨性及承压性，此外还具有耐老化、少变形的特性。这些特性使轮胎能够适应建筑工地的高强度作业。

轮胎皮是本案例用来承载的部分，也是畚箕的主体。竹枝是独龙江地区常见的材料，本案例所用的竹枝较细，其结构密度较大，具坚硬、刚强和柔韧性，是轮胎皮畚箕良好的框架支撑材料。这样材料的畚箕即使从高空摔落下来也不会损坏。轮胎皮畚箕制作时，首先选取一块合适的废旧轮胎皮，以轮胎内面为畚箕的正面（上面），有花纹的轮胎外面则为畚箕的着地面，按照（图四）的方式裁剪，同时，留出把手的位置，并按虚线部分折叠固定，形成一个铲状，这样便完成了畚箕斗的制作。畚箕斗两侧的高度和斗的深度可以按照需求来调整。其次，选用两根粗细及长度适合的竹竿，将竹竿加热弯制为"U"形框架，再将已完成的畚箕斗的边缘用铁丝穿孔，用铁丝与竹竿框架捆绑在一起。由于轮胎皮本身具有一定的厚度和强度，畚箕的铲口部分无须做加强结构。本案例的整体形态模仿了最为常见的簸箕造型。畚箕两侧高中间低，铲入的物品不会掉落。独龙人通常使用轮胎皮畚箕装载沙土或者石块，即使石块的棱角锋利也无妨；它还可盛装谷物和水等等。由于材料本身的耐受性很强，风吹日晒雨淋对其影响非常有限，独龙人还用它开发出洗衣盆等盛器。

总之，独龙族轮胎畚箕是一个实用性能极强的案例，也是废弃物再利用的一个案例。它反映了独龙人对传统竹质材料和现代工业化橡胶材料的认知与把握，是独龙人因材制宜、废物再利用的设计智慧。

图片来源
图一、图八　樊进　摄影
图二至图七　张孙晨　制图

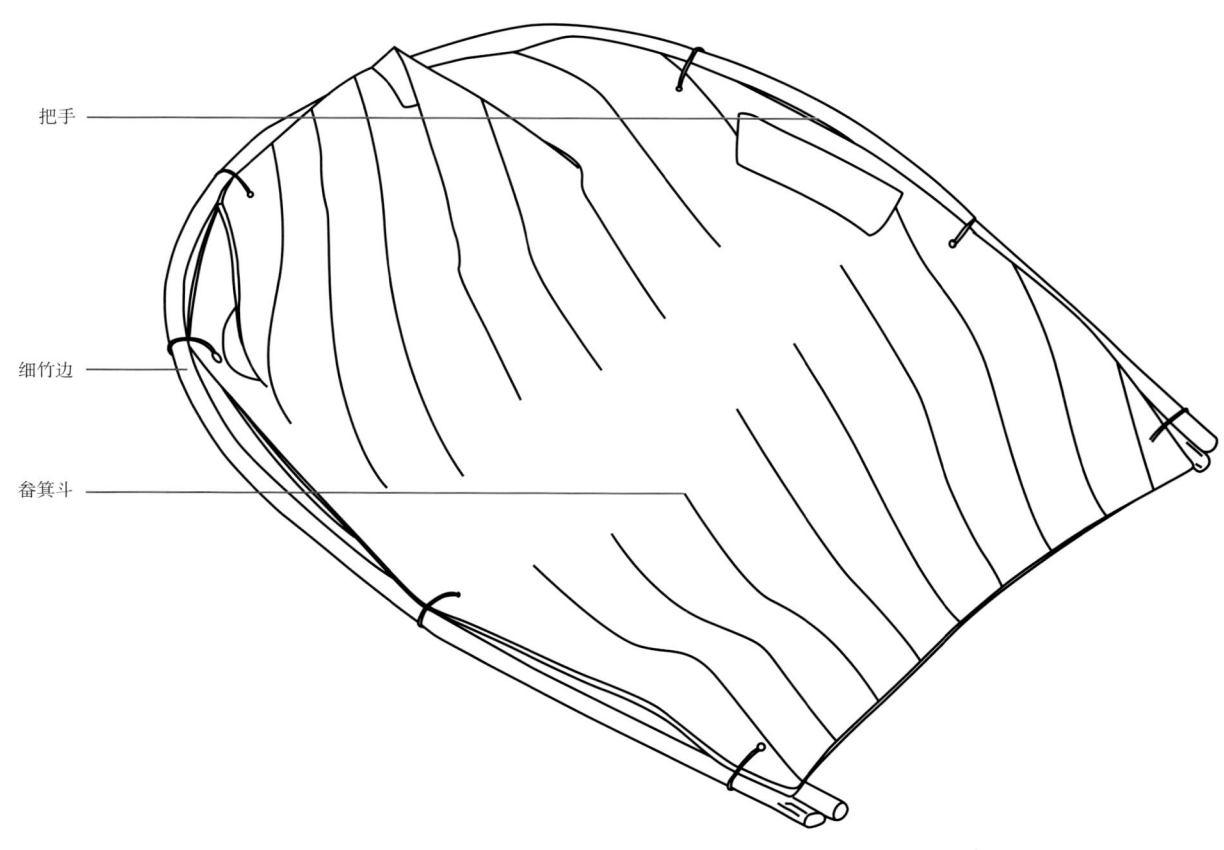

图二　独龙族轮胎皮畚箕部位名称图

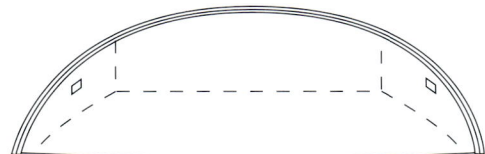
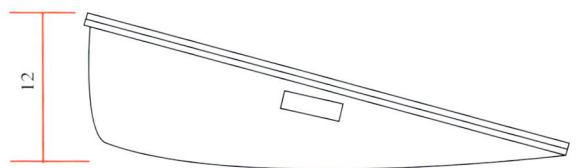
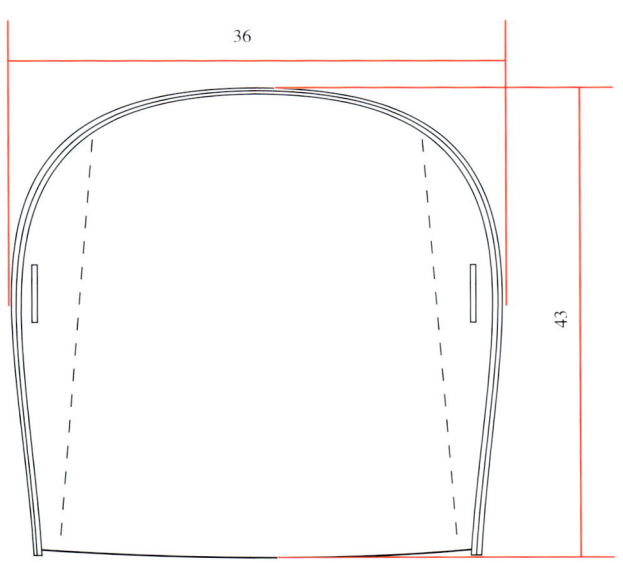

图三　独龙族轮胎皮畚箕尺寸、三视图（单位：cm）

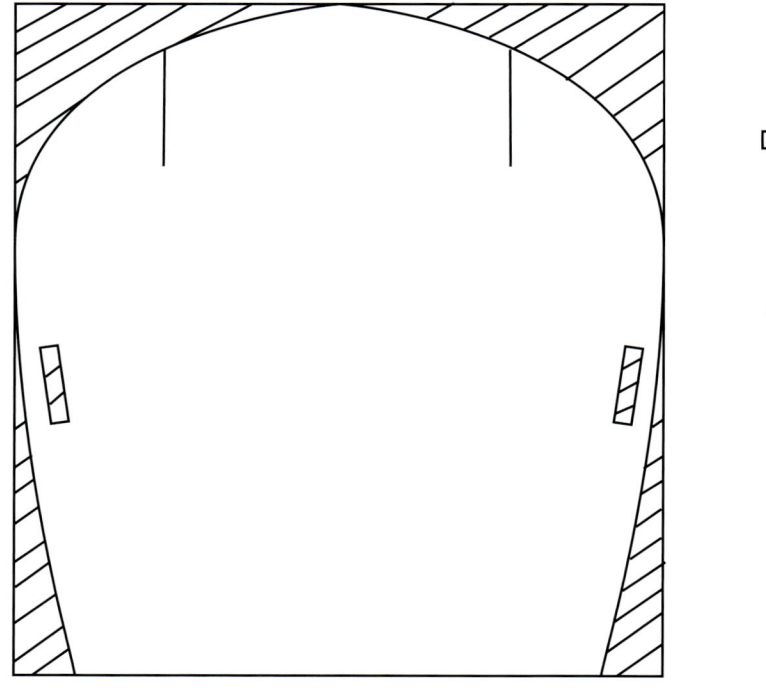

制作轮胎畚箕裁剪示意图

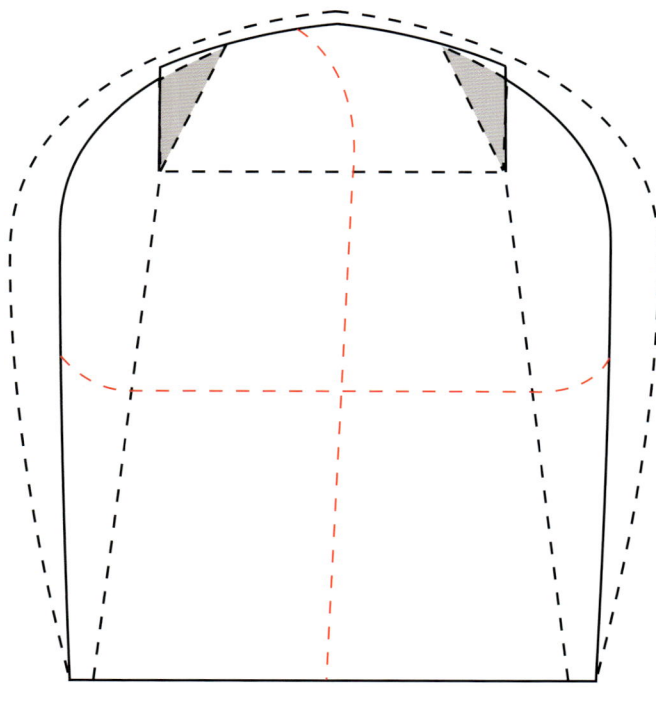

制作轮胎畚箕折叠示意图

图四　制作轮胎畚箕裁剪折叠示意图

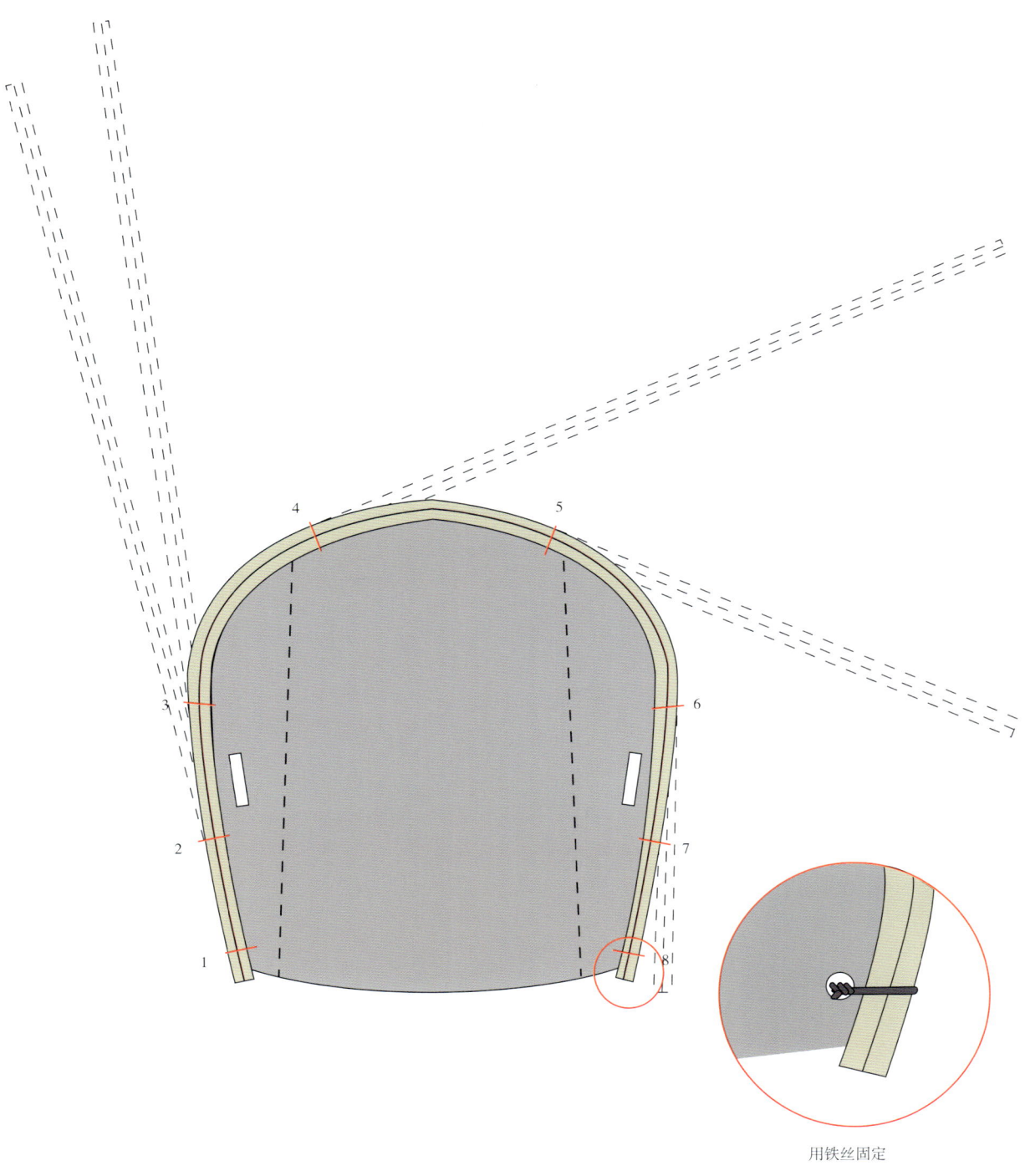

用铁丝固定

图五 细竹边与畚箕捆扎示意图

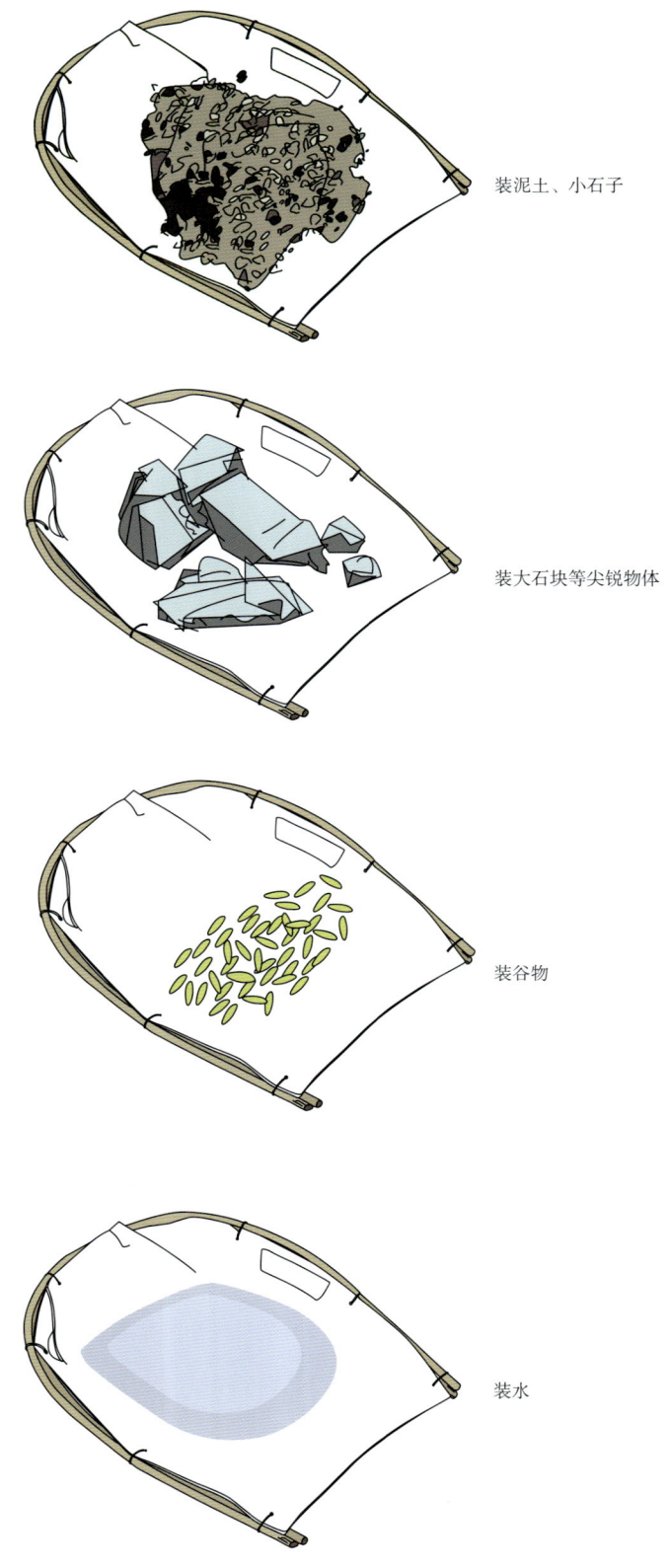

图六 独龙族轮胎皮畚箕日常使用

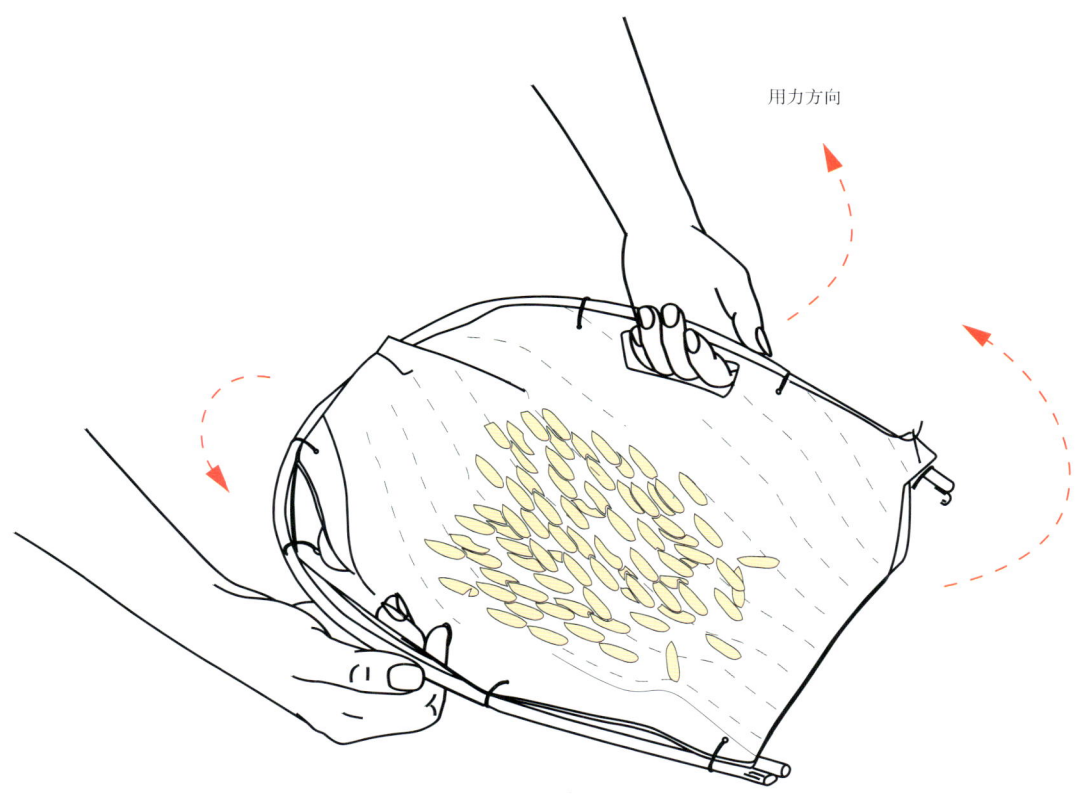

畚箕两侧各开一口，方便手持

图七 独龙族轮胎皮畚箕操持示意图

图八 独龙族轮胎皮盆

第四章 独龙族传统生活用具

独龙族风箱

图一　独龙族风箱主图

风箱是中国传统木制炊具之一，俗称风匣。常见的风箱多为方形箱体，由六块长方形木板组装而成。独龙族所用风箱多是铁匠给打铁炉供气增氧的设备，但它是用树干掏空制作而成，整体呈圆柱形，外观特色鲜明。

本案例选自云南省怒江傈僳族自治州贡山县独龙江乡龙元村，风箱主体部分长度约95厘米，圆筒直径约26厘米，拉杆长约60厘米。

本案例风箱的箱体选用独龙族当地原木制作而成。先将树干从中间掏空，内腔呈圆筒状，是风箱的主体空间，内设一与圆筒相匹配的圆形堵风板，堵风板周边需捆扎或粘连鸡毛等柔性材质增强风板与腔体间的密封性，另用一根拉杆与风板连接；风箱主体空间的圆筒前后两端用木板封合，在封合板上各开一进风口，并在进风口内侧设有可以灵活开合的悬片，又称为风舌；在圆筒的一侧保留一段凸起的长方体结构，将其内部向下掏空至圆筒风箱的外壁，呈凹槽结构，并在这凹槽两端各开一孔，这两个孔便是风箱前后的出风孔，在出风孔外侧设有可灵活开关的风门。长条的凹槽为出风通道，外用一块长条木板将其密封，并在此木板中间开一圆孔，再将一铁管插入其中，以此导引气流进入炭火炉。操作中推拉杆时，堵风板前后移动，前后风舌会相应关闭与开合。前推时筒体前端的风舌关闭（与此同时风舌打开进风，为回拉储备空气），被压缩的空气便会沿出风通道的前出风口进入出风通道，这里面的气流使后端的出风口关闭，从而使风进入圆形铁管的出风口；后拉堵风板时，筒体后面的风舌关闭（同时前风舌打开进风，为再次前推储备空气），压缩空气便会从后端的出风口进入出风通道，前端的出风口关闭，从而使风继续进入圆形铁管的出风口。如此连续不断前后推拉拉杆，风箱便可以为火炉提供连续不断的空气助燃。本案例用相互卡合的原木做成一对X形木架，风箱首尾悬空横架其上，风箱的铁管出风口孔斜下插入用水泥石子混合的壁垒之上，直通煤炭生火之处。

本案例风箱运行原理与中国传统风箱一致。独龙族匠人因材制宜制作的风箱解决了打铁炉的供氧问题，匠心独运。

图片来源
图一、图五　樊进　摄影
图二至图四、图六　刘艳斌　制图

图二　独龙族风箱名称图

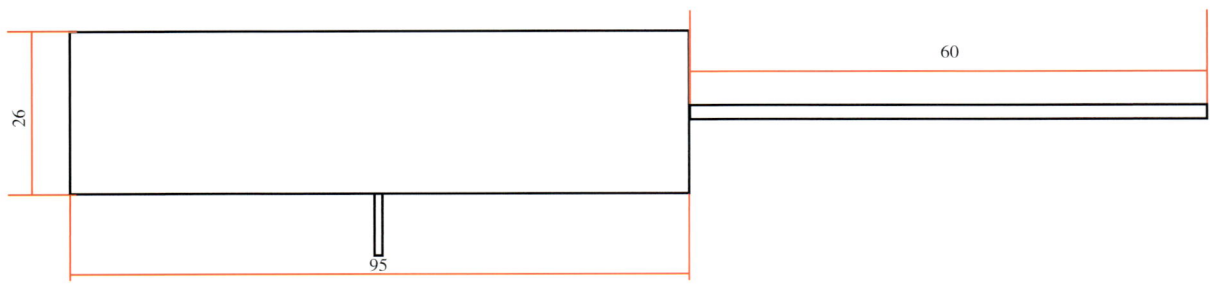

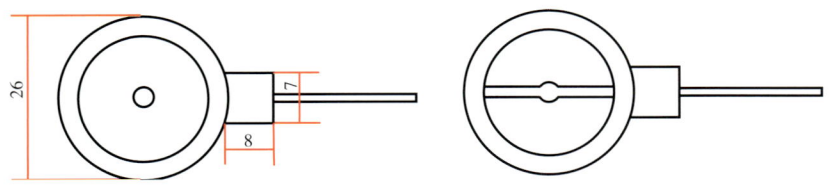

图三 独龙族风箱尺寸图(单位:cm)

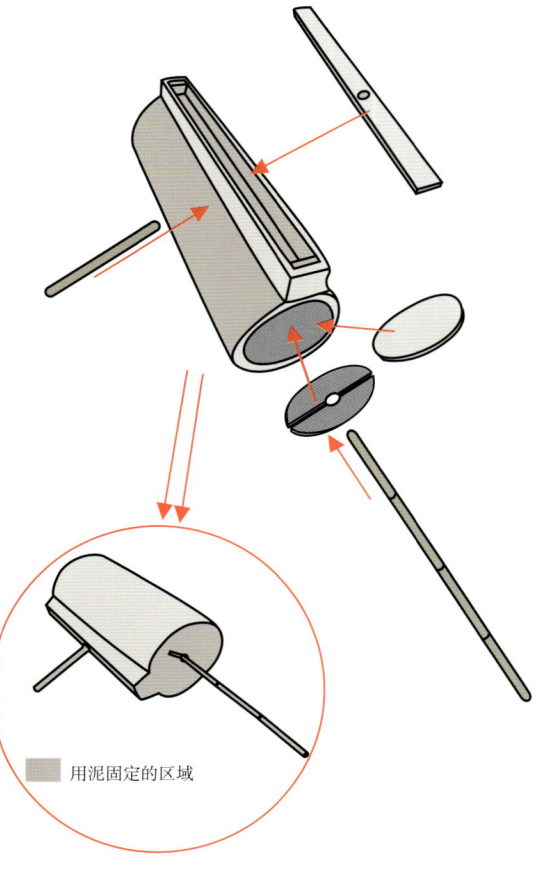

图四 独龙族风箱各部位分解图

图五 独龙族风箱使用情境图

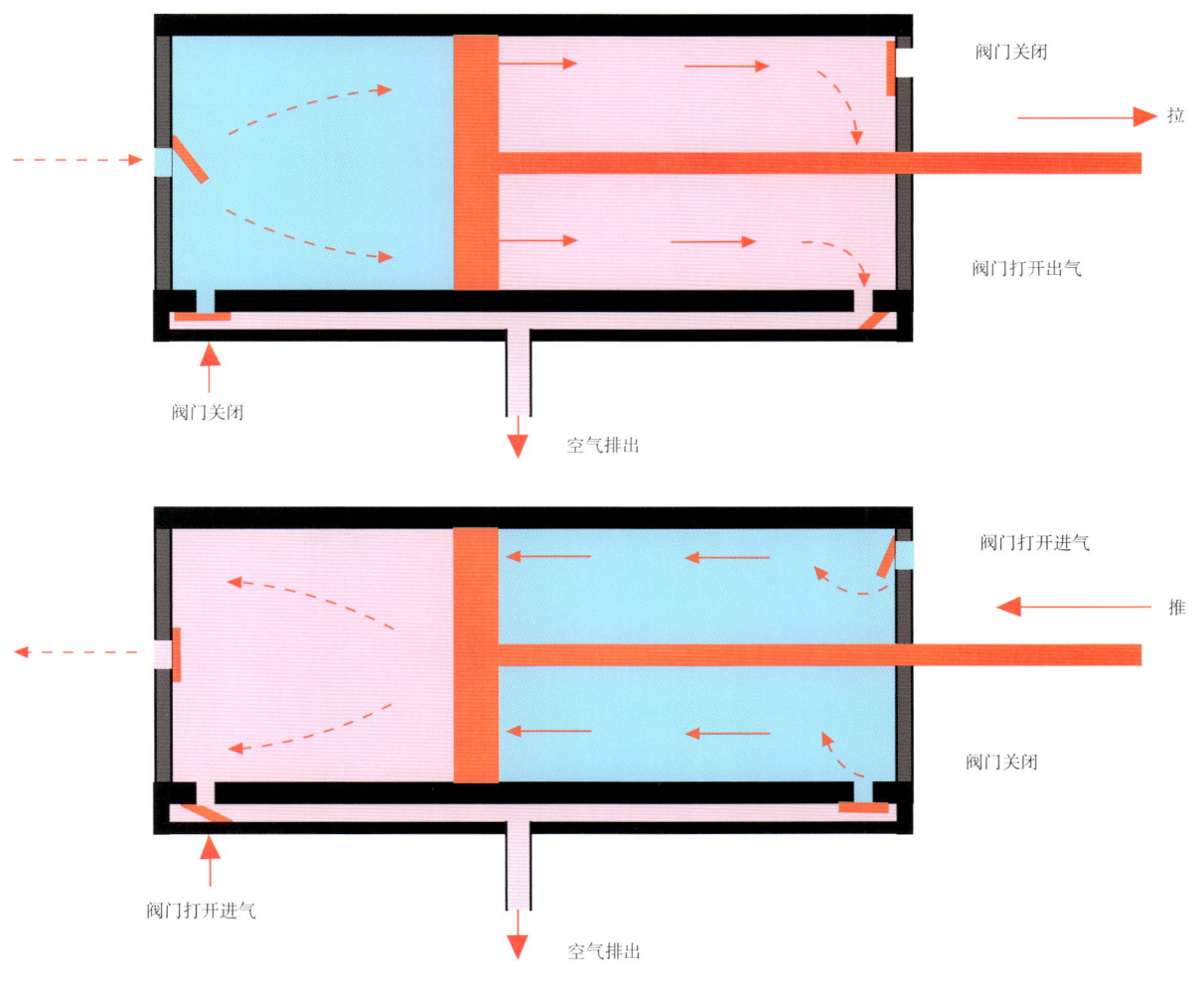

图六 独龙族风箱工作原理图

独龙族酥油桶

图一　独龙族酥油桶主图

独龙族酥油桶是独龙族人用来打酥油茶的必备器具，多为较粗的竹筒制作而成。

本案例酥油桶采集自云南省怒江傈僳族自治州贡山县独龙江乡迪政当村雄当小组。竹制的酥油桶长约 70 厘米，口径约 12 厘米，内置一个能上下抽动的搅拌棒，其下接一周边带齿孔的搅拌圆片，圆片直径比茶桶口径小，竹柄长度高出竹筒约 10 厘米。

本案例酥油桶选用的毛竹内孔径在 11 厘米左右，将原本较厚的竹壁削薄，以减轻酥油桶整体的重量；在酥油桶的桶口做向内弧收的处理，其下方用类似胶带的材料对桶脖处作加固处理，以增加削薄后筒壁的强度。酥油桶的底部往上一段也进行了类似加固处理，此段是酥油桶上下搅动受力较大的部位。酥油桶上半部用藤编的方式编结一较为粗壮的把手，把手里面置一弧形的弯杆，紧密地和藤篾编织在一起，加强了把手的刚性。把手上下生根的方式都是用藤篾编织围合桶壁，围合的同时也加固了酥油桶的内收力。酥油桶内置打酥油的搅拌片，圆形搅拌片形状根据打酥油的物料不同也有不同的形状，有齿轮状的多孔形，也有只有 4 个齿口的少孔形。打制酥油茶时，将酥油茶置于桌面，一手握住把手，一手提搅拌棒上下按拉，使里面的酥油茶沿搅拌片的孔隙上下流动，从而使里面配料快速均匀。

独龙族的酥油桶小巧灵活，活用竹筒的空间结构，并根据实际情况进行减少或增加一些相应的设计，其取材简易，制作工艺相对简单，操作方式简便，是独龙族饮食器具中一个较为典型的案例。

图片来源
图一、图六　樊进　摄影
图二至图五　卢慧敏　制图

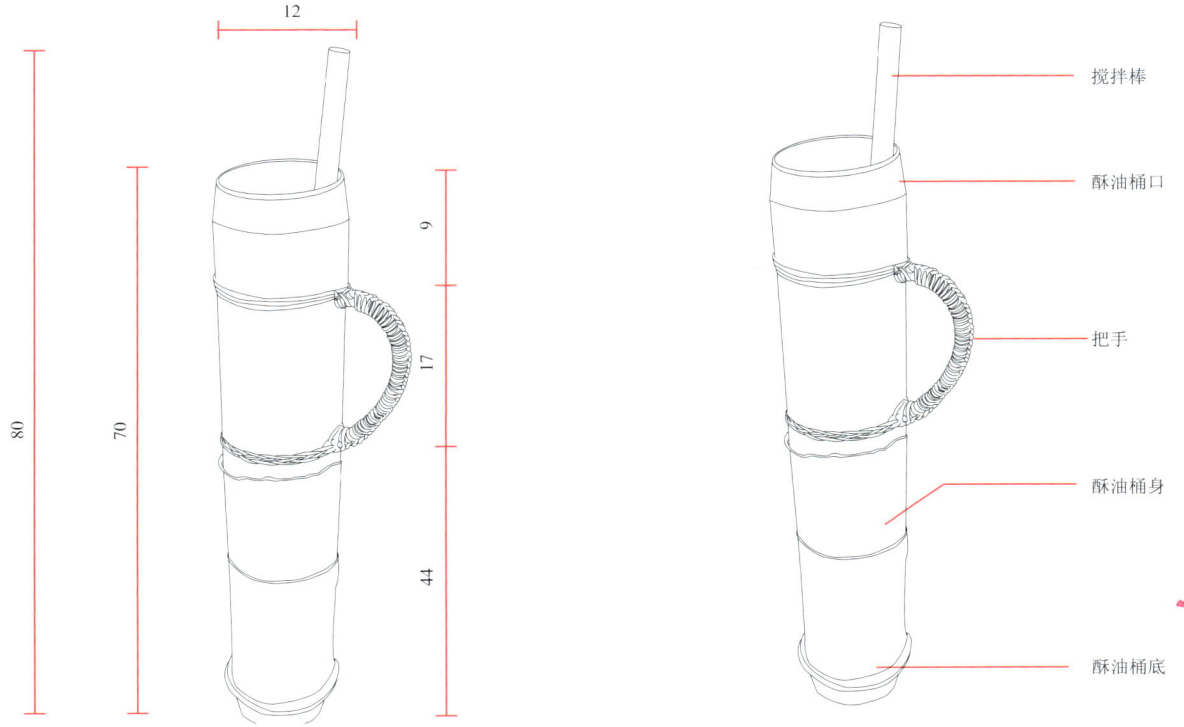

图二 独龙族酥油桶尺寸名称图（单位：cm）

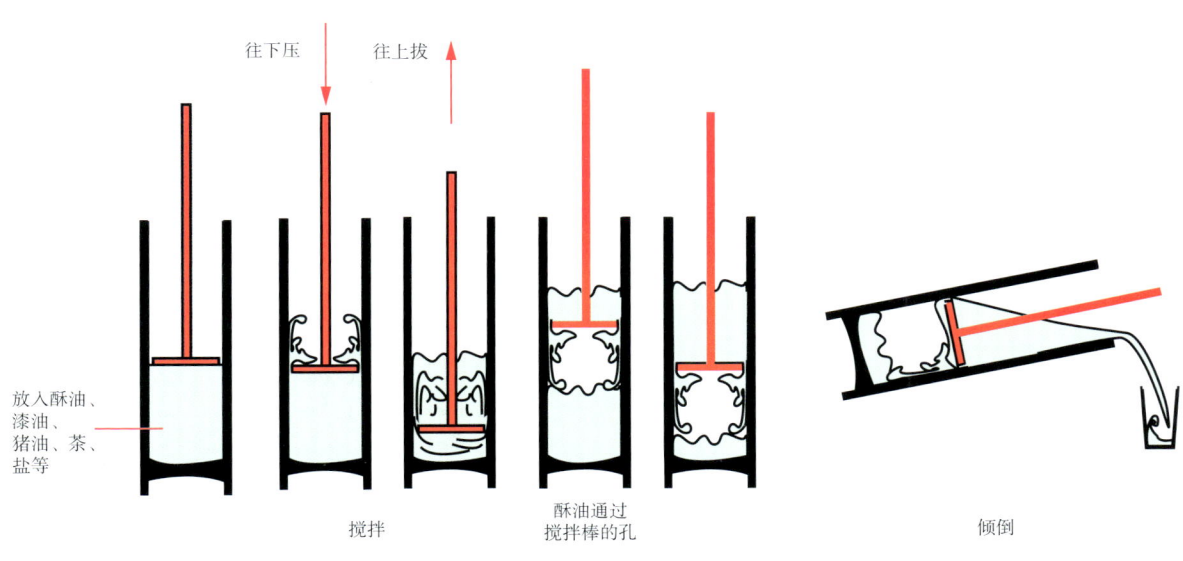

图三 独龙族酥油桶工作原理分析图

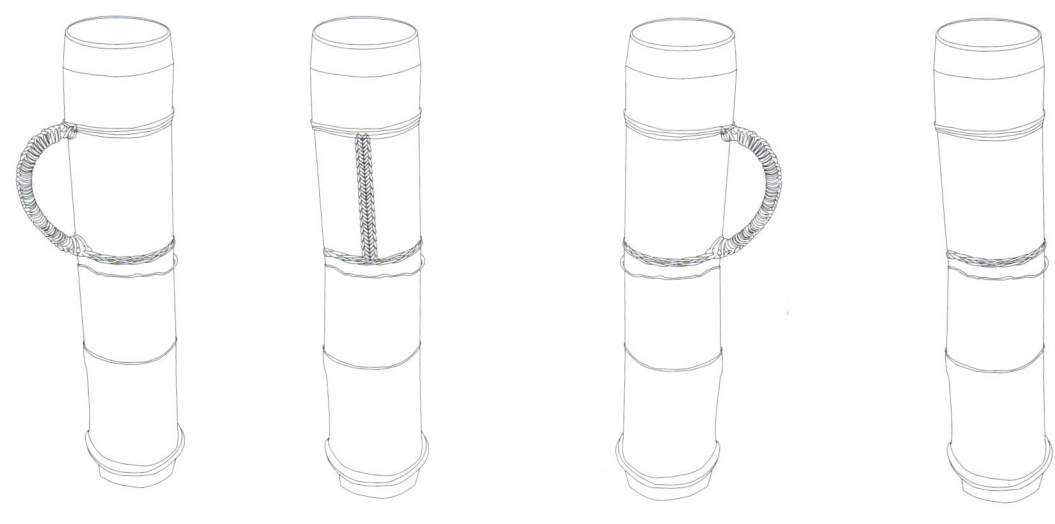

图四　独龙族酥油桶各角度视图

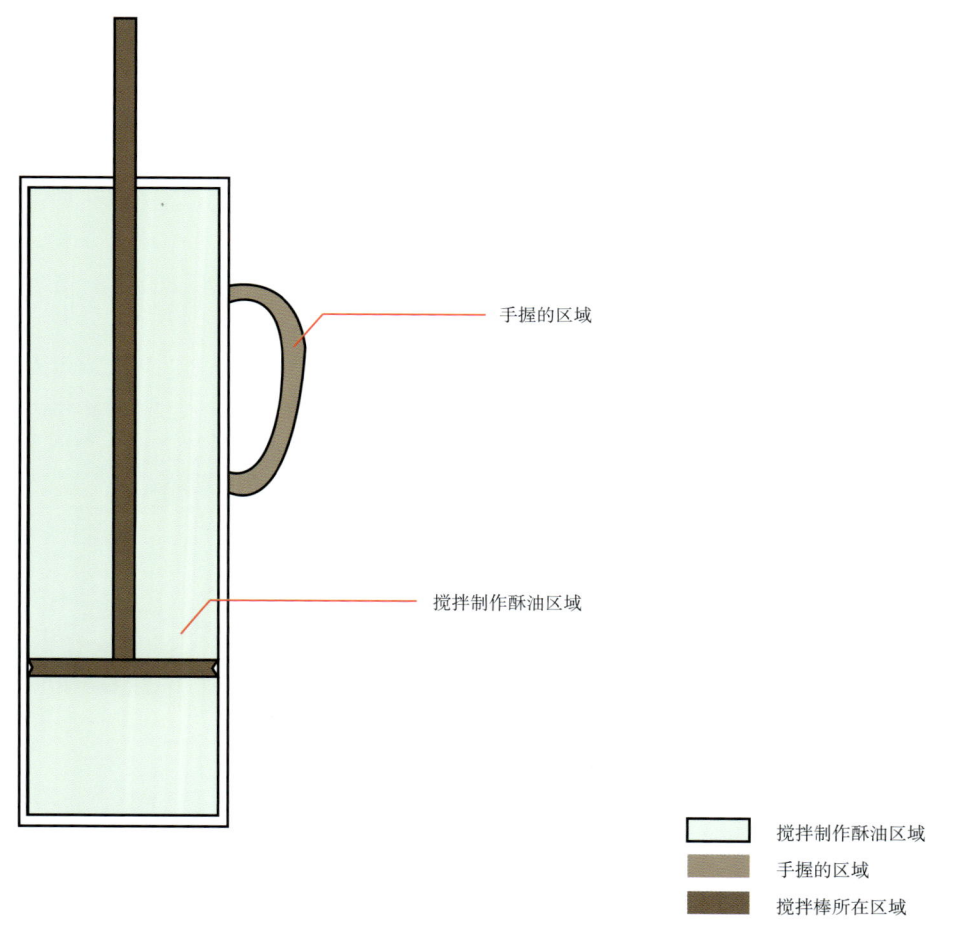

手握的区域

搅拌制作酥油区域

搅拌制作酥油区域
手握的区域
搅拌棒所在区域

图五　独龙族酥油桶功能分区图

图六 独龙族酥油桶案例相关图片

独龙族竹饭筒

图一　独龙族竹饭筒主图

独龙族竹饭筒是外出携带的盛饭器具，是独龙人家中常备的日用食具。

本案例采集自云南省怒江傈僳族自治州贡山县独龙江乡马库村。竹饭筒高约 38 厘米，外直径约 9 厘米，内直径约 8 厘米；筒盖高约 9 厘米，宽处外部直径 9 厘米，窄处外部直径 8 厘米，内部直径 7 厘米。

马库村位于我国独龙江的下游，当地竹资源丰富，毛竹壁厚较大，厚度可达 2 厘米多，其内部的空腔是天然的容器，本案例同样利用了这基本的结构。其制作过程大致如下：1. 选取干透的毛竹；2. 砍取直径、长度足够且带竹节的毛竹；3. 以竹节为筒底，削除不必要的壁厚以减轻竹筒的重量，保留 0.5 厘米的壁厚；4. 将筒口和筒底外侧打磨光滑；5. 以藤编加固筒口；6. 截取内径为 7 厘米的竹节，保留 8 厘米左右的整体空腔，用作筒盖原料；7. 将保留的空腔从外向内削薄，呈下小上大的锥形，小头要小于 8 厘米，以便塞入竹筒的口部；8. 打磨筒盖毛边毛刺，修整完成。本案例的竹筒盖塞部分较长，使用时，将盖口朝上便可以作为小型竹碗来用，吃饭喝汤皆可。竹饭筒的筒身去除了全部竹和部分竹黄厚度，并将竹节的外在特征全部去除，形成较为简洁的造型。这类器具在独龙人外出狩猎或上山耕作、采药时可用来随身携带干粮等食物，故设计较为轻巧。

独龙族竹饭筒整体设计简洁大方，轻巧实用，是独龙族人常备的日用器具。其活用了毛竹的大空腔，减去其过厚的内壁；也活用了竹节盖，正为竹盖塞，反为碗杯。这样因势利导的设计特别方便使用。

图片来源
图一、图五　樊进　摄影
图二至图四　卢慧敏　制图

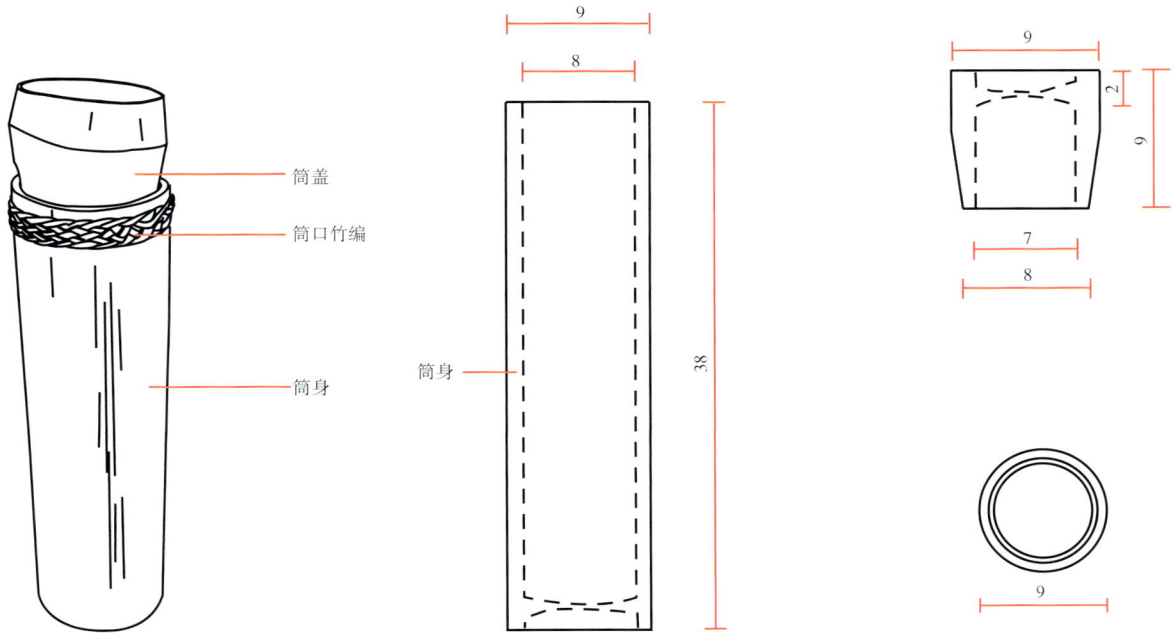

图二 独龙族竹饭筒尺寸名称图（单位：cm）

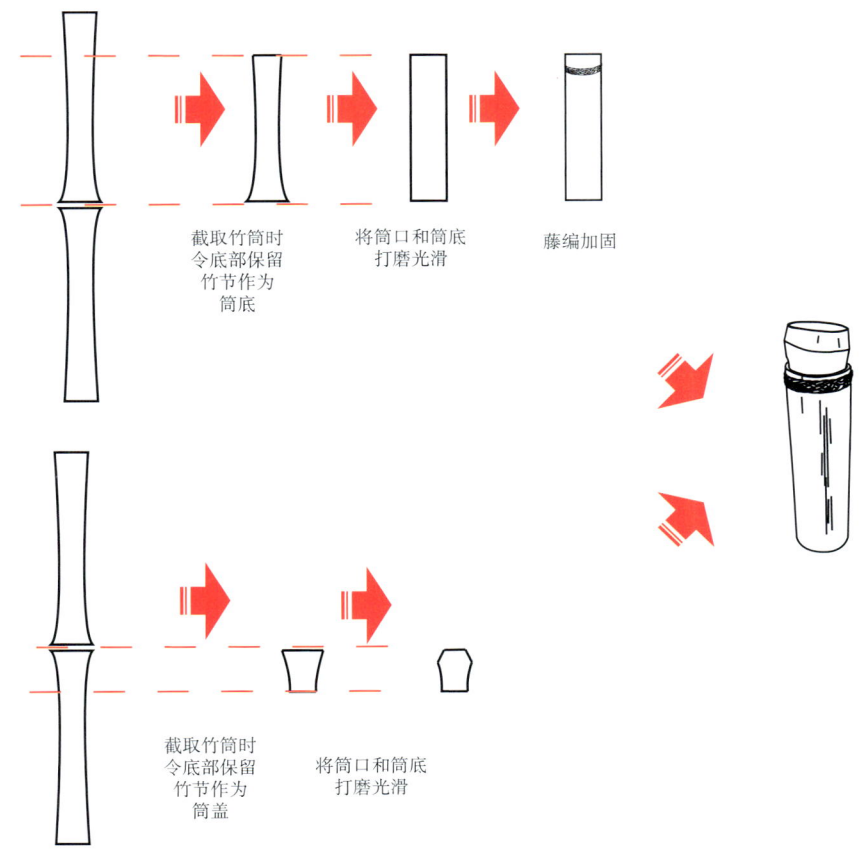

图三 独龙族竹饭筒制作过程分析图

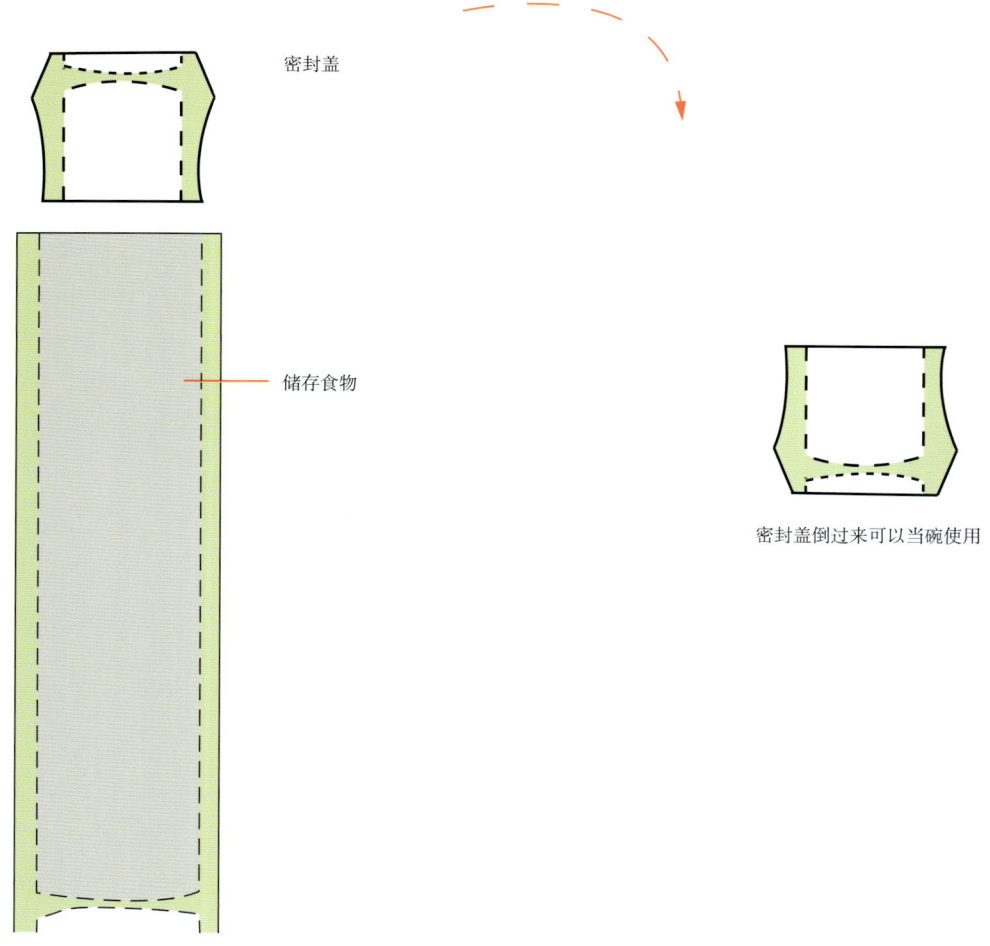

图四 独龙族竹饭筒功能分区图

图五 独龙族竹饭筒案例相关图片

第四章 独龙族传统生活用具

145

独龙族竹口簧

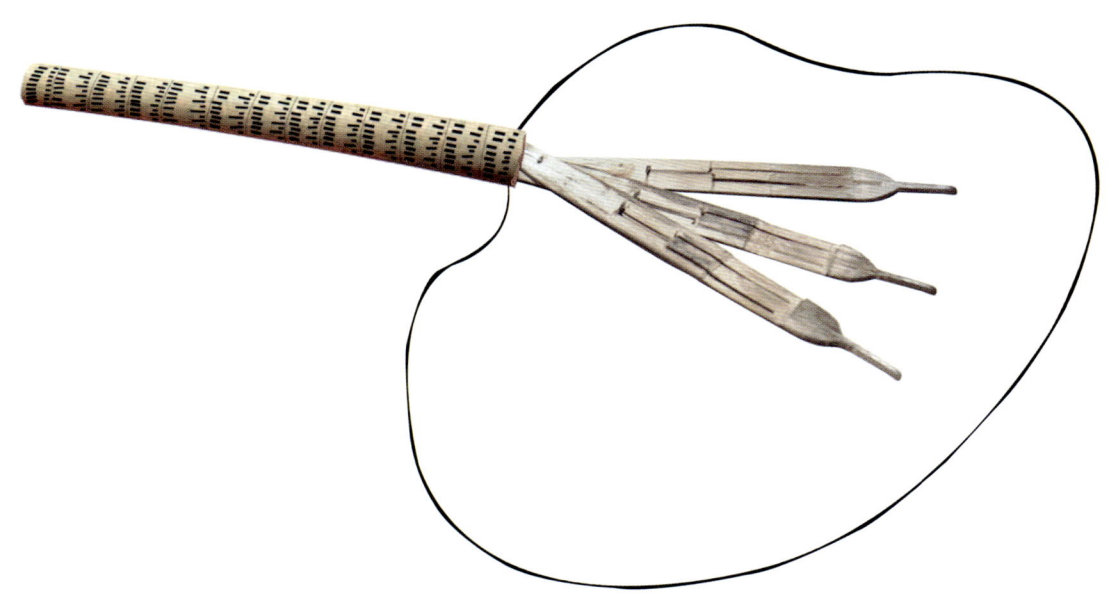

图一 独龙族竹口簧主图

口簧是世界多区域都出现的古老乐器，它是一种靠手拨奏嘴吹鸣的发声器，俗称"口弦"。我国不少民族地区也有此类发声原理的乐器，其发声器为片状或条状形态。独龙族竹口簧选自云南省怒江傈僳族自治州贡山县独龙江乡龙元村东阁小组，是据独龙老人描述复原的形态，是独龙人在休息时候用来抒发情感的乐器。独龙人常将数个口簧为一组置于竹管中，用细绳系于脖颈置于胸前。本案例的口簧片长约15厘米，厚度在0.1—0.2厘米，竹管长约15厘米。

目前所见的口簧多是金属材质或竹木材质两大类，本案例独龙族竹口簧属于后者。其竹管采用一种金竹，其竹节修长，是乐器中常用材料；口簧采用竹青部分制作。竹青的硬度与密度最好，所以其刚性好；竹青部分的韧性强，所以其弹性最佳，适于长时间的抖动而不变形。"簧"为有弹力的部件，其具备可持续或反复摇摆或伸缩的性能。在乐器中是用以发声的薄片。

本案例的口簧为三片组，每片在要发声的一端居中削出尖状拨条，拨条后方反向刻出簧舌，簧舌根部与竹片相连，其余三面与簧片分离。簧舌的长短、粗细、厚薄直接决定其音高、音色等，通常长粗厚的簧舌音色低沉，短细薄簧舌的音色清亮。竹口簧吹奏时，需张开嘴，一手持口簧根部将口簧置于唇齿间，一手指拨动簧片尖端，簧舌便会在震动中发声，与此同时也可以配合呼吸、嘴型的开合、舌头平翘、嗓音等等发出多种的声音，张开的口腔此时也作为其发声的共鸣箱。这样的音色相对浑厚低沉，震率感强，识别性高。此类口簧一般单片单音，不同材质的音色也有不同。本案例簧片三片尾部系在一起置于带有黑色竖条状的装饰纹的竹管中，装饰效果规律性、节奏感较强，也颇为醒目。传统的独龙人常在林间休憩时，在微风中吹奏，其音与天籁相和。

本案例的竹质口簧是独龙族为数不多的吹奏乐器之一，是远古乐器的传承和发扬，成为其传统乐器的一部分，为生活增添了别样的声音与欢快。

图片来源
图一　陈圣鋆　制图
图二至图五　卢慧敏　制图

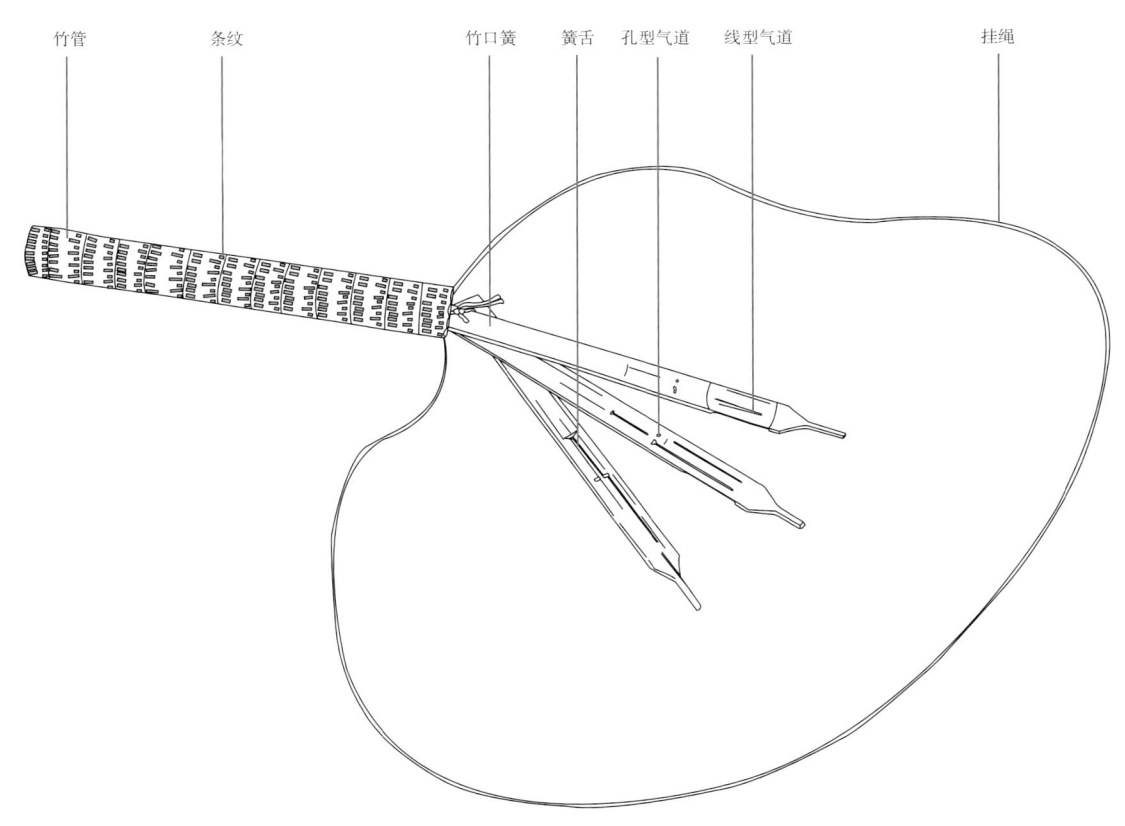

图二　独龙族竹口簧名称图

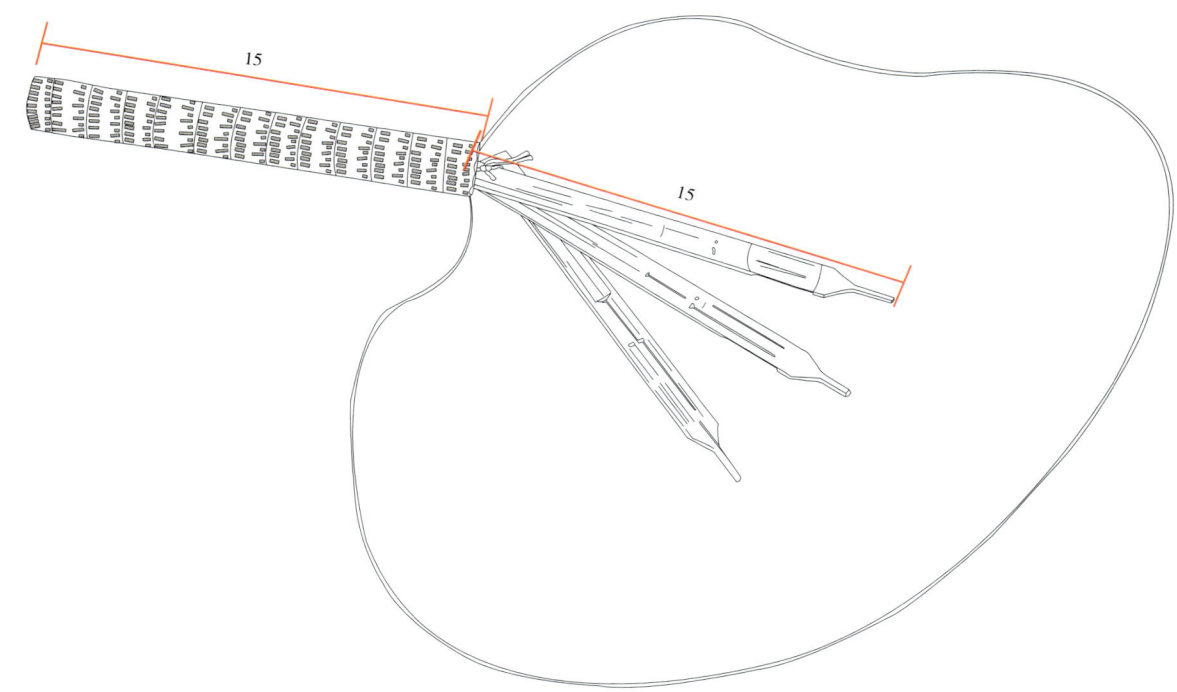

图三　独龙族竹口簧尺寸图（单位：cm）

图四　独龙族竹口簧使用分析图

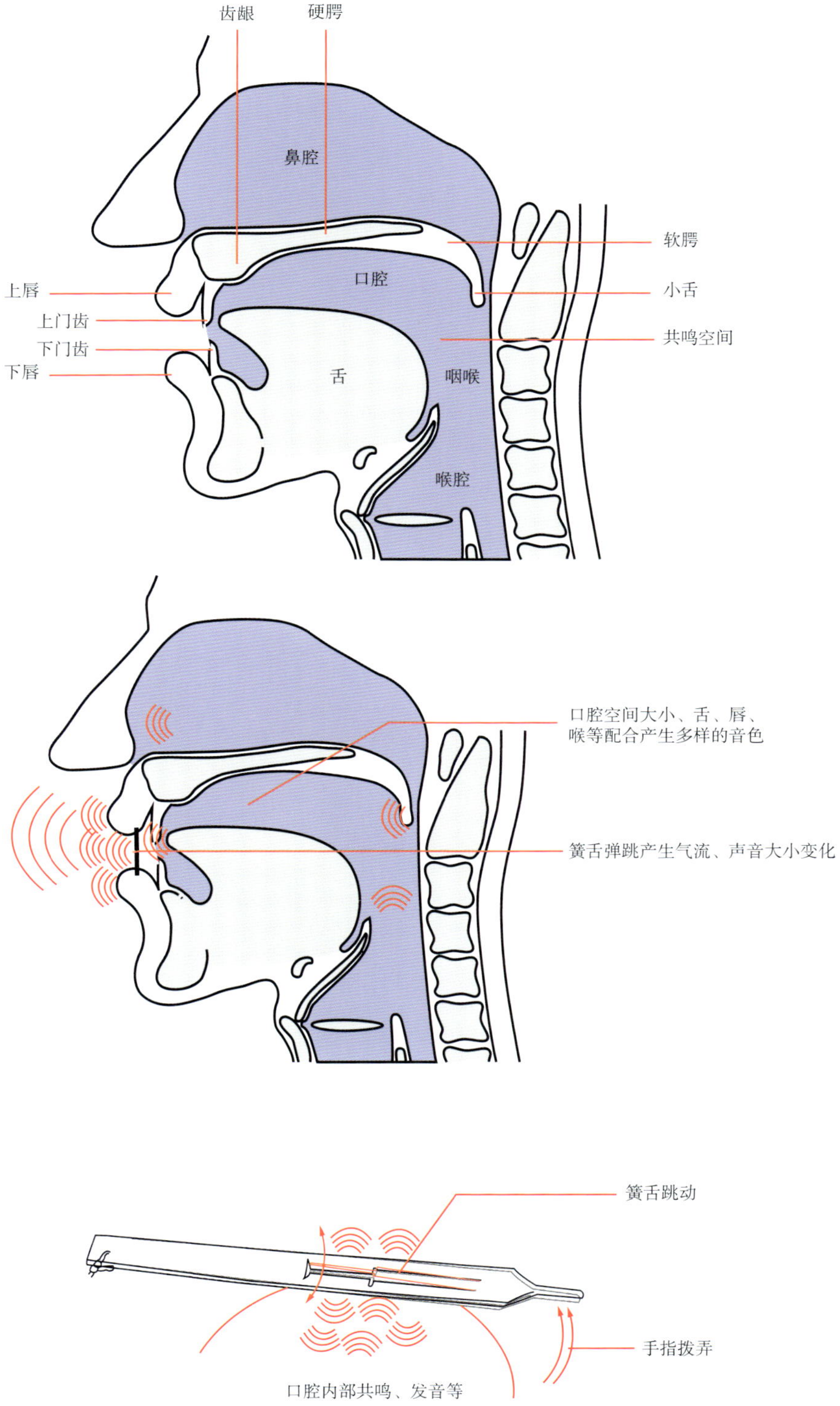

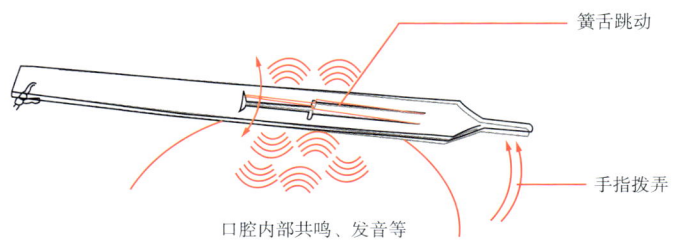

图五　独龙族竹口簧发声原理分析图

第五章 独龙族传统生产工具

独龙族手锄

图一　独龙族手锄主图

独龙族手锄是手柄短小的小型农具，由用树枝叉制作的木质鹤嘴形挖掘工具"戈拉"发展而来，独龙语称其为"恰卡"。因手锄单手操持即可松土、播种，适于山林坡地作业。

本案例中的手锄选自云南省怒江傈僳族自治州贡山县独龙江乡龙元村东阁小组，整体长约46厘米，锄头弯曲部分长约20厘米，锄柄与锄头夹角约为60°。

本案例手锄所用材料是树杈木和铁锄头。树杈木具有天然的角度，与一般锄头的角度相仿。用这类带有角度的硬质材料从事农耕作业，其历史可追溯到人类原始时期。将带有角度的鹿角、树杈稍加加工，是最为简洁省力的取材方式，故处于大山的独龙族、怒族等都保持这一农具制作方式。

本案例独龙族手锄，其树杈结构本身具备较强的抗压性，取材于密度较高、质地坚硬的树上。全木质的尖锄是最为原始的版本。铁器传入后，独龙人在木锄尖部镶上9—12厘米长的铁尖头，不仅延长使用寿命，而且锄头部重量增加使手锄重心更靠前，深挖松土或播种时更省力，提高了使用功效与农业生产效率。本案例手锄柄与锄头的夹角为60°左右，适合在山地环境且坡度较大的斜坡上使用。独龙族手锄没有固定的形式，结构形态区分不大，比如"俄而种"的造型和"恰卡"相近，只是铁器分量比"恰卡"更大。独龙族手锄锄头也有双齿开叉形，现在更多的手锄是用各类钢筋弯折或焊接成型，解决了木柄易朽易折的问题。

本案例整体尺寸适中，便于携带，适合单手在斜坡上使用，重心前置，利于深挖掘；沿用树杈的构造制作手锄是自然资源丰富带来的直接反应，也是独龙人在刀耕火种农业环境下充分利用自然资源的一个典型案例。

图片来源

图一、图七、图八　樊进　摄影
图二至图六　张孙晨　制图

图二　独龙族手锄名称图

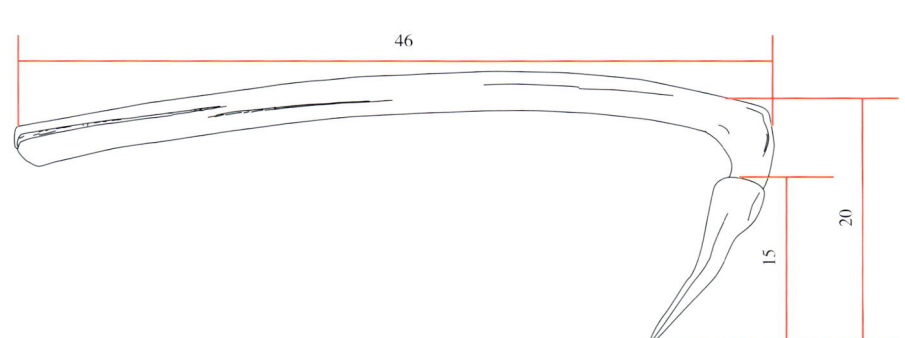

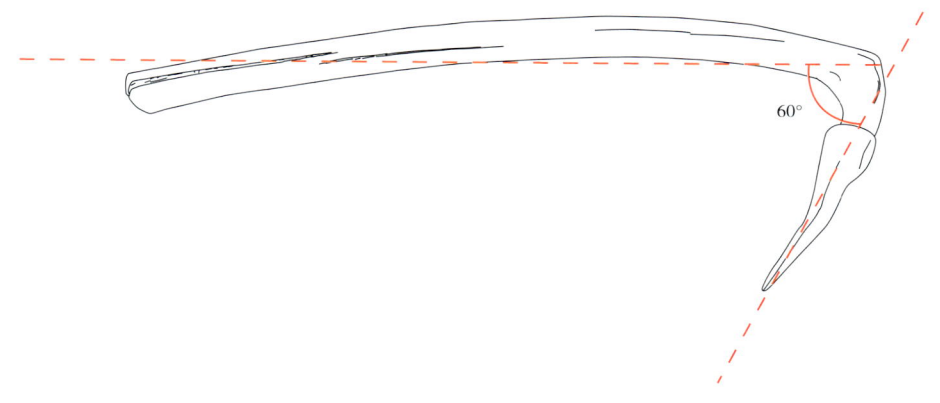

图三　独龙族手锄尺寸图（单位：cm）

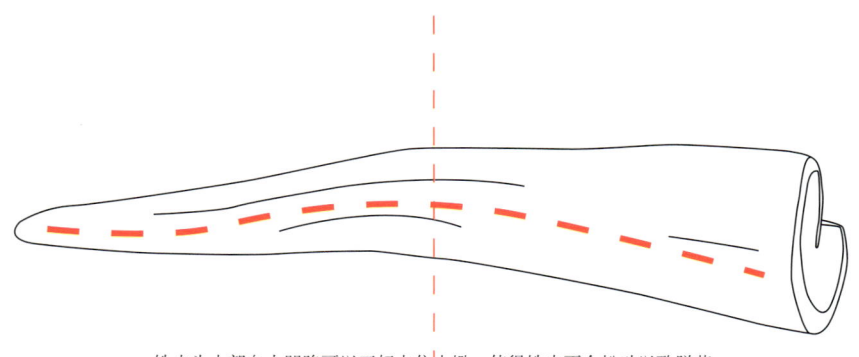

铁皮头中部向内凹陷可以正好卡住木锄，使得铁皮不会松动以致脱落

图四　独龙族手锄铁皮结构图

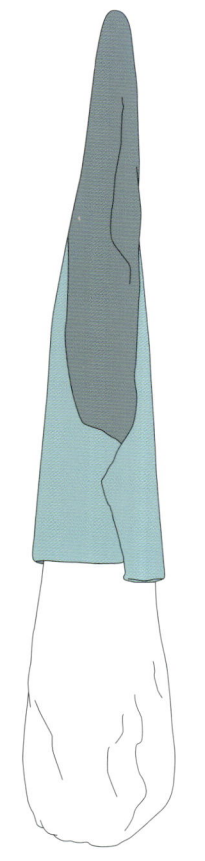

手锄尖端包有铁皮：让手锄更加耐用

图五　独龙族手锄铁皮包裹示意图

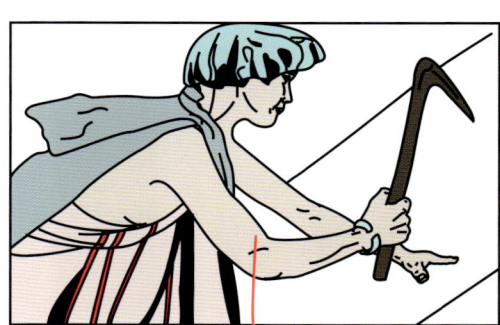

木锄适合在独龙族的坡地上进行挖掘

在平地上挖掘需要蹲下，并不方便，所以木锄非常适合独龙族的坡地耕作

图六　独龙族手锄操持示意图

图七　其他独龙族手锄

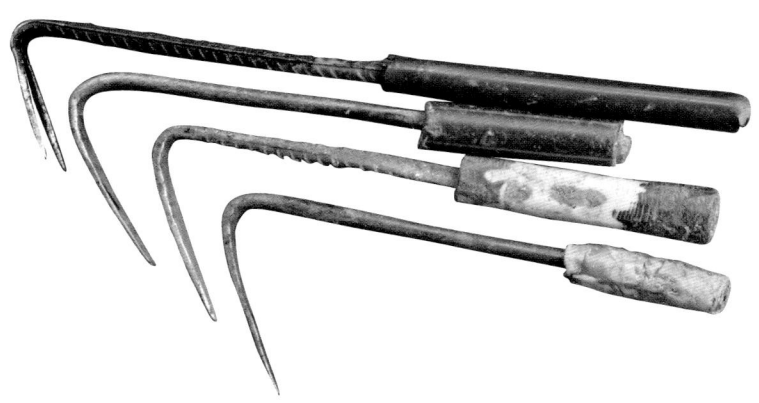

图八　独龙族的铁质农具

独龙族舂碓

图一 独龙族舂碓主图

舂碓是一种历史悠久的粮食加工工具,在我国少数民族较为常见,独龙族同样也有普遍性的应用。

本案例选自云南省怒江傈僳族自治州贡山县独龙江乡龙元村,其舂臼高约 100 厘米,臼槽内部深约 50 厘米,臼口的外直径约为 40 厘米,内直径约为 30 厘米,舂碓长 150 厘米,碓头直径宽约 6 厘米。

本舂碓由臼和碓构成,均用硬木制成。臼是装粮食的容器,上大下小,圆台体,利于插入泥土或木板中间固定。臼的内部舂槽整体呈上大下小的"V"形,其 V 形底部为半球形,有利于碓与臼底的密合,增加碓与粮食的接触面积,此外 V 形槽还可以使粮食充分聚集在臼底,舂粮食时可以防止粮食向臼外飞溅。碓由一根木棒加工而成,碓的两头较粗，中间较细，方便手持。碓的底部也呈向下凸起的半球状，与臼底构造贴合，这样碓就可以充分与粮食接触，谷壳会被充分剥离粉碎。使用舂臼时要先将待加工的谷物倒入臼中，然后两个人各握住一根碓，垂直向下，轮流向臼里捣砸，直到充分舂碎。舂碓可以将原生食材（稻谷、苞谷、高粱、小米等）加工成粉末，也可以将蔬菜等加工成泥状。

独龙人会边舂边唱歌，这样原本枯燥的重复动作会变得较为轻松。每天清晨，独龙人的第一件事就是舂碓当天的粮食，这项工作一般没有男女分工。一般来说吃多少舂多少，一次也不可能舂很多。小米在食用之前先在锅里爆炒 30 分钟左右，然后舂去外壳，有时置于火塘上方的木架上烘烤到香味四溢再舂成米，最后才把米煮成小米稀饭或干饭。一般来说石磨和舂碓都是相互配合起来使用的，比如玉米、小米、鸡脚稗、苦荞和青稞等杂粮为原料，这些原料也必须先舂碎才能进行下一步的加工。

本案例舂碓用实木制成，尺寸重量适中，既能满足男女操作的易用性，又可以利用自身的重量达到舂碎食物的目的。独龙人爱吃舂食，并形成了独特的"舂文化"。操作舂碓的行为本身也充满了欣欣向荣的生活仪式感，寄托着独龙族对族群生命力旺盛发展的希望。

图片来源
图一　樊进　摄影
图二至图六　张孙晨　制图
图七　周文林.云南少数民族图库：怒族·独龙族[M].昆明：云南美术出版社，2001.

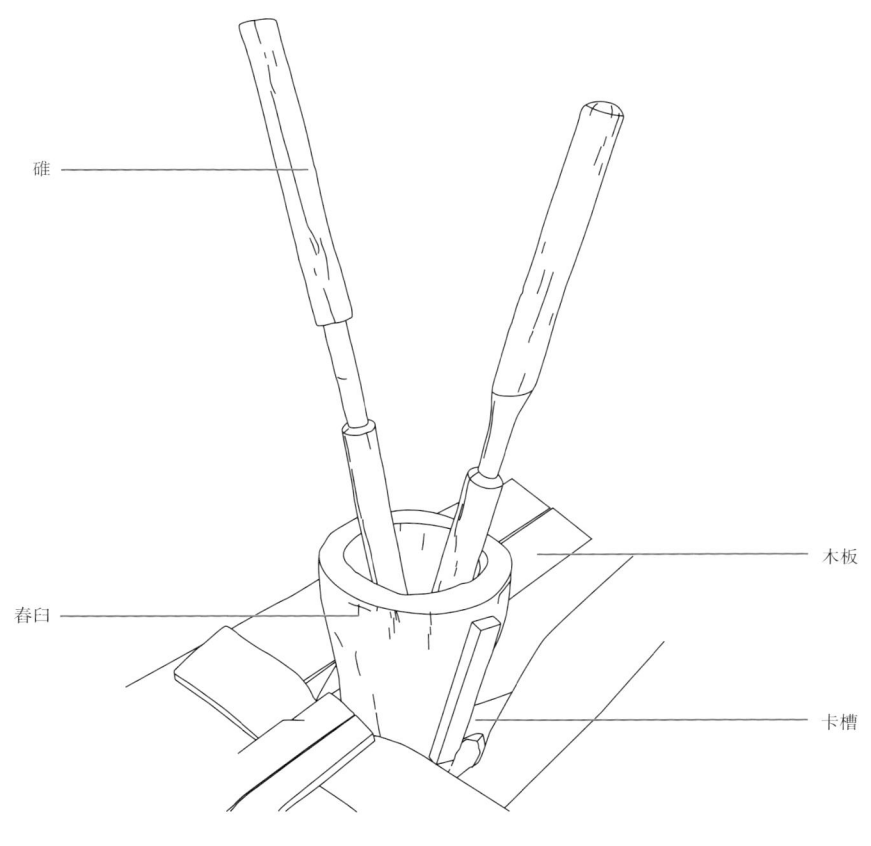

图二　独龙族舂碓名称图

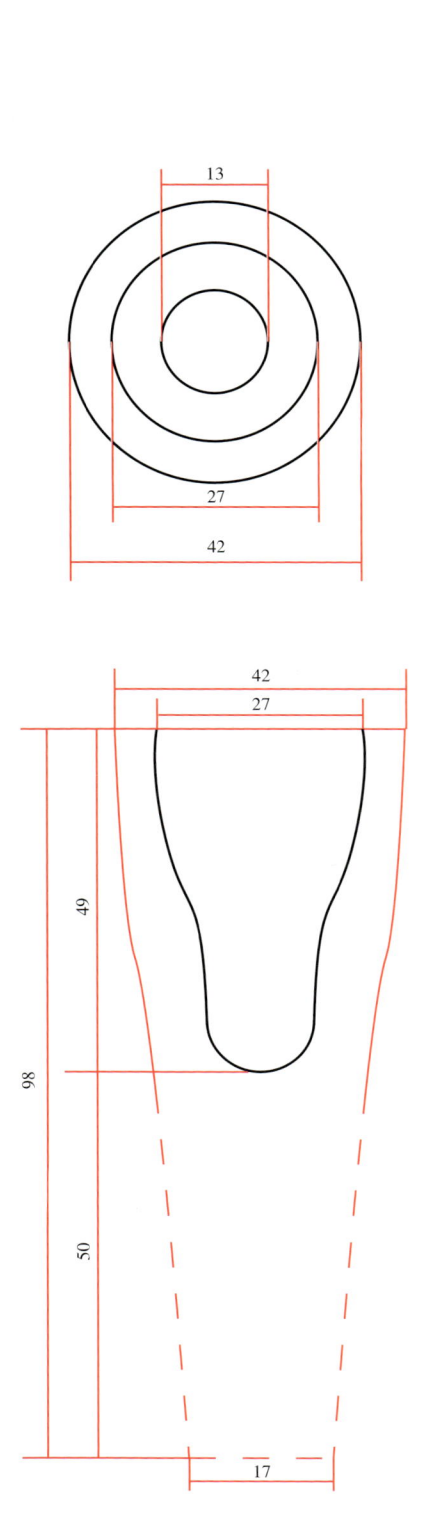
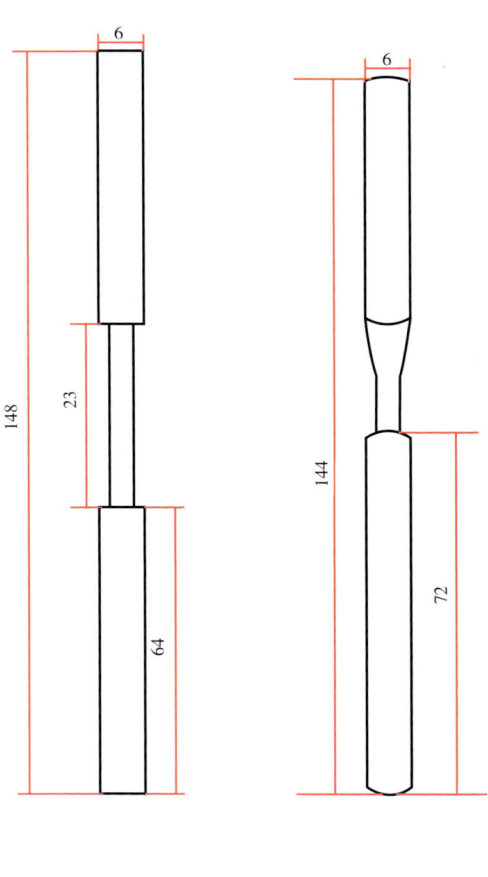

图三　独龙族舂碓尺寸图（单位：cm）

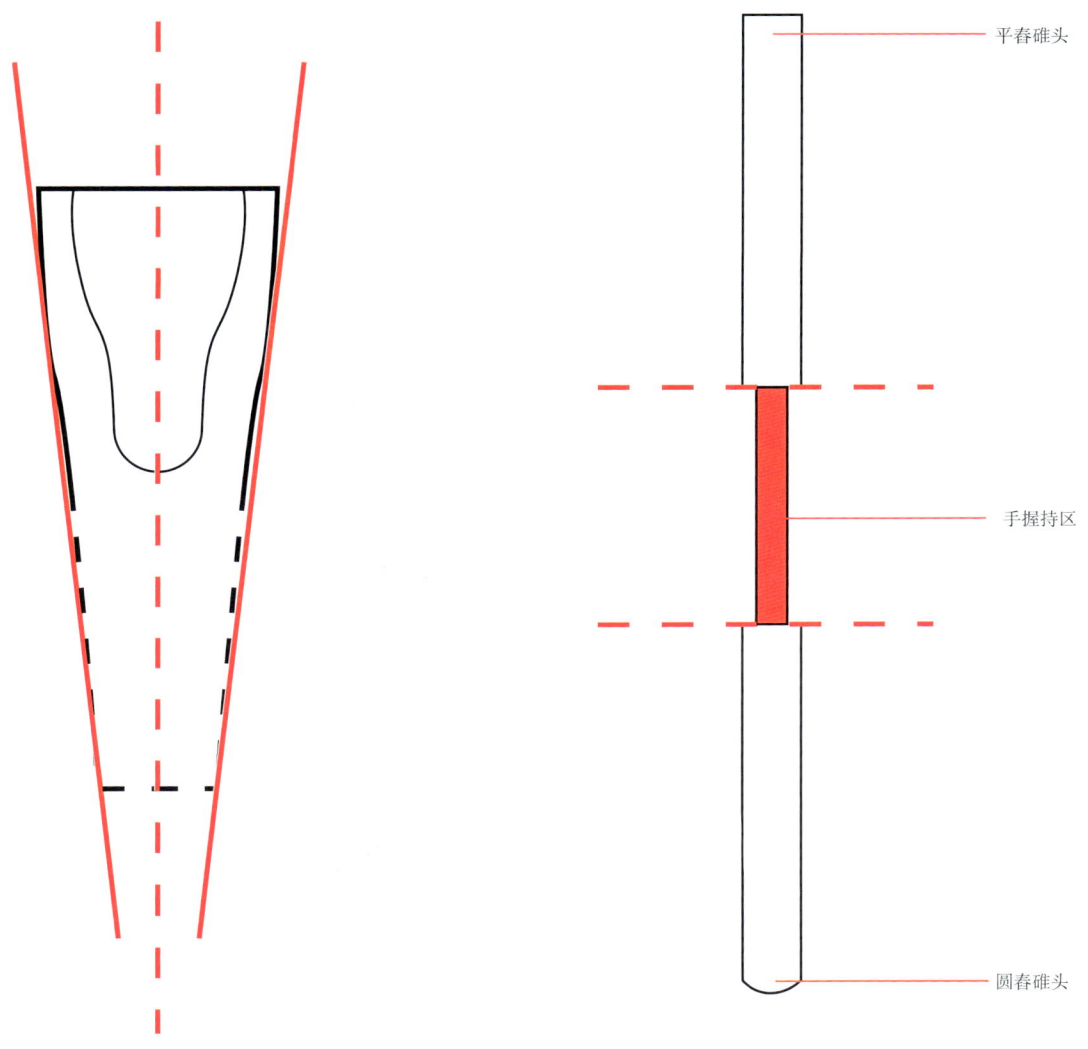

图四 独龙族舂碓形态分析图

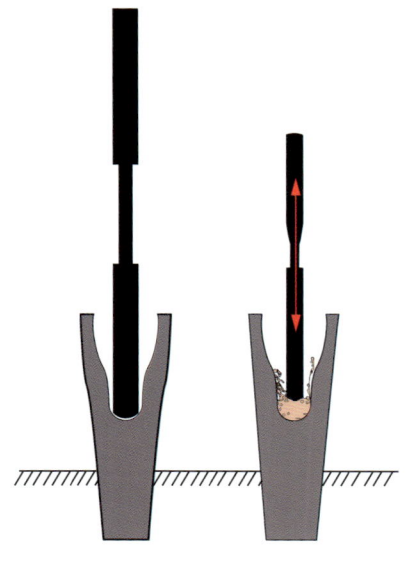
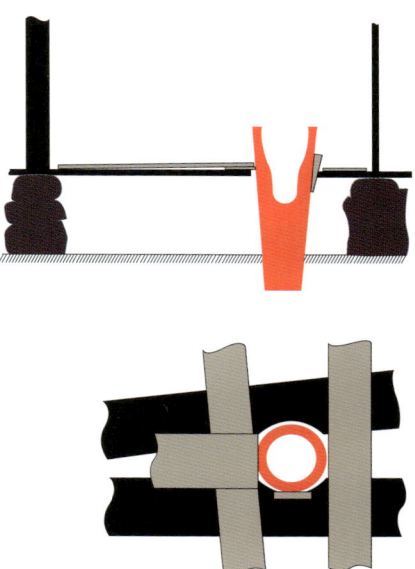

碓的底部呈半球形与舂底十分契合，利于舂碎食物

图五　独龙族舂碓结构分析图

舂的下部埋在土壤之中，上部则卡在木板的间隙之中，这样可以起到双重固定的作用

图六　独龙族舂碓固定示意图

图七　正在舂粮食的独龙妇女

独龙族水磨

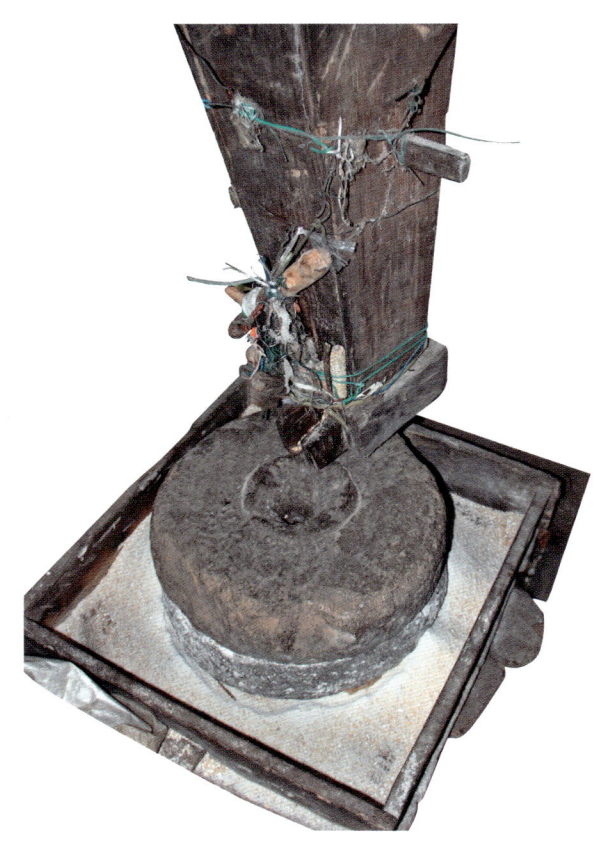

图一　独龙族水磨主图

独龙族地处高黎贡山和担当力卡山之间，山高坡陡，水资源丰沛，独龙人民同其他民族一样，充分利用了这个天然优势改进生产与生活，水磨就是一个典型的案例。

本案例选自云南省怒江傈僳族自治州贡山县独龙江乡龙元村。水磨料斗高约130厘米，方形的粮食盛器长约85厘米，宽约80厘米，水磨盘置于其中。

本案例的水磨由两大部分构成：一部分是动力系统水轮和开关闸；另一部分是碾磨加工系统，由料斗、磨盘和粮食盛器组成。料斗位于磨盘上方，用绳子系于磨坊顶部，料斗内的谷物可以自然落至磨盘内。料斗下方系有木棍，木棍别在磨盘的边缘，由于料斗的重力作用，木棍紧紧地压在磨盘的边缘。磨盘部分与一般石磨类似，分为上磨盘、下磨盘和磨脐子。上磨盘的边缘凹凸不平。当上磨盘被水轮带起转动时，磨盘上凹凸不平的结构会使捆系在料斗上的木棍产生震动，从而带动系吊着的料斗产生抖动，料斗内待加工的谷物就能均匀落入磨脐子。谷物顺磨脐子下的通道进入上、下磨盘之间的凹凸碾道，借摩擦力即碾压成粉末。

水轮在磨盘结构下方，随需要升出（停运）或者深入水流（运行）。本案例的水轮由一根硬木轴和叶片组合而成，硬木轴垂直上下，上端与上磨盘的磨脐子连接，下端与水轮片相连。当水流由上而下的冲击叶片时，它便可以带动木轴与上磨盘联动。本案例通过控制开关闸来控制水磨，要使水磨停止工作，只需要将闸的一侧用力抬起，此时在水轮正下方的长木棍也会向上运动，并将整个叶片向上抬起，水流无法冲击到叶片，水磨停转。反之则运行。开关设计的巧妙之处在于：既考虑到水磨各零部件之间的磨损，提高使用寿命，同时也兼顾当水流超出水磨所能承受的极限时，及时保护设施不受损坏。

水磨是独龙人现在还在使用的粮食加工

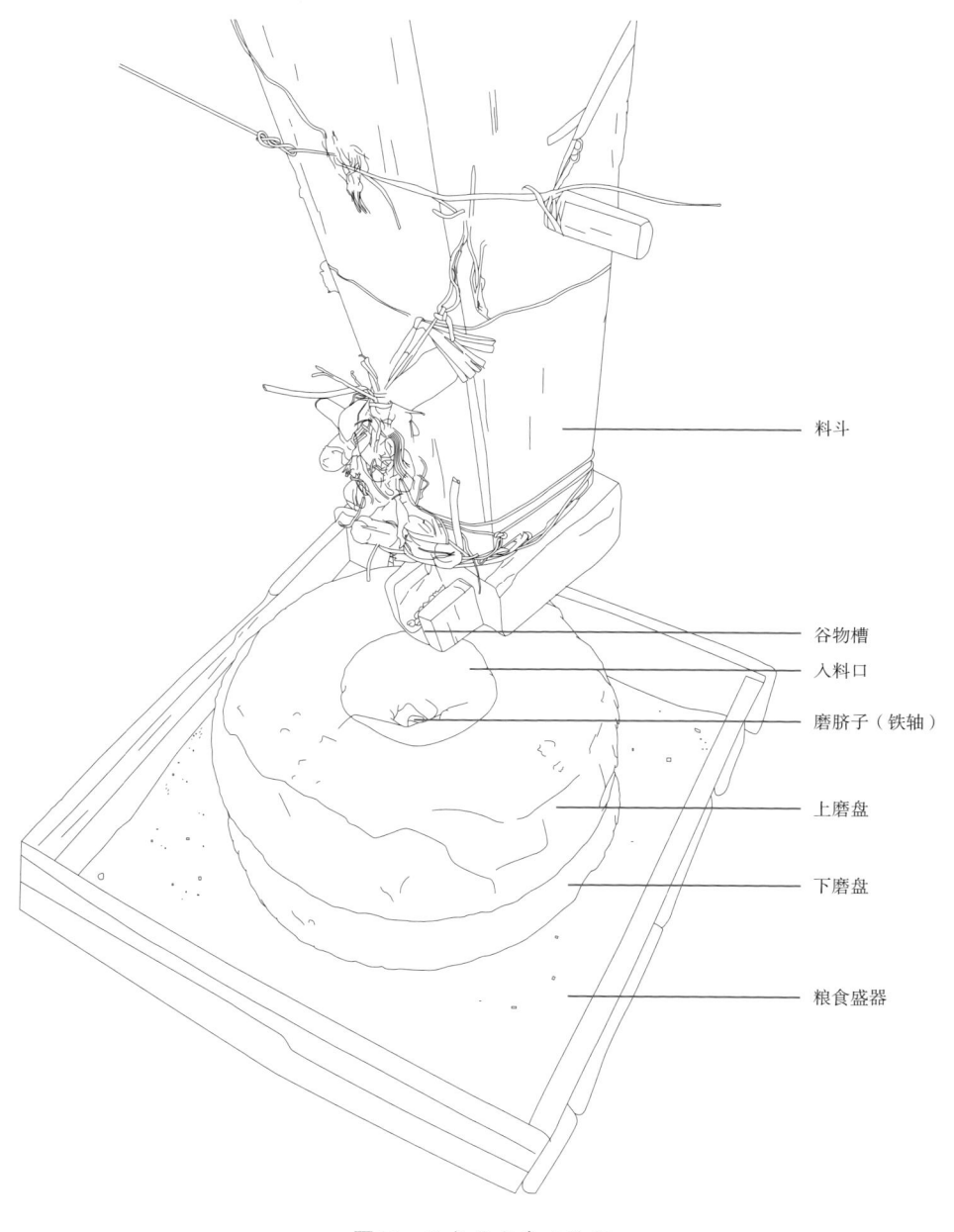

图二　独龙族水磨名称图

器具，独龙人经常用其来碾磨一些谷物，如玉米、豆类、小麦等并用其制成面粉、玉米粉。水磨坊是独龙人利用自然资源改善生活的重要设备之一。水磨是一种生产力，并不是每家每户都有能力建造水磨坊。独龙族运用水磨加工粮食，只要水流不止，不动手去关掉开关，就可以全天候工作，大大减轻了人力劳动。

独龙人经过民族间的学习与借鉴，加上经验的积累，使水磨的生产效率得到提高，通过杠杆原理完善了结构，它是独龙族从人力劳作向效能劳作进步的重要探索。

图片来源

图一、图六　樊进　摄影
图二至图五　张孙晨　制图

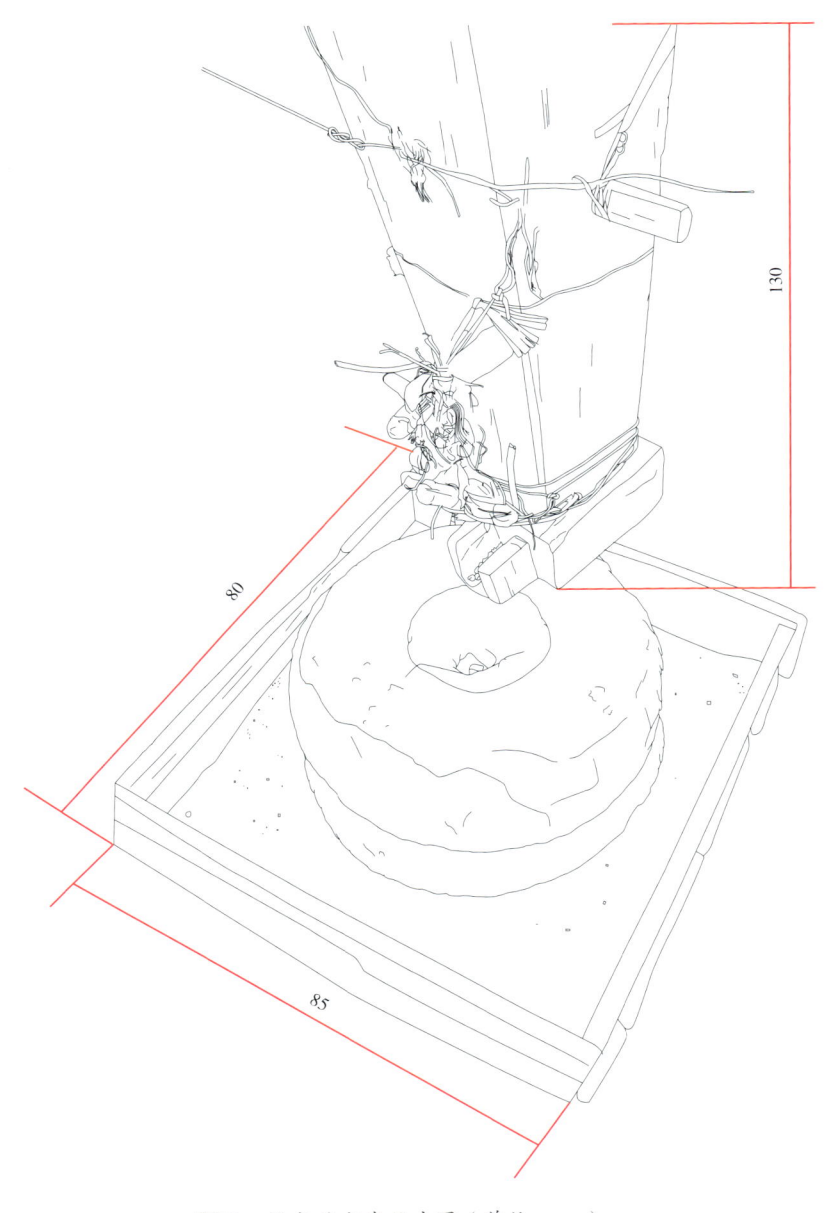

图三　独龙族水磨尺寸图（单位：cm）

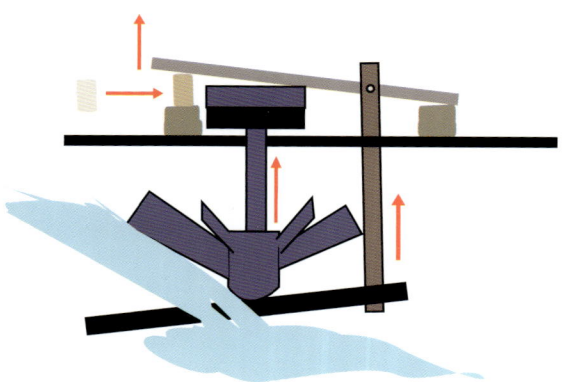 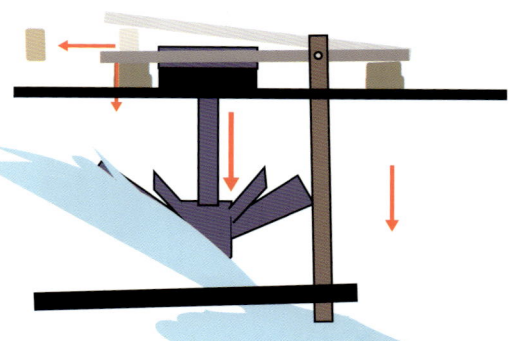

当抬起闸时，闸通过连接在水磨底部的卧式水轮，将水轮抬起，此时水流无法冲击到水轮，水磨将停止工作

当放下闸时，木杆下沉，水磨底部的卧式水轮下降，重新受到水流的冲击，水磨开始工作

图四 独龙族水磨开闸关闸示意图

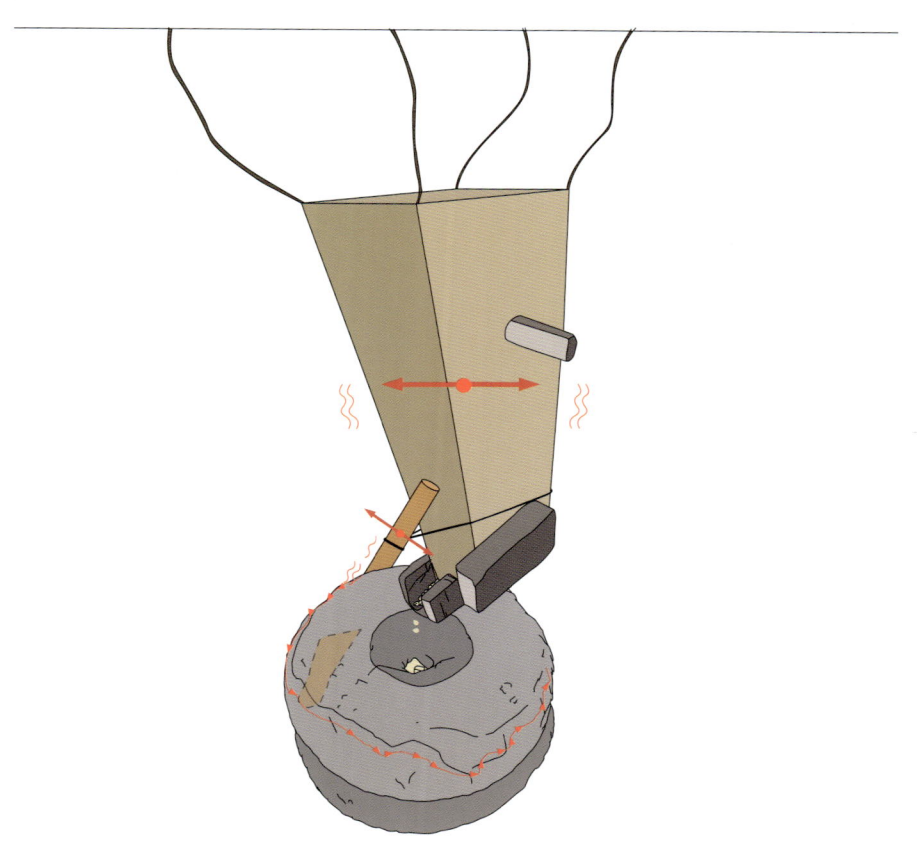

上磨盘表面凹凸不平，料斗上栓有一根短木棍，磨盘在转动时，木棍与上磨盘的边缘摩擦，料斗产生震动，这样料斗里面的谷物就会持续掉落至磨脐子里

图五 独龙族水磨谷物掉落示意图

图六 独龙族水磨坊

独龙族砍刀

图一　独龙族砍刀主图

独龙族是高山民族，在刀耕火种时代，砍刀是独龙族人生产生活最为重要的工具之一，独龙语称砍刀为"削姆"，也称"夏木""响木""下木"。

本案例选自云南省怒江傈僳族自治州贡山县独龙江乡迪政当村，该砍刀长约45厘米，其中刀柄部分约长15厘米，宽约5厘米，刀鞘长约35厘米。

独龙族砍刀分为两个部分：刀身和刀柄。刀身装在刀鞘内，刀柄卡在刀鞘外。独龙砍刀的刀身具有鲜明的特点，刀身较薄，刀面呈长梯形状，刀尖部分略宽，尾部稍窄，最后几乎完全收缩于刀柄内。刀背部分较为平直，呈倒三角形。即靠近刀柄的部位刀较厚，而越往刀尖方向越薄。独龙砍刀的重心在前，可增大劈砍力度，提高功效。独龙族砍刀的尺寸大小有别，大砍刀总长在67厘米左右，多作为武器，也对付猛兽；中号砍刀在50厘米左右，多用于砍山地、砍树剖板造屋等，应用最广。小型砍刀大多在20、30厘米，为儿童、妇女所用。

本案例独龙砍刀长度与50年代后男性所用砍刀长度一致，在45厘米左右，是砍柴制弓修房的利器。本案例刀柄呈扁圆形，两头略粗，中间稍细。刀柄的腰线向内弯曲。手握持在刀柄的中间部位，这样的设计增加了手前后方向的阻力，增强了握持感，砍刀不会轻易脱落。刀鞘为木制，侧面看呈"凹"字形，类似于将一个完整的刀鞘从上到下劈出一半，较有特色。刀鞘内部平直，放置刀身，两边微微向上突起，可防止刀身左右晃动。佩戴时，刀柄也正好可以卡在刀鞘顶端，阻止刀身向下滑落，刀鞘上绑有铁丝，也可以起到类似的用途。刀鞘入口处一侧开有倾斜倒角，方便手握持。从刀鞘制作的角度来说，半边刀鞘大大降低了刀鞘制作的复杂程度，减少了对于材料的需求量，减轻了整体重量。在独龙江下游的独龙砍刀常用竹编的筒状兜来承接。

独龙族砍刀的输入和应用，使独龙族可以获得更多的竹木资源，开垦更多耕地，在实践中，砍刀成为一种多功能工具，被誉为万能工具。砍刀的使用是独龙族进入铁器时代的重要标志，表明独龙族在生产及生活方式上都进入了一个崭新的发展时期。

图片来源
图一、图七　樊进　摄影
图二至图六　张孙晨　制图

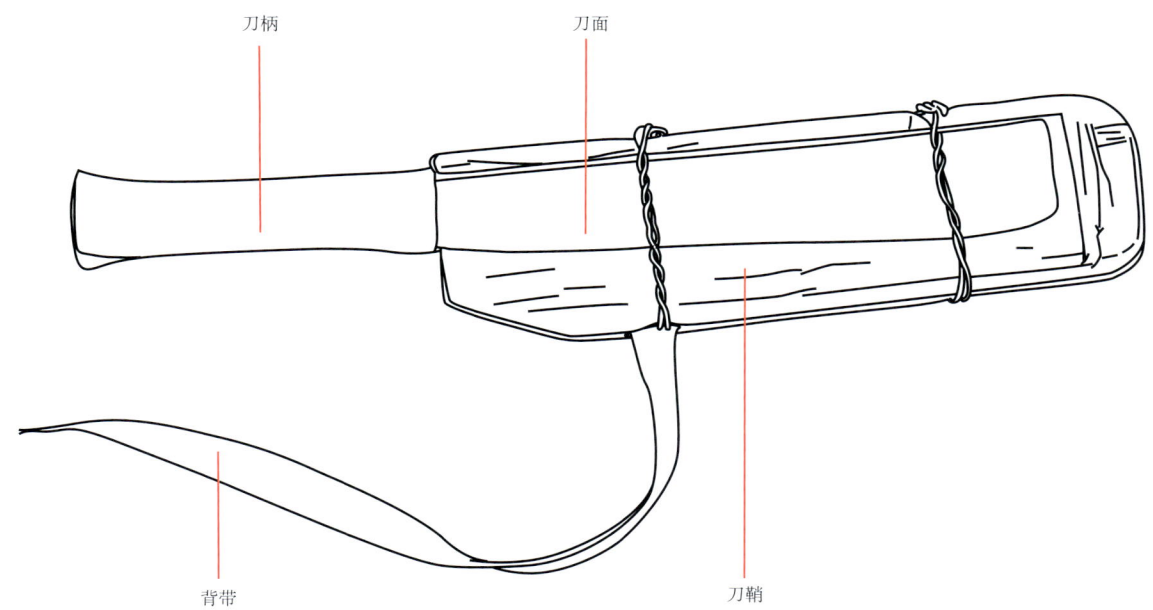

图二　独龙族砍刀名称图

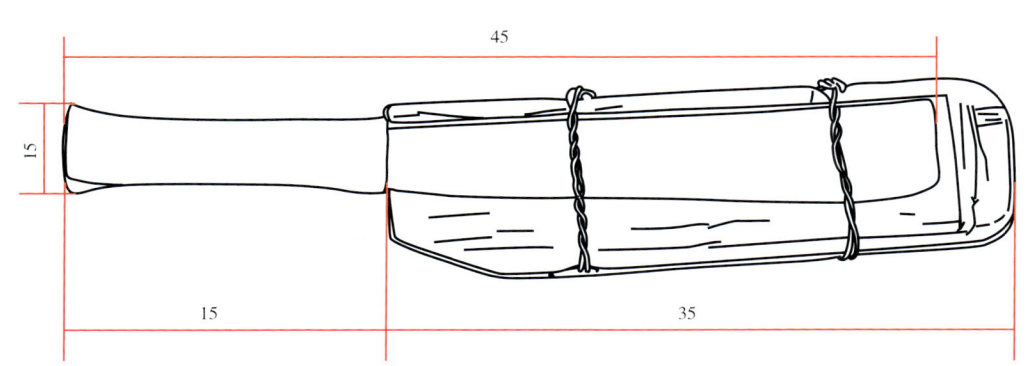

图三　独龙族砍刀尺寸图（单位：cm）

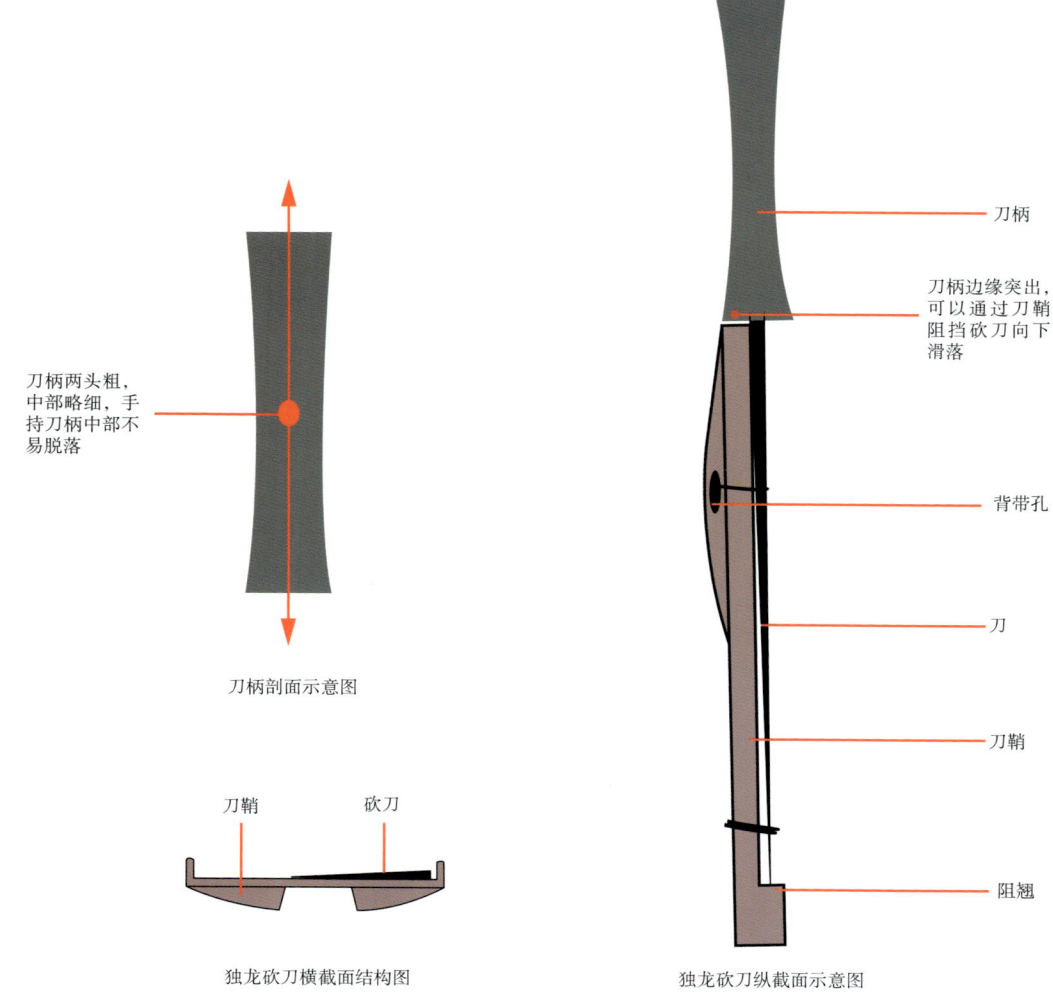

图四　独龙族砍刀结构示意图

砍木头

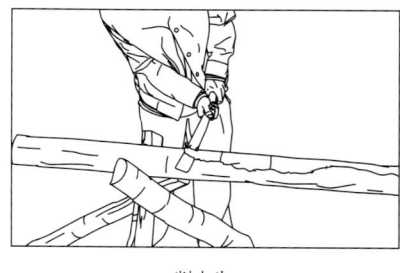
削竹箭　　　削木头

图五　独龙族砍刀操持示意图

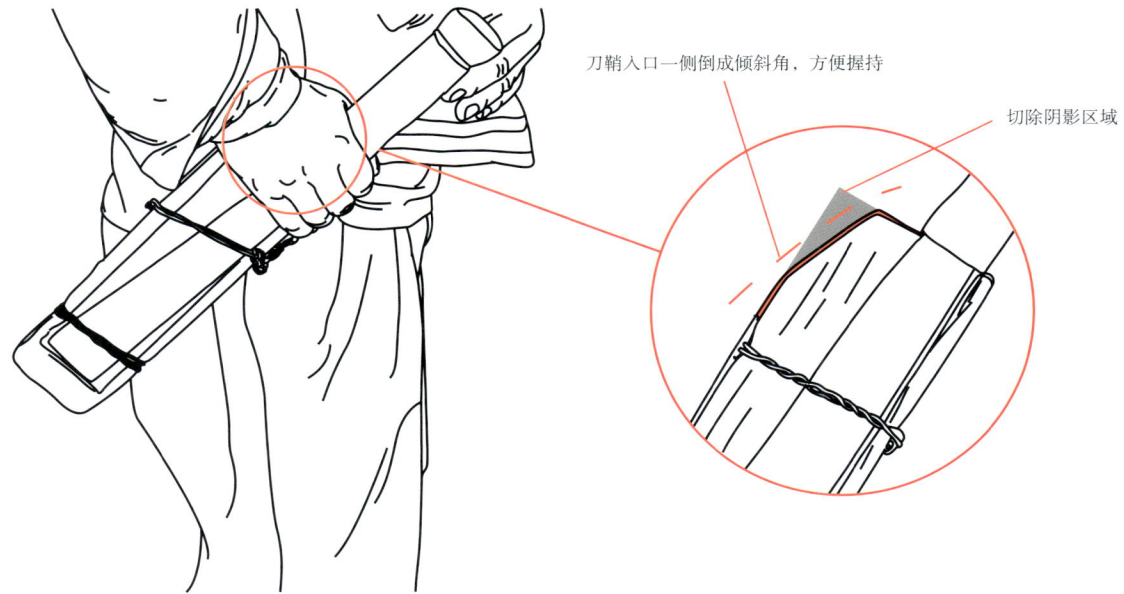

图六 独龙族砍刀佩带示意图

图七 独龙族钦郎当独龙刀

独龙族弓弩

图一 独龙族弓弩主图

旧时代独龙人以采集狩猎为主、农业生产为辅。弓弩因而成为独龙族传统的重要狩猎工具之一。

本案例独龙族弩弓选自云南省怒江傈僳族自治州贡山县独龙江乡迪政当村雄当小组。其弩臂长约85厘米，弓体长约65厘米。

独龙族弓弩由硬木制成，分弩体、弩臂、弓弦、扳机、箭等部分，其中弩体和弩臂均用上好的桑木制成。制作时，先将桑木表面打磨平整光滑，弩臂带有一定的弧度，横插于弩体前部，其两端均有弓弦卡槽。弓弦使用毛绒，制作时需搓捻严密、均匀，弓弦两端分别系于弩臂左右两端的卡槽之中。弓体上开有一较浅的长条形箭槽，箭支可放置其中，这样在准备射击时箭就能被很好地固定在弓体上。射击时，需将弓弦张开一定角度，并将其卡进扳机槽。该弓弩扳机设计得十分巧妙，弓臂内部（扳机槽下方）开有一个小型梯形空间，一根细小木制圆轴横向贯穿于梯形空间内部，扳机就安装在这圆轴上，扣动扳机时，扳机会围绕圆轴转动一定角度，此时扳机上端一角就会向上将扳机槽中的弓弦向外顶出（图四），弓弦的弹力使得箭支迅速向前方射出。独龙人使用的弓箭是竹制的，在猎取大型动物时使用毒箭。铁传入独龙族后，独龙人开始使用铁质箭头，这样就提升了弓弩的威力与狩猎的效率。

弓弩狩猎具有射程远、机动性强、效率高、隐蔽性强等优点，曾经为独龙人的狩猎生活提供了重要的食物、皮毛等来源。

图片来源

图一、图八、图十　樊进　摄影

图二至图七　张孙晨　制图

图九　杨发顺，罗金合.历史的印痕·最后的文面人[M].北京：中国旅游出版社，2006：43.

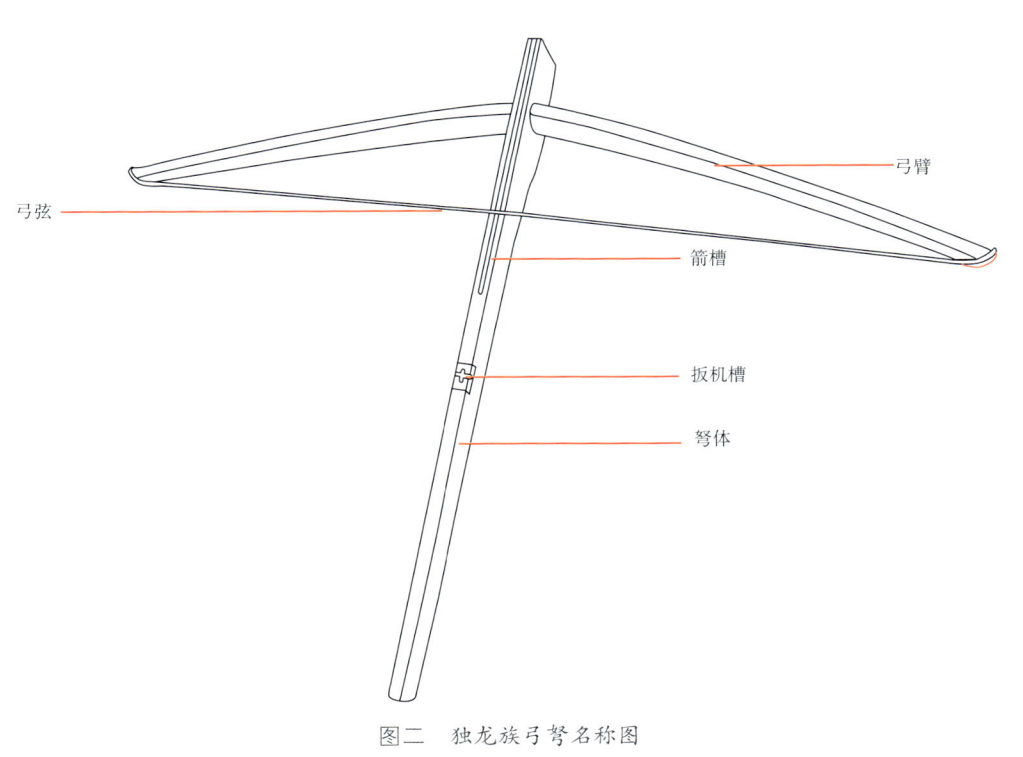

图二　独龙族弓弩名称图

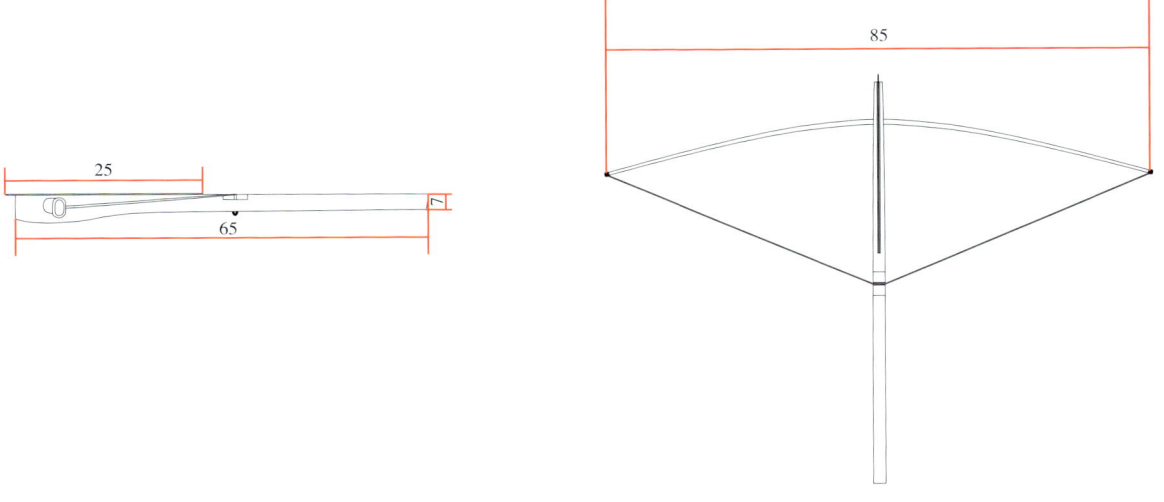

图三　独龙族弓弩尺寸图（单位：cm）

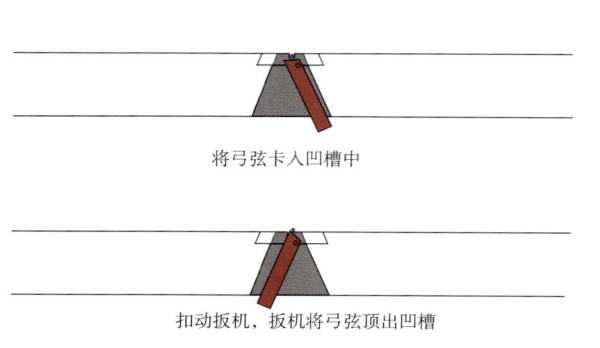

图四　独龙族弓弩扳机原理图

将弓弦卡入凹槽中

扣动扳机，扳机将弓弦顶出凹槽

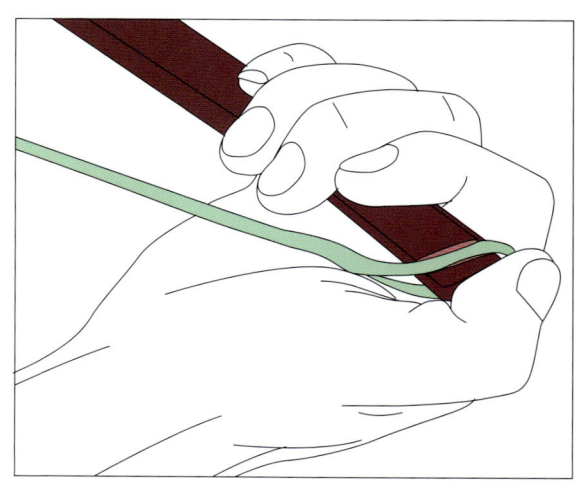

弓的顶端有凹槽可以快速地将弓弦卡进，同时也能方便更换弓弦

图五　独龙族弓弩上弦示意图

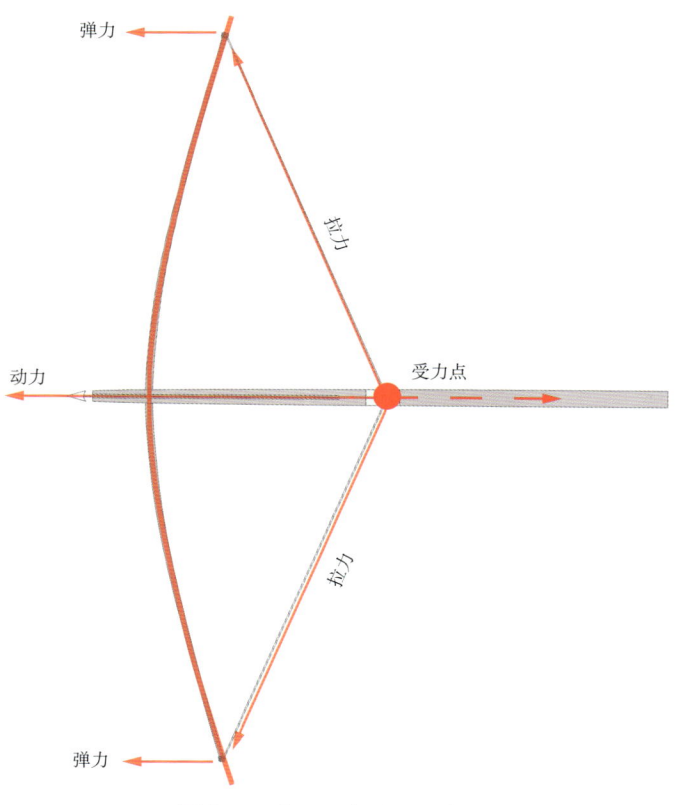

图六　独龙族弓弩受力分析图

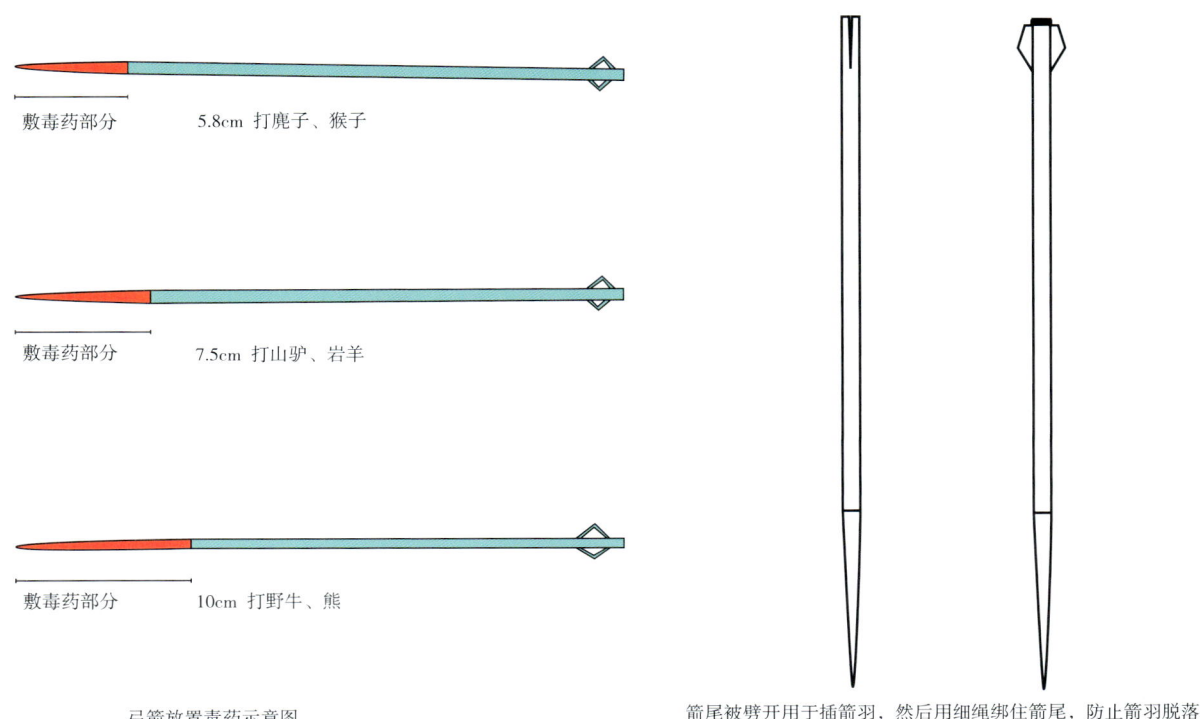

图七　独龙族弓箭涂毒及弓箭结构图

图八　准备打猎的独龙男子

第五章　独龙族传统生产工具

图九　独龙族祭猎神活动

图十　独龙族狩猎用的毒药

独龙族捕鸟弓

图一 独龙族捕鸟弓主图

独龙族身处高山密林,种类丰富数量庞大的鸟类是最常见的狩猎目标,然而鸟类具备极高的警觉性与飞行能力,栖息在远离地面的树木顶端。捕捉鸟类是独龙人精湛捕猎技能的最佳体现。工欲善其事必先利其器,独龙人设计制作了利器——捕鸟弓。

本案例捕鸟弓,采集自云南省怒江傈僳族自治州贡山县独龙江乡龙元村龙中小组。

本案例的捕鸟弓一改传统狩猎工具的攻击性特征,改为诱饵诱捕,突出机关的巧妙与隐蔽性,这是常规捕猎工具无法完成的任务。捕鸟弓整体就地取材,以弹性张力极强的竹木材料制成,将各结构部件以藤条捆绑,各部件联系紧而不僵,富有韧性,再经过巧妙的伪装固定在捕猎区域地面上,配合让鸟类难以抗拒的诱饵,充分运用弓体的强大弹性,轻微的动作都可以触发机关,捕获猎物。

捕鸟弓捕鸟主要步骤如下(见图三):1.捕鸟弓安置好触发机关、布置诱饵、伪装自然环境、等待狩猎;2.鸟发现诱饵,向下啄食;3.机关触发,联动弹性装置接连启动;4.鸟脖颈被弓弦快速锁住,捕获小鸟。本案例的造型具有较强的形式美感,弓本身的张弛力感、疏密布局的自然感、曲直的对比等都有着一定的欣赏价值,是一种简洁与力相结合的柔和美感。

第五章 独龙族传统生产工具

本案例捕鸟弓是设计高妙的出色捕鸟器具，向我们展现了一个有勇有谋的独龙族狩猎形象。在食物引诱、自然伪装、不自觉触发机关巧设等背后，可见独龙族人对鸟类生活习惯的谙熟。捕鸟弓机关设计之精巧，是世代狩猎为生独龙人经验与智慧的显现。

图片来源
图一、图五、图六　樊进　摄影
图二至图四　卢慧敏　制图

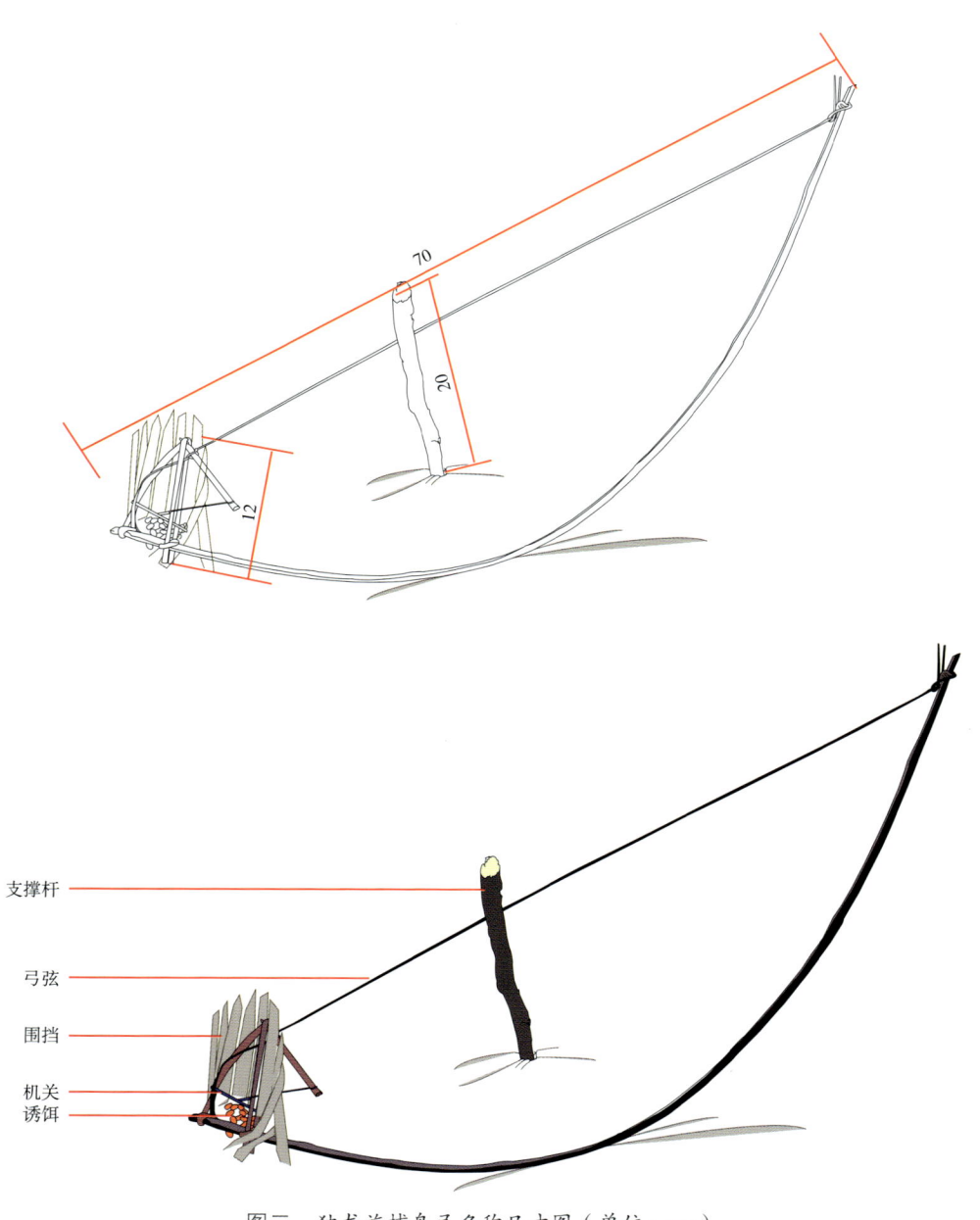

图二　独龙族捕鸟弓名称尺寸图（单位：cm）

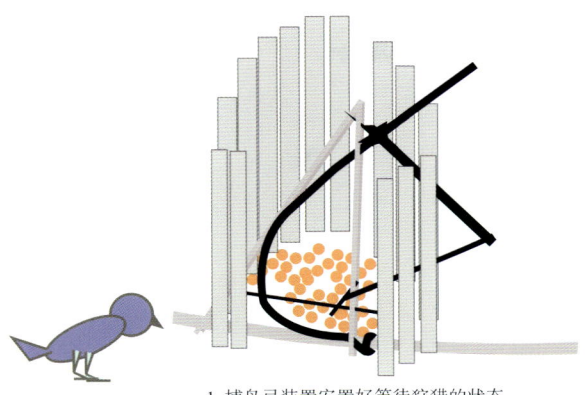

1. 捕鸟弓装置安置好等待狩猎的状态

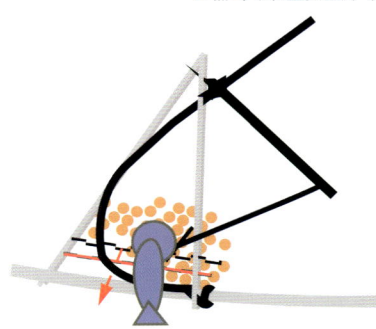 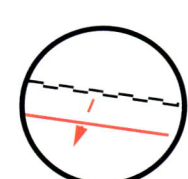

小鸟向下啄食，鸟头触碰到虚线部分（机关），虚线往下移动到红色线的位置

2. 小鸟向下啄食，触发机关

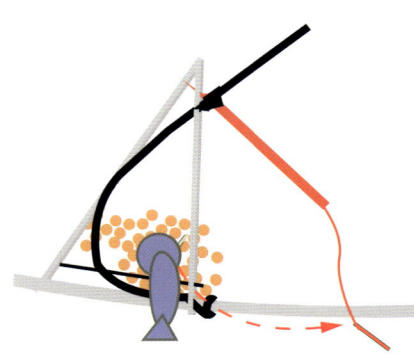 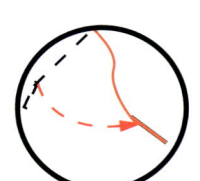

小鸟触发机关后，机关往下移动，虚色的小木棍就没有了受制力保持在原来的位置，虚色的小木棍连带着虚线长木棍顺着红色箭头的方向往红色小木棍和红色长木棍的位置牵引

3. 机关触发后，联动装置接连启动

 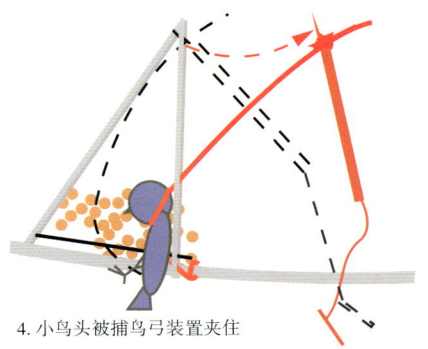

上一步步骤完成后，此时，虚线的弓弦和虚线绳子同样没有了支撑力让它们保持在原来的位置，它们顺着红色箭头的方向移到了红色弓弦和红色绳子的位置，此时，鸟头就被红色弓弦夹住了

4. 小鸟头被捕鸟弓装置夹住

图三　独龙族捕鸟弓原理分析图

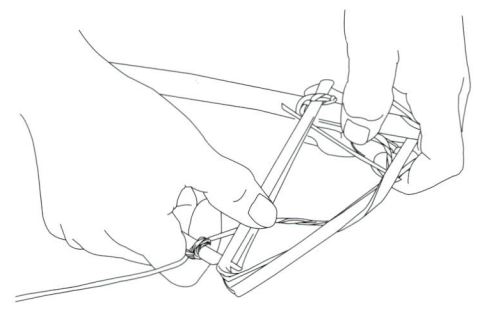 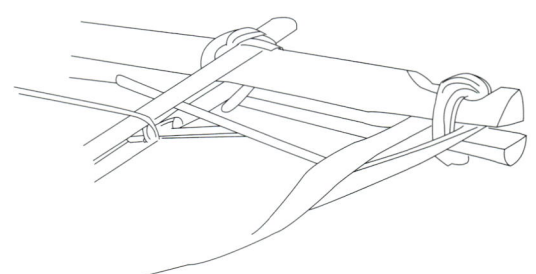

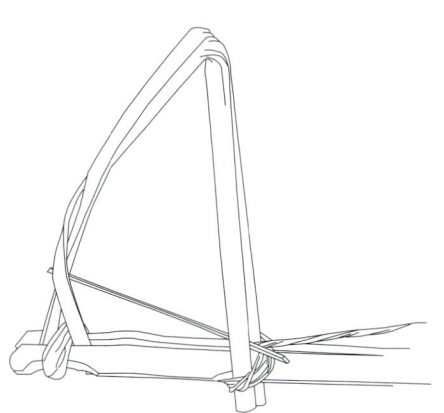 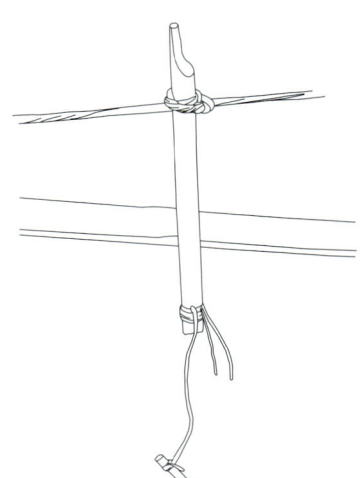

图四　独龙族捕鸟弓细节图

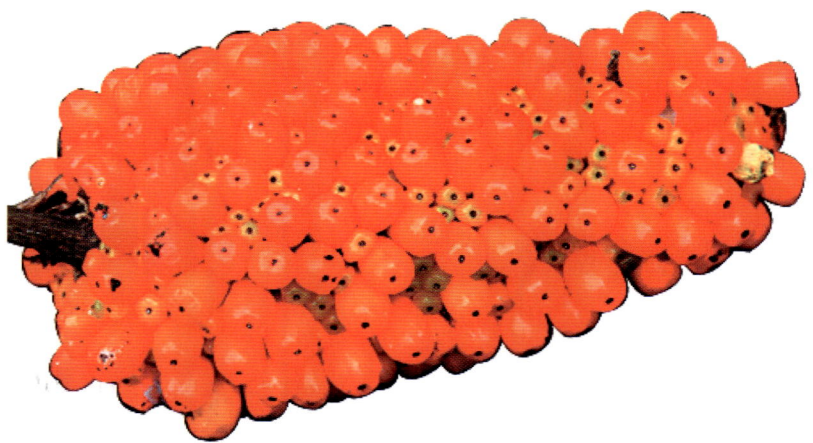

图五　独龙族捕鸟弓诱饵

图六 独龙族捕鸟弓夹使用情境图

独龙族捕鼠石器

图一　独龙族捕鼠石器主图

以狩猎采集为主要生存手段的独龙族，在高山密林中发现了众多动物，大型的有野牛、野猪、岩羊、鹿、獐、麂子、虎、豹、熊、大灵猫，小型的有穿山甲、刺猬、竹鼠等。其中，竹鼠是一种以竹子、植物茎秆、野果等为食物的脊椎动物，又称竹狸。竹林深山的竹鼠很干净，味道鲜美。其身长可达30—40厘米，重可达1.5—4千克，形大若兔，肌肉发达，骨骼健壮。深谙狩猎之道的独龙族人同样发明了一种简单但实用的狩猎方式——捕鼠石器。

本案例选自云南省怒江傈僳族自治州贡山县独龙江乡龙元村龙中小组。

捕捉竹鼠需要足够的重力在瞬间发力才能成功。捕鼠石器的重要力量源泉是沉重的石块，能够轻松压住老鼠。另外捕鼠石器的平衡杆、触发机关、竹篾弦、支撑棒都是用随手可得的竹子制成，再加上诱饵就完成全部材料的准备。富有经验的独龙人能够快速识别出鼠类经常通行的路线并现场布置陷阱。

首先将竹篾弦的一端卡进支撑棒里，并埋入泥土中，然后将厚重的石块的一头抬起，用支撑棒和平衡杆顶住石块，接着把竹篾弦的另一端绕上平衡杆，并把触发机关的一头别在竹篾弦上。触发机关的另外一头会摆放诱饵，并伸入石块下方。整个机关呈倒三角形。当猎物进入石块下方吃食时，便会触动机关,竹篾弦向上弹起,并打破石头的重力平衡,石块瞬间落下,将猎物压在石块下。在此陷阱中,支撑棒与平衡杆形成一个简单的杠杆,在机关未触发时,石块的压力以及竹篾弦向下的压的力量使杠杆两边形成力量的平衡。当有猎物吃诱饵时,触发机关的另一端便会向下掉落,而竹篾弦由于无法别住触发机关会向上弹起,竹篾弦这端的杠杆力量消失,杠杆另一端的石块就会落下,达成设计目的。当然这种捕猎方式还要考虑到捕鼠石器的放置环境以及放置时间等具体客观因素。

独龙人洞察竹鼠的习性,借用石头的重量,利用简单的杠杆原理制作了这个简单又实用的捕鼠器,体现了独龙人在长期的高山生活中总结出来的经验与智慧。

图片来源
图一　樊进　摄影
图二至图六　张孙晨　制图

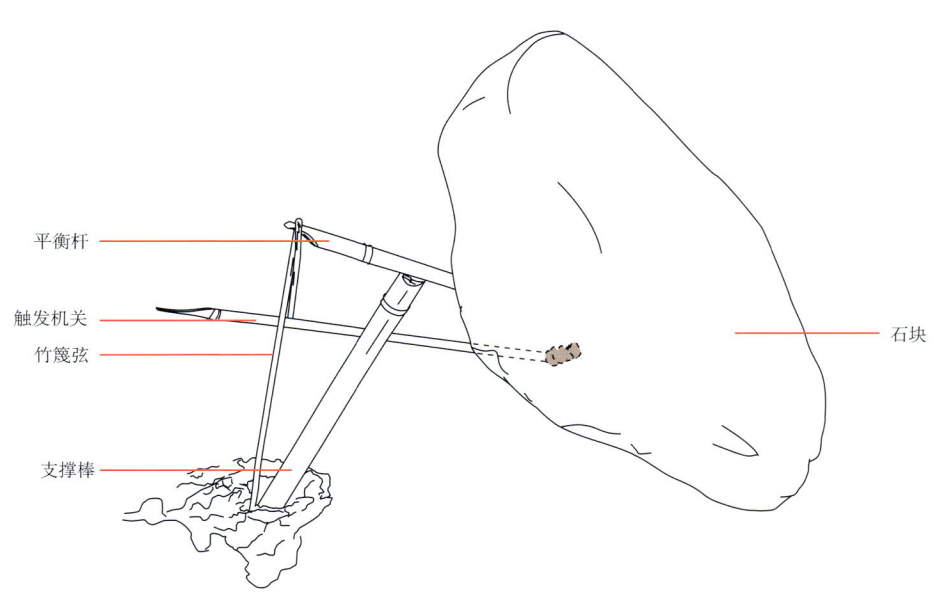

图二　独龙族捕鼠石器名称图

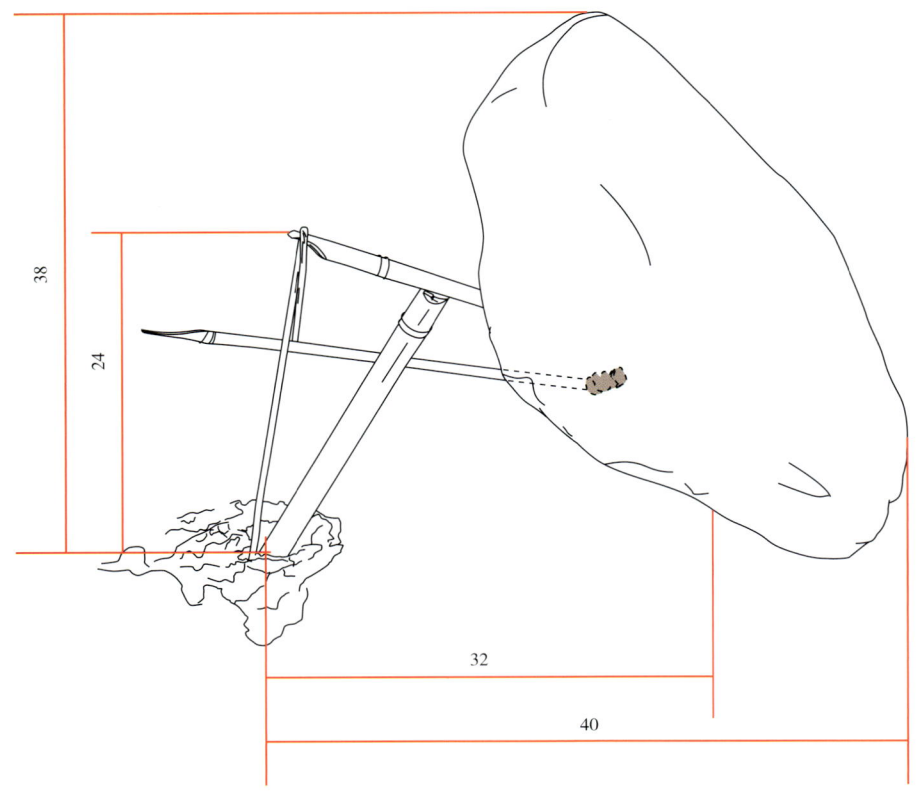

诱饵在石头的背面看不到，故用虚线表示

图三　独龙族捕鼠石器尺寸图（单位：cm）

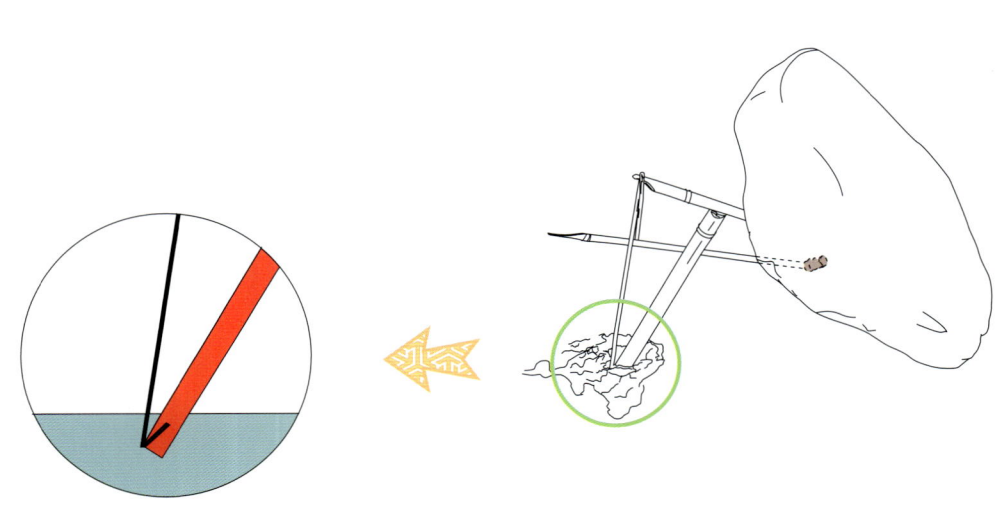

竹篾弦伸进支撑棒中，并被紧紧压在支撑棒下，埋进土里　　　　诱饵在石头的背面看不到，故用虚线表示

图四　独龙族捕鼠石器埋地局部示意图

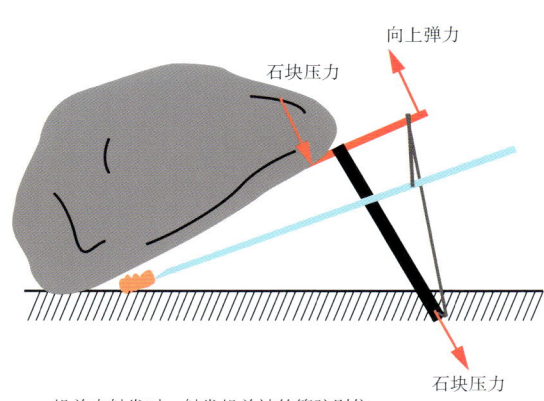
机关未触发时，触发机关被竹篾弦别住，支撑棒与平衡杆形成费力杠杆，石块的压力与小支撑棒（阻力臂）形成力的平衡

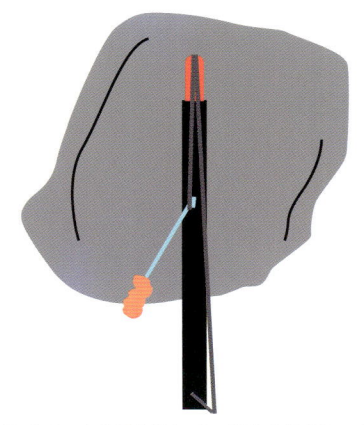
食物被触碰时，力的平衡被打破，竹篾弦被弹起，大石块落地

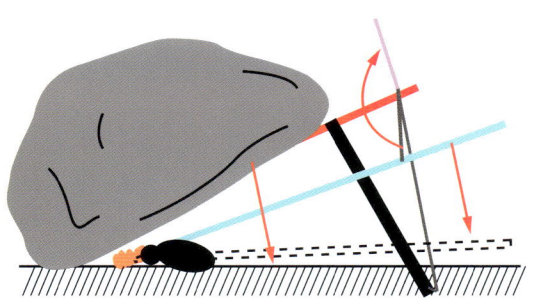
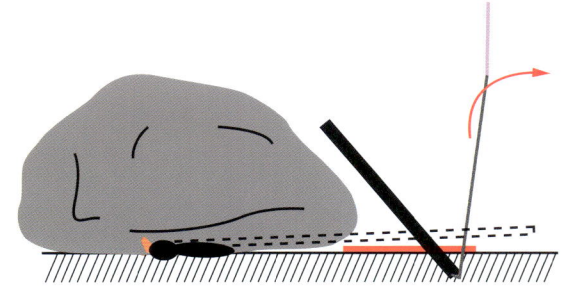
有猎物吃食时，触发机关掉落，竹篾弦向上弹起，力的平衡被打破，石块落地

图五　独龙族捕鼠石器捕鼠过程及原理图

1. 先制作支撑棒和平衡杆

2. 抬起石块，用支撑杆顶住

3. 将竹篾弦缠上平衡杆

4. 将插有诱饵的触发机关别在竹篾弦上，机关就算完成了

图六　独龙族捕鼠石器制作过程

独龙族抛网

图一　独龙族抛网主图

靠山吃山、靠水吃水的独龙族人在渔猎生产中创造了多款出色的设计案例。独龙江中国境内南北落差大，水流湍急，江水中有大量的冷水鱼，其中扁头鱼和白条鱼最多。这些鱼类每年在桃花盛开时节和吃青玉米时洄游，恰是捕鱼的好季节，一天当中，不同时辰捕鱼也有讲究。据统计，20世纪初，独龙人按此规律每年每户最大捕鱼量在200千克，一般家庭也不会少于50千克。可见渔猎为独龙人提供了重要的肉类蛋白资源。在水流湍急的江水或高山急流捕鱼绝对是一门学问，独龙人对此有丰富的经验和适用的工具。

本案例的抛网捕鱼采集自云南省怒江傈僳族自治州贡山县独龙江乡迪政当村。

挂网捕鱼的基本原理是在水中张开鱼类不易识别的网眼，独龙族选用的抛网本质上就是挂网的加重版本。挂网本身有浮子有网坠，在水流平缓的水域使用效果好，在激流中很容易被水冲走，即使固定网纲，由于网坠较轻，挂网整体也会漂浮起来，不能形成有效的网眼锁定角度。本案例通过加重网坠的重量来使挂网底端始终沉在水底，浮子即使在水下也会始终上漂，这样挂网便会在水中形成一道有效的捕鱼网。其做法大致如下：1.根据所选水域的大小选取挂网的型号，截取一段长数米的网；2.找几块较重的小硬石头系在网坠下方，隔一段系一个，确保一定的重量使网下坠；3.找一根长竹竿，将网的一端挂在竿头；4.找鱼会聚集的水域；5.用竹竿将网抛向对岸方向，再将网绳系在岸边即可。在汛期，十几分钟就可以收网；非汛期，可以隔夜收网。

本案例的抛网捕鱼，其优势在于最大限度满足了复杂水文条件下的捕猎需求，山区峡谷水域地形复杂，无论是临水岸边的岩石林立还是河床底部的漩涡暗流，变化随时可发生。为应对复杂的环境是独龙人采用适应性强的抛网，抛网捕鱼可单人操作，其重量轻，机动性强，捕猎技巧易学，适合多人多点多频次同时捕猎。抛网用料简单，制作简易，充分提高了复杂水文、地理条件下的工作效率。独龙族抛网捕鱼是独龙族地区有特色的捕鱼工具应用案例，反映了独龙人的因地制宜的设计思想。

图片来源
图一　樊进　摄影
图二至图六　卢慧敏　制图
参考文献
高志英.独龙族社会文化与观念嬗变研究[M].昆明：云南人民出版社，2009：395.

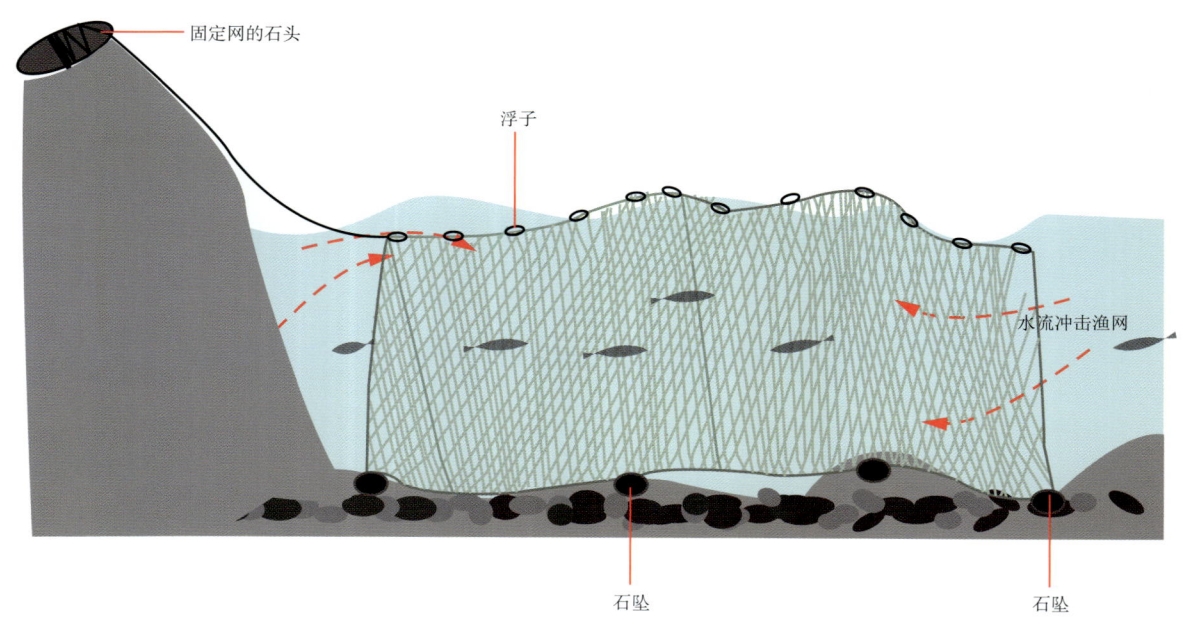

图二　独龙族抛网原理分析图

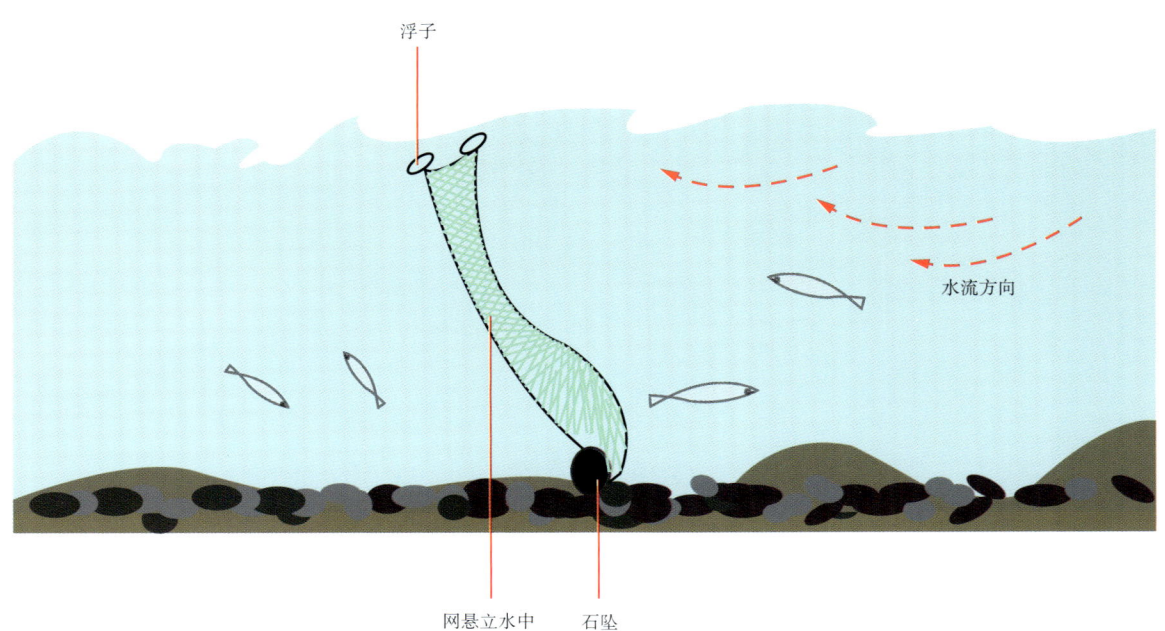

图三　独龙族抛网在水里状态示意图

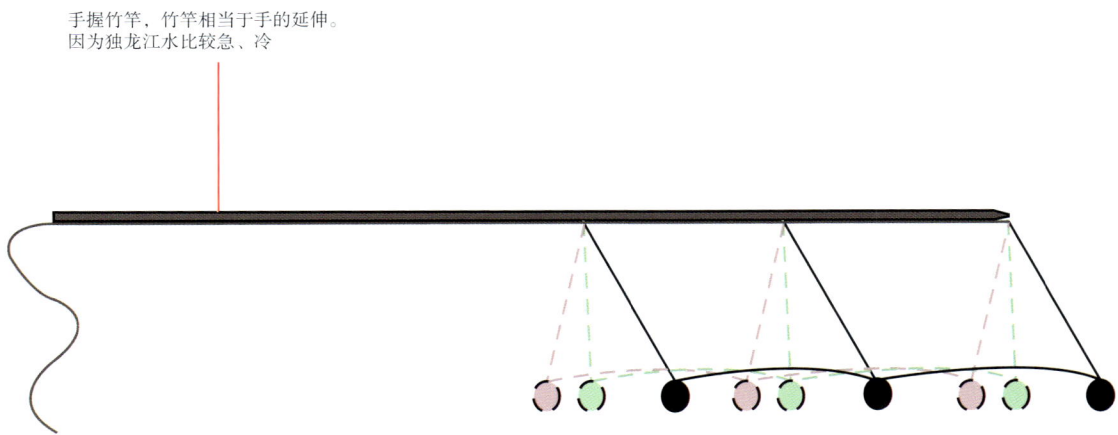

图四　独龙族抛网示意图

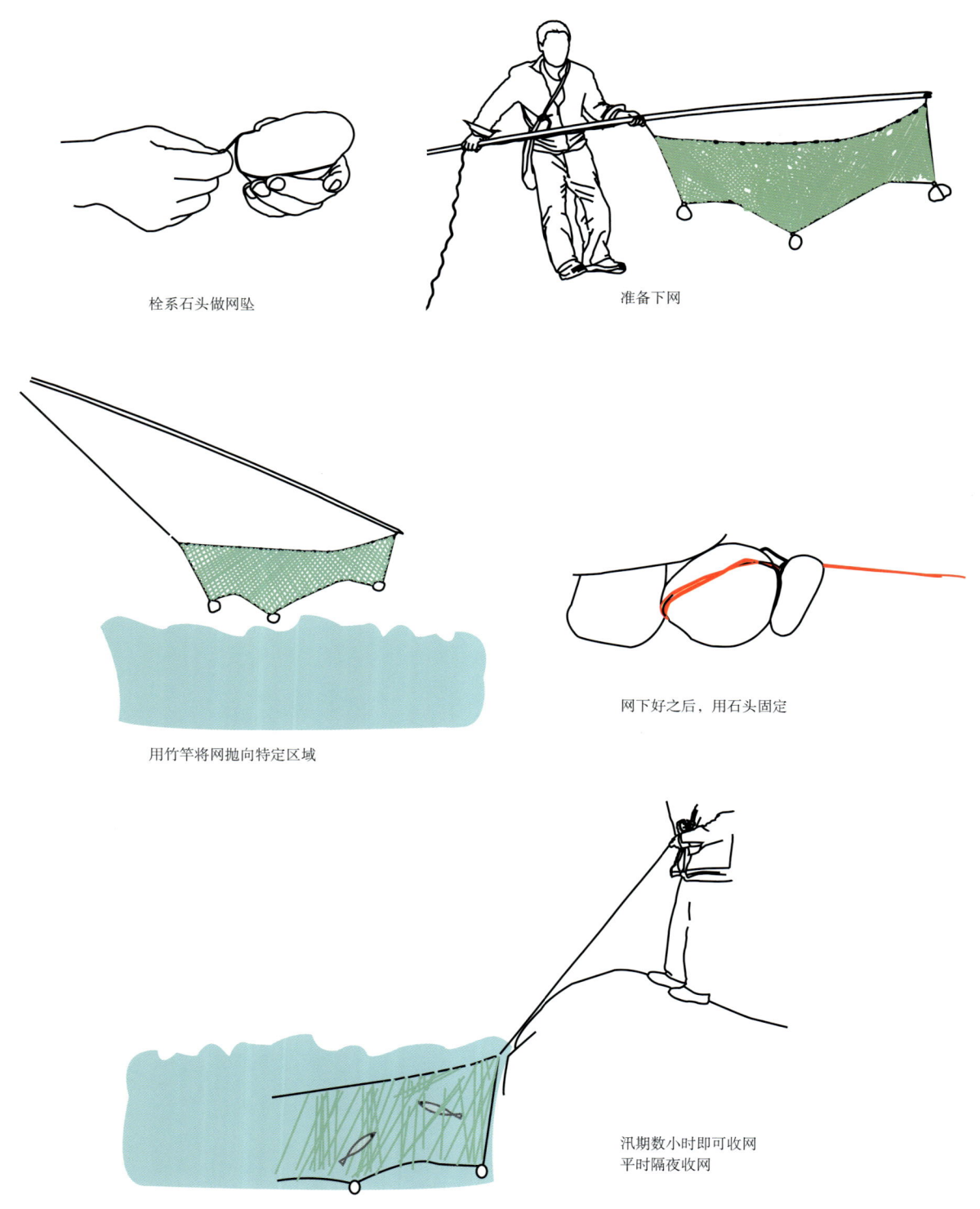

图五　独龙族抛网动作分解示意图

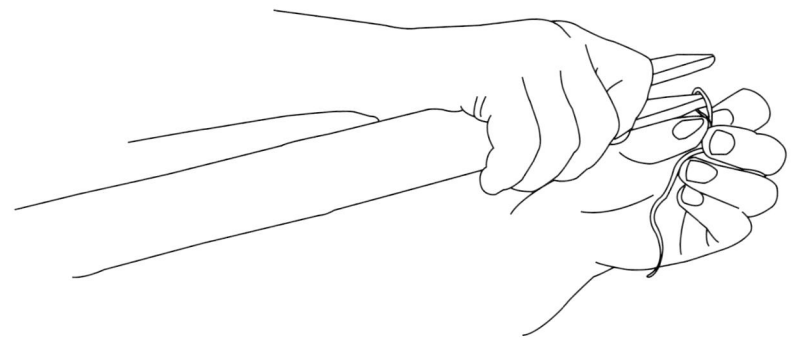

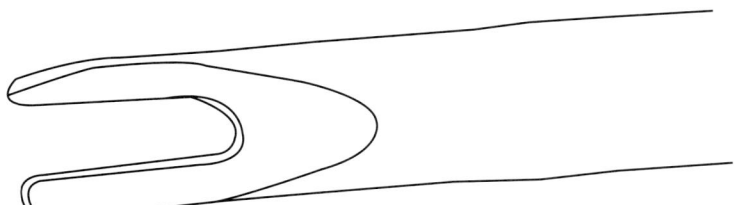

图六　独龙族抛网竹竿头细节图

独龙族夹网

图一　独龙族夹网主图

独龙族夹网是较大型的手持捕鱼工具，适用于相对开阔水域。独龙语名"秋"。夏末、初秋时节，鱼群溯水而上，在浅水区乱石中排卵，正是独龙人夹鱼的时机。

本案例采集自云南省怒江傈僳族自治州贡山县独龙江乡孔当村的普卡旺小组，制作于现代。夹网竹竿长约400厘米，网全部展开宽约90厘米。

本案例夹网由三个主要部件组成，即用作把手的竹竿、渔网和牵绳。夹网把手选用的竹竿要刚柔并济：竹梢要坚韧且细而长，它们是夹网张开与收紧的关键；夹网把手稍粗，便于手握并具刚性。两竹竿末端用较粗的尼龙绳连接起来，长30厘米左右。夹网的渔网是尼龙材料制成，耐磨性强。渔网由两块形似三角形的尼龙网拼合而成，其拼合处使用尼龙线缝合，大致形成一个四边形。其中一角捆扎在两竹梢交错处，一角靠近人方向，系长绳于一根竹竿末端用以手动控制渔网的状态。渔网另外两角和边用尼龙绳捆扎在两根竹竿上，不留缝隙。捆系好的渔网呈自然的兜形，兜形的幅度与夹网开合的幅度大小相符。在使用时，将夹网末端的尼龙绳抵在脖颈处，用下颌骨压住，双手上扬尽力往两侧撑开，锁定鱼群区域，慢慢下移，及至江面尽快下压触底，利用竹梢的柔韧性，快速封闭网张开的区域，之后两竹竿开始交叉并拢，再向上旋转180度，同时牵拉网角绳，慢慢从水中将夹网拖出。操持夹网时人可以站在岸边浅水中或石头上，两根竹竿之间形成的夹角区就是夹网捕鱼时的功效区域。独龙人夹网捕鱼通常在黎明、中午、日落、傍晚、午夜时，这时的鱼正是觅食充足后休息的时刻，鱼触网通常会向上跃起，故夹网自上而下的抄底包围使其增效不少。

独龙族捕鱼夹网充分利用竹竿刚柔并济的特性和网兜裹鱼的便捷性，使用起来高效、安全，是独龙族较有特色的捕鱼工具，从中可以看出独龙人对江鱼习性的准确把握和有效应对捕鱼的生活经验。

图片来源
图一、图五　樊进　摄影
图二至图四　卢慧敏　制图

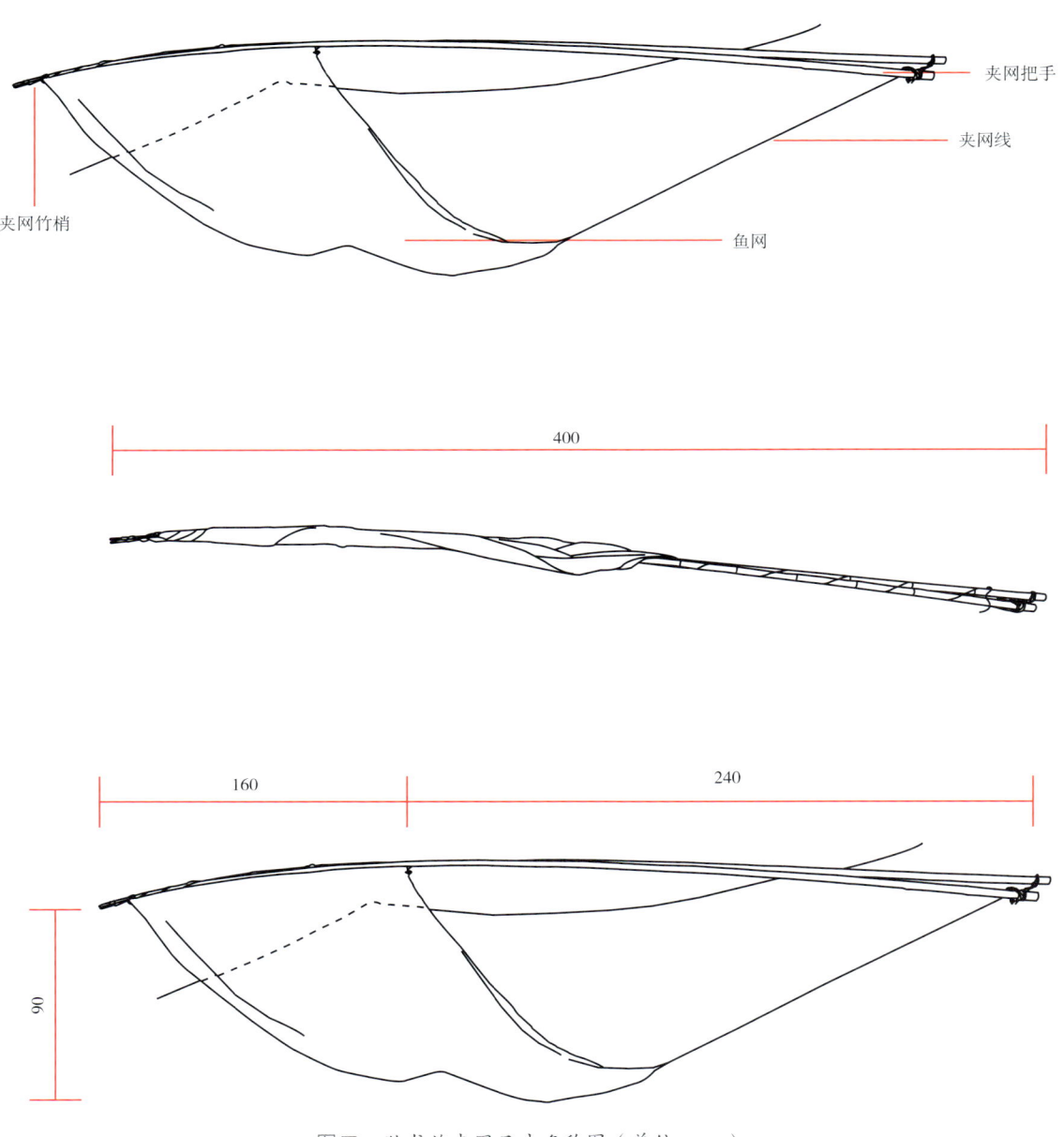

图二　独龙族夹网尺寸名称图（单位：cm）

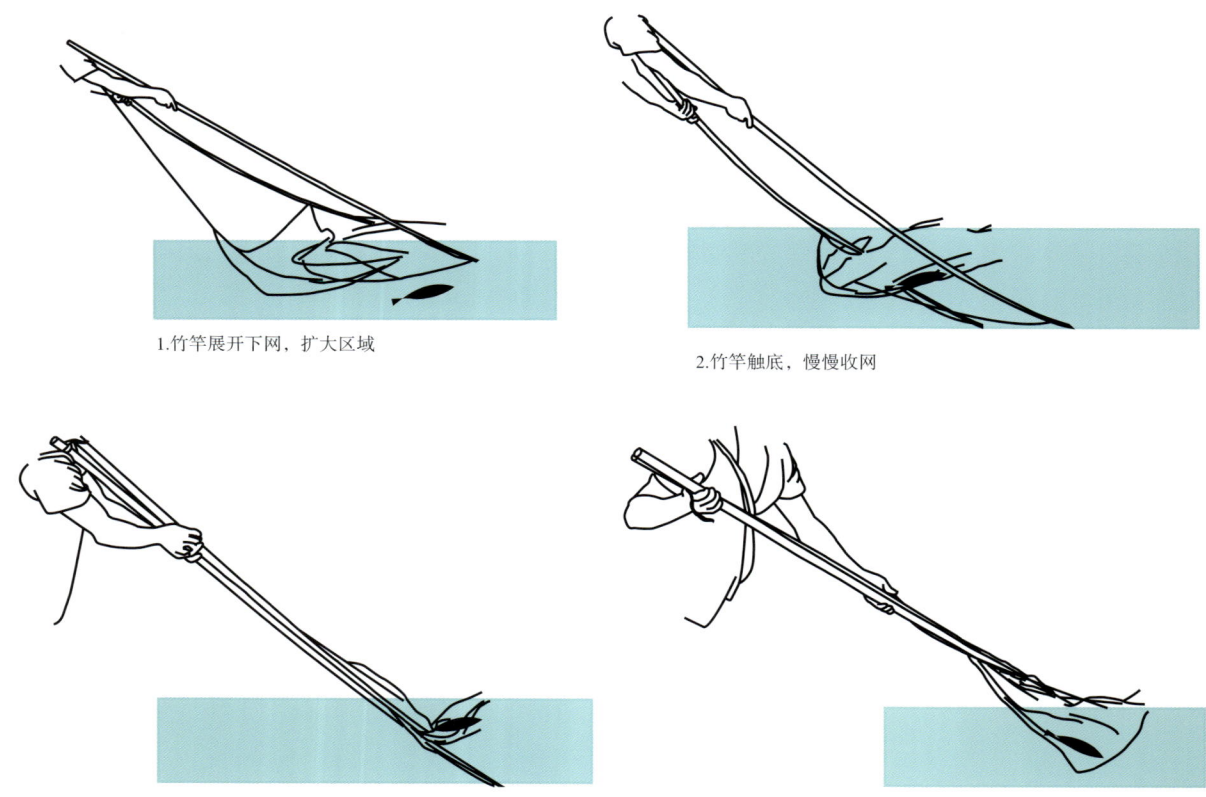

图三　独龙族夹网动作分解示意图

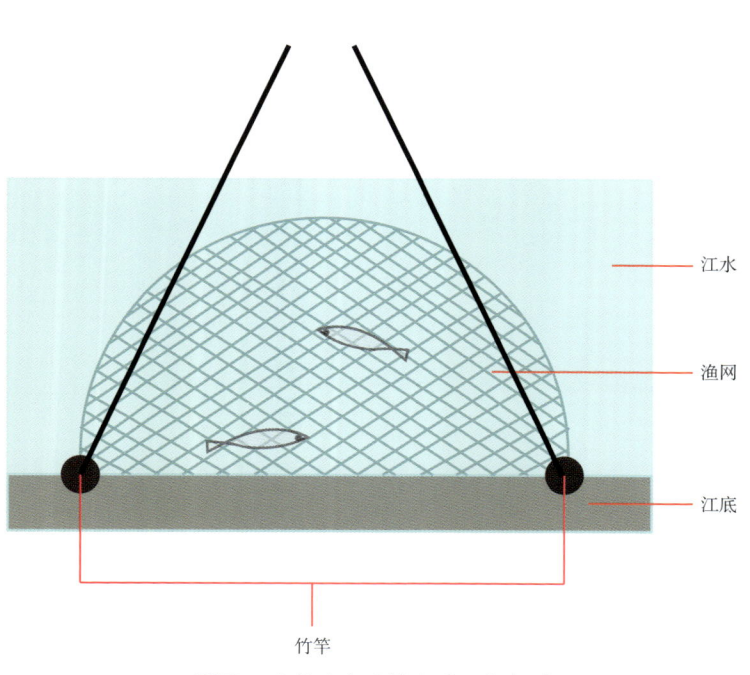

图四　独龙族夹网捕鱼原理分析图

图五　独龙族夹网使用情境图

独龙族投鱼叉

图一　独龙族投鱼叉主图

独龙族的捕鱼方式多样，夹网捕鱼是近距离围捕手段，投鱼叉是远距离猎鱼的工具。9月的独龙江水碧绿舒缓，清澈见底，浅水区鱼群清晰可见，是捕获较大鱼类的最佳时节，此时的独龙人常会用鱼叉捕鱼。

本案例采集自云南省怒江傈僳族自治州贡山县独龙江乡迪政当村，投鱼叉长6厘米、宽4厘米，是当地独龙人自制的渔具。

投鱼叉用普通铁钉敲制而成。选材便捷，制作简易：将直径0.2—0.3厘米的铁钉去除钉帽，用铁锤将铁钉两头敲扁，再剪或磨成三角棱尖，然后将其折弯成U形。再将两个U形并列成近似M形，中间相邻的部分用绳索捆绑在一起，鱼叉便制作完成。这样的鱼叉安装在竹竿尖端，形若标枪，鱼叉柄上穿孔，系20～30米的绳索套在手腕上，可从远处将其投掷到鱼群中。投鱼叉以体型较大鱼类为捕猎目标，力求一击告获。由于光的折射，猎鱼之时，有着多年丰富捕鱼经验的独龙人懂得鱼叉要向肉眼所见目标位置下方约10厘米左右投掷，除此之外，还要根据水流变化情况、鱼群游动方向调整投射角度。

投鱼叉是独龙人渔猎生活的代表性案例之一。本案例投鱼叉结构简洁、材料简便易取，制作方法简单明了，可随身携带，为捕猎提供了极大的方便。

图片来源
图一　樊进　摄影
图二至图五　卢慧敏　制图

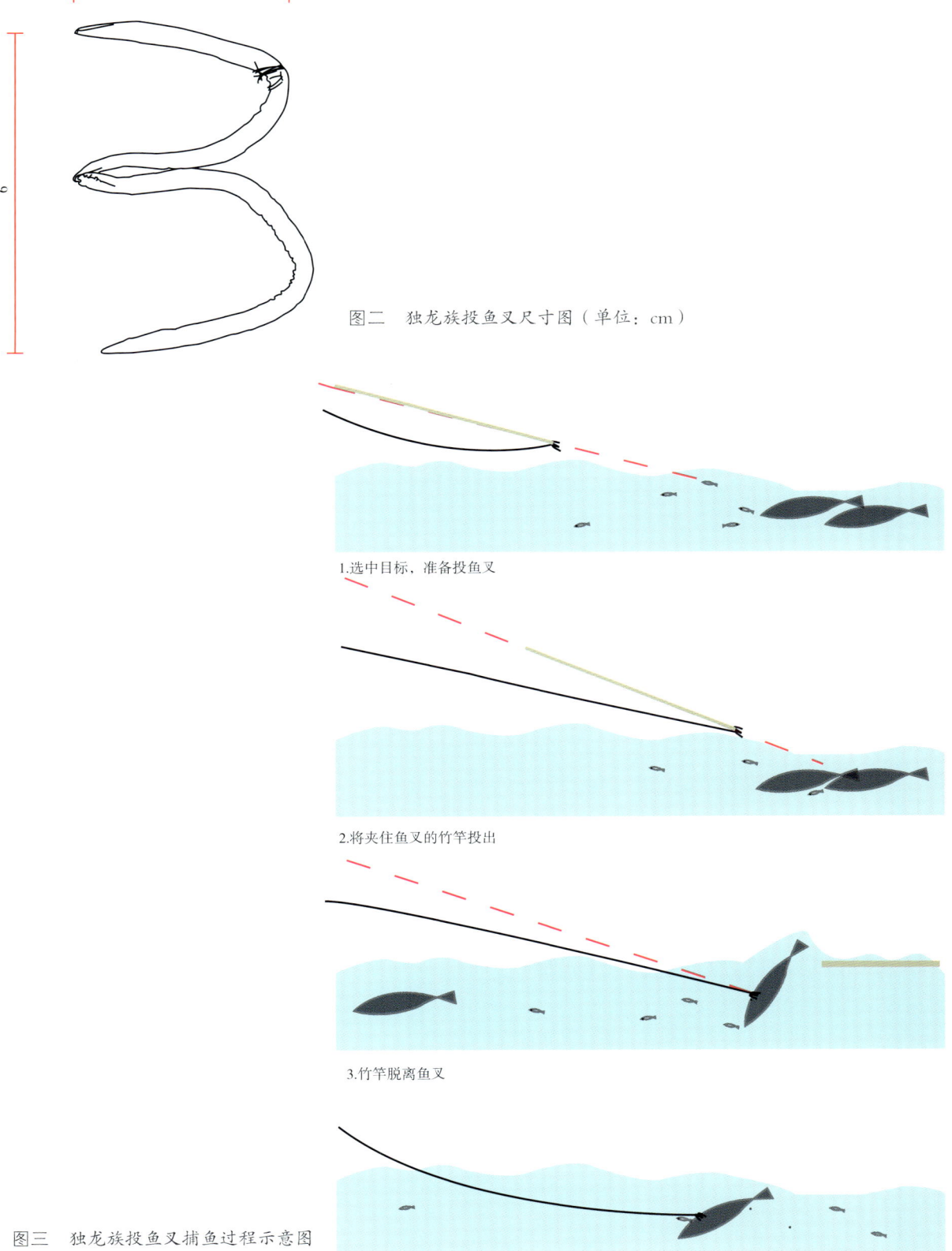

图二　独龙族投鱼叉尺寸图（单位：cm）

1.选中目标，准备投鱼叉

2.将夹住鱼叉的竹竿投出

3.竹竿脱离鱼叉

4.拖鱼出水

图三　独龙族投鱼叉捕鱼过程示意图

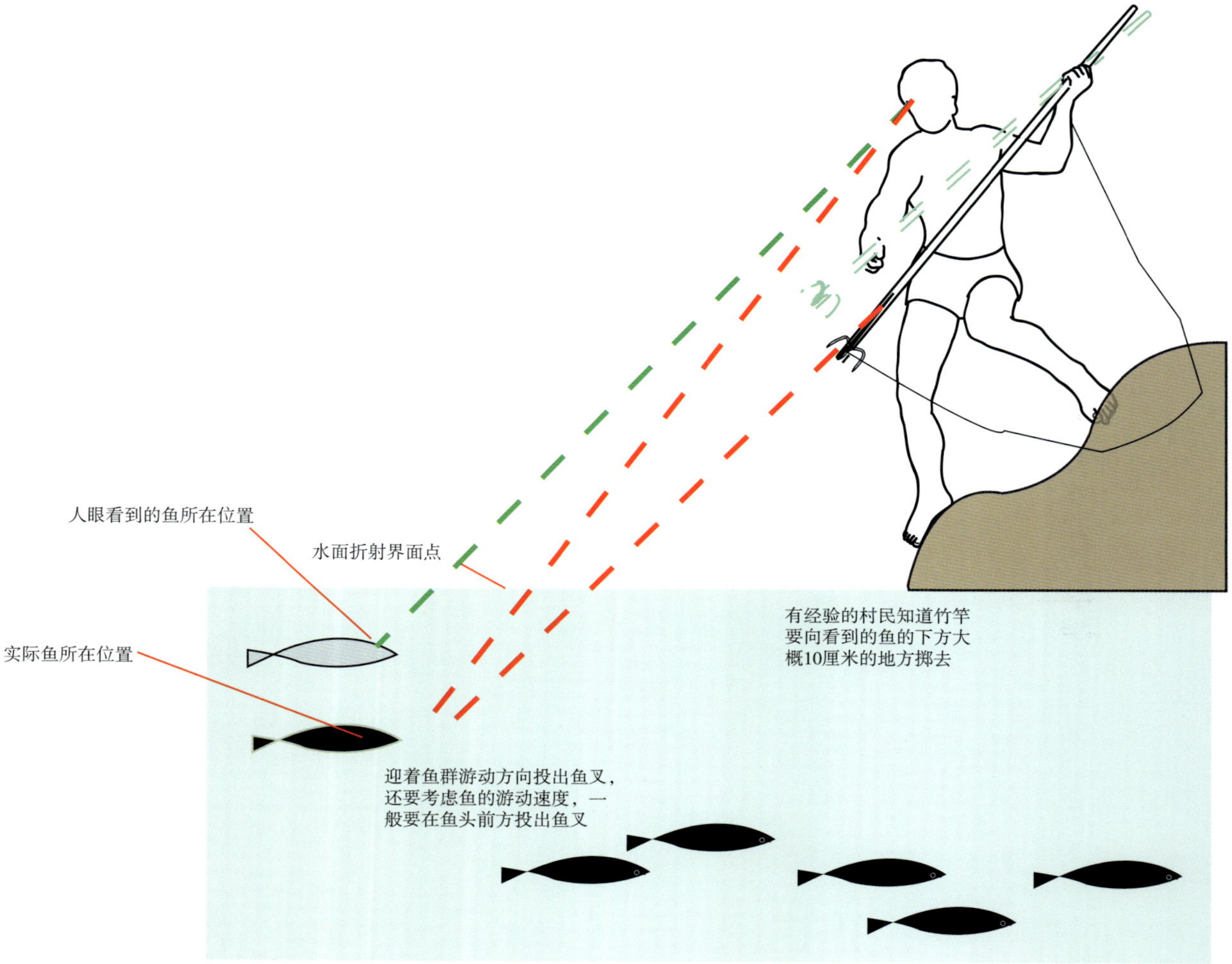

图四　独龙族投鱼叉使用场景示意图

图五　独龙族投鱼叉细节分析示意图

独龙族鱼篓

图一　独龙族鱼篓主图

独龙族鱼篓是以静制动的捕鱼方式，通常设在鱼群顺水洄游的位置。

本案例独龙族鱼篓选自云南省怒江傈僳族自治州贡山县独龙江乡马库村钦郎当小组。鱼篓总长约45厘米，开口直径约15厘米。

本案例鱼篓基本结构分两个部分。一个是鱼篓的外框架结构，另一个是鱼篓内部的漏斗结构。外框架结构采用一根直径约7厘米、长约50厘米的竹竿作为纵向主体结构的基础，将无竹节一端向有竹节一端劈开，均匀劈成30余根竹篾，并不完全劈开，劈至竹筒约四分之三处，保留的此段竹筒结构以集束劈开的竹篾，并在末端开孔以方便拿取或穿绳系挂。将劈开的细长竹篾为经线，适度撑开至所需空间处，然后用另外的细竹篾作为纬线，挑一压一编织，最后将开口边缘部分加固收边，这种形态与景颇族的一些鸡笼、鱼篓类似；内部结构为用竹篾编织的漏斗形的倒锁结构，其开口与鱼篓开口相互编织在一起，漏斗底部经纬编织一段，以保持漏斗形的结构力。漏斗中间内收的大部分为经线的斜向内收结构，纬线竹篾挑一压一编织一段，留有一定的口径，并不收口，多余的经向竹篾自然延伸出去，中心为形成由竹篾围合而成的圆孔，其结构有一定的弹性，鱼在水流作用下可以自然撑开并通过这圆孔状的倒锁结构，进入鱼篓的大框体之内。撑开倒锁结构进入框体的鱼却不能从外框缝隙和倒锁进口处再出去，从而被捕获。

独龙族鱼篓有两种捕鱼方式：一是诱饵式。在鱼篓里放置隐藏的诱饵，再将鱼篓捆绑石块沉入深水，待鱼钻入；二是诱导式。夏末秋初在鱼洄游的道路上设置鱼道关卡，使洄游之鱼经过鱼篓。鱼篓口也可以顺水流方向设置，捕获逆流而上的鱼。

本案例整个鱼篓呈圆锥体，口大尾小，形态呈优美流线状，具有制作成本低、结构简单、易于携带等特点，可在无人看管的情况下自行捕鱼。鱼篓操作简便，妇女儿童都可使用，节约了人力物力及时间，捕鱼效果显著，优势突出。

图片来源
图一　樊进　摄影
图二至图五　张孙晨　制图

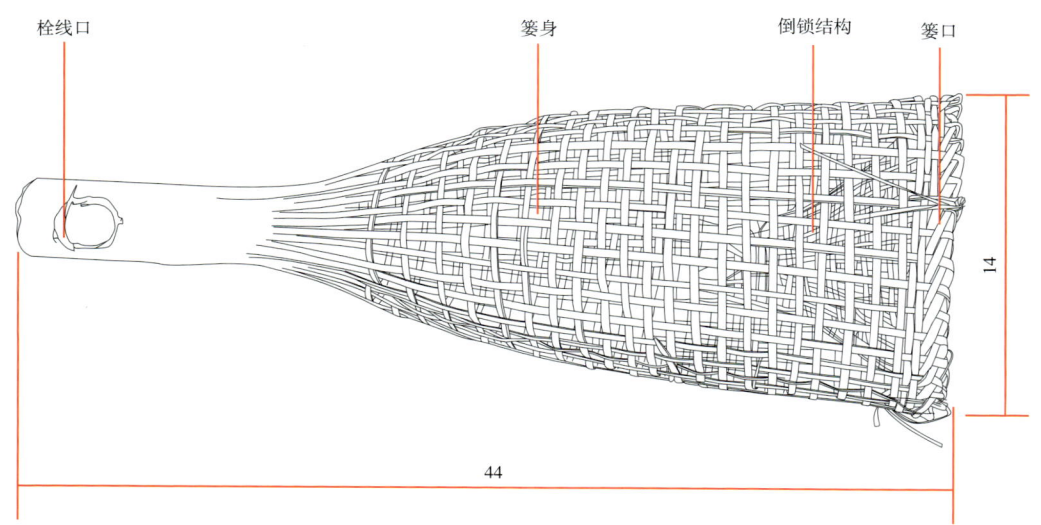

图二　独龙族鱼篓名称尺寸图（单位：cm）

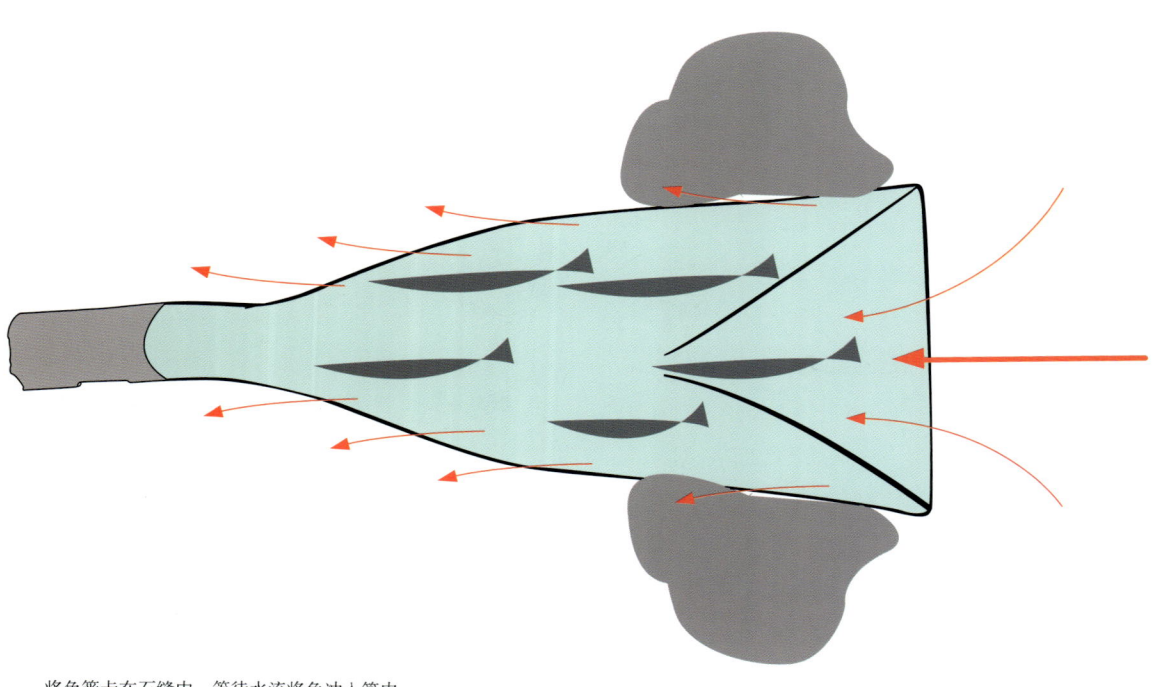

将鱼篓卡在石缝中，等待水流将鱼冲入笼内

图三　独龙族鱼篓捕鱼方式图

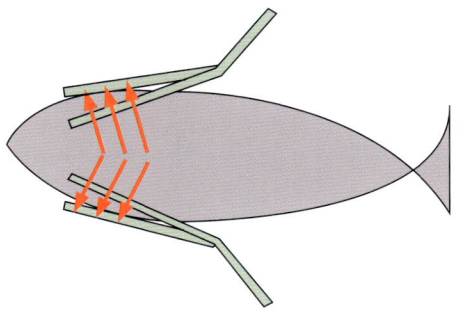

鱼进入鱼篓示意图

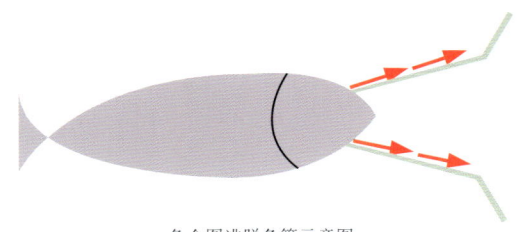

鱼企图逃脱鱼篓示意图

图四 独龙族鱼进篓及鱼逃脱示意图

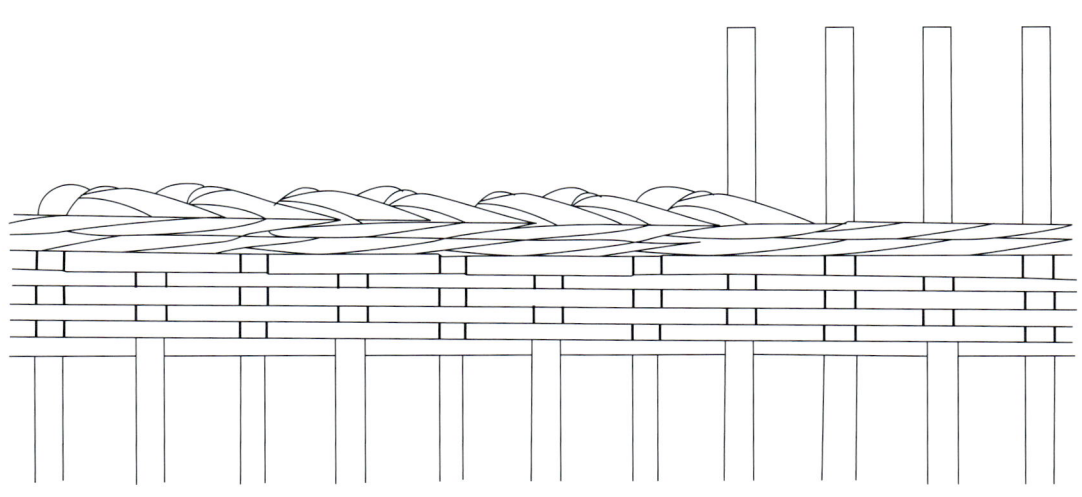

鱼篓编织及收编方式

图五 独龙族鱼篓编织及收编示意图

独龙族溜索溜梆

图一　独龙族溜索溜梆主图1

溜索是中国古老的渡江工具，《水经注》中称之为"悬绳""篾竹索"。《蜀中广记》中称为"撞"。独龙族分布在云南省贡山独龙族怒族自治县独龙江流域的河谷地带，位于高黎贡山以西，担当力卡山以东，交通极为不便。新中国成立前，往返于独龙江上的交通工具主要是溜索。

独龙族传统的溜索由索道和溜梆两部分构成。过江的索道通常用竹篾片编制而成。以竹篾扭成鸡蛋粗细的大索。架设索道时，先用巨弩把一端系在竹篾大索上的细麻线射到对岸，再把大溜索拉过去。把大篾索的两头收紧捆扎在大木桩或大树根（溜桩）上，即成溜索。溜索上再固定以溜梆，人们用溜梆作为抓持工具，就能沿索凌空溜江而过。为了保险、安全，溜索一般都备三根。独龙族架设的溜索较为简单，其特别之处在于：竹溜索通常用6股长数米的竹篾相互缠绕编结而成，不管几十米还是上百米，竹索都是用这种方法编结。编结要点在于，要保证所有的接头不在表面出现，中间始终有一根不断续接的中心线，编而不凸结，多长的绳索，从头至尾必须顺滑一致。另外，续接每一根竹篾都要有其余5根竹篾相互穿插配合，确保续而不断，绳索每一处的力量都基本均衡，这需要非常熟练的编结技巧。溜索一般都有三根，每次用两根，如此交替使用。

人在溜索时，需要几条绳索来做安全固定。绳索都要穿过溜梆上方的方孔，将溜梆系卡入索道，用绳索系紧，延续下来的一条紧系人的腰部，一条兜挂在腿部或臀部，还有一条用来牵拉备用；也有溜索者于溜梆下面横一木棍，骑于其上，再束腰溜滑行进。

与溜索相配套，溜梆和溜绳都是溜索方式过江的重要配套工具。本案例溜梆采集自云南省怒江傈僳族自治州贡山县独龙江乡迪政当村雄当小组，其长约17.5厘米，中间宽约7厘米，两头宽约5.5厘米，为当地一独龙族老汉所用。

本案例的独龙族溜梆用密度和硬度高的栎木挖凿而成。栎木生长缓慢，防腐耐磨，力学强度高，性能稳定。其内部挖的凹槽为左右对称的两个弧形凹槽相连，中间有一条凸起的脊线，这两个相连的凹槽是过江双索道滑行的轨道；从溜梆的横向侧面可看到，溜梆整体呈凸起的造型，两侧边弧线内收，与其内部的弧形轨道相匹配。同时也使捆系溜梆载人的绳索能够更加服帖。溜梆纵向侧面来看，其顶部的厚脊结构使其中间略呈弧状凸起，两边稍向上扬起，中间设纵向凸起的厚脊可以增加溜梆的结构强度，增加承载力；其背脊中间挖一长方形的孔，用来穿挂载人的绳索；两侧面斜向内直收，可在不降低溜梆承载强度的情况下，减轻自身的重量。高强度的溜梆质量使其整体小巧灵活，同时降低对索道的压力。

溜索过江分平溜和陡溜。平溜一开头很顺利，溜到江中央，就得靠双臂攀缘，攀缘的索段长，很费力。陡溜是在江面上搭两条溜索，是分别从两岸的高溜桩处滑向对岸的低溜桩处，需要攀缘的索段很短，省力气，控制速度全靠手握一把干柴草与溜索摩擦。陡溜一滑可到达彼岸，省力，但有一定危险性，需凭借经验把握溜索的速度，既要防止失控撞上对岸大树岩石，又要注意溜梆快速滑动同溜索摩擦发热而产生断裂，因此有时需要用湿布敷在溜梆上降低温度。

溜索除渡人外还可以运货和过牲畜。载重大与风吹日晒，使竹篾做的溜索需要经常更换。过去，时常有人、物掉江的事故发生。独龙族人又在溜索的基础上发明了"会飞的桥"（用藤篾编成网状，用两根竹绳平吊于江面上的过江工具。走在上面有轻飘欲飞的感觉，因而也叫"飞桥"），与溜索一同承担过江任务。

溜索，是独龙族人在这片山河艰苦创业的一个历史缩影。斗转星移，溜索已经不再是篾索，而是铁索了，安全系数大大提高；溜梆许多还是木头做的，有的人则用铁滑轮取代了木制溜梆。新中国成立后，在行人较多的地方架起数十座钢索或铁索藤篾桥，方便了人们的往来。但在一些高山河谷偏僻地方，溜索和藤篾桥还在起着重要的作用。

图片来源
图一至图二、图十至图十一　樊进　摄影
图三至图九　刘艳斌　制图

参考文献
1. 杨宏峰主编.中国独龙族[M].银川：宁夏人民出版社，2012：5.
2. 独龙族社会历史调查（二）[M].北京：民族出版社，2009：6.

图二　独龙族溜索溜梆主图 2

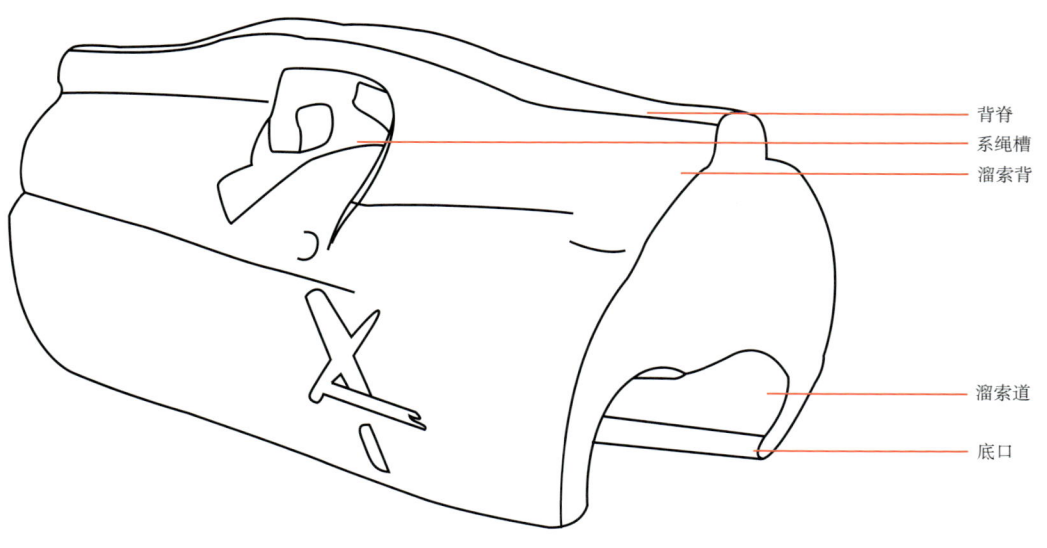

图三　独龙族溜梆名称图

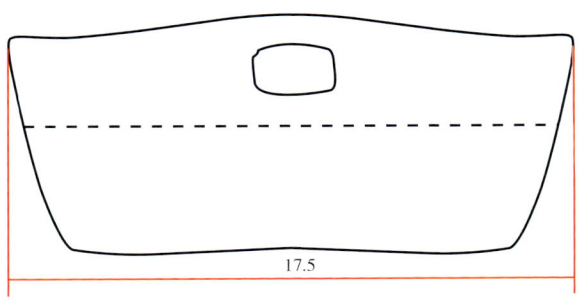
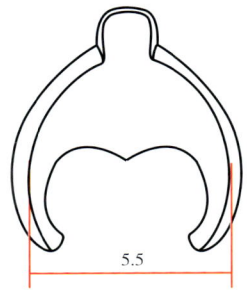
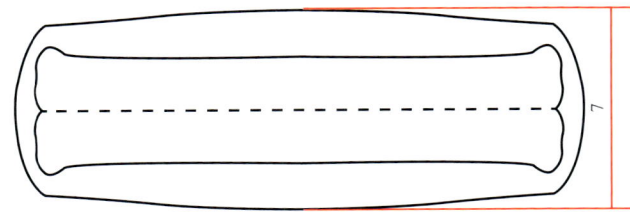

图四　独龙族溜梆三视、尺寸图（单位：cm）

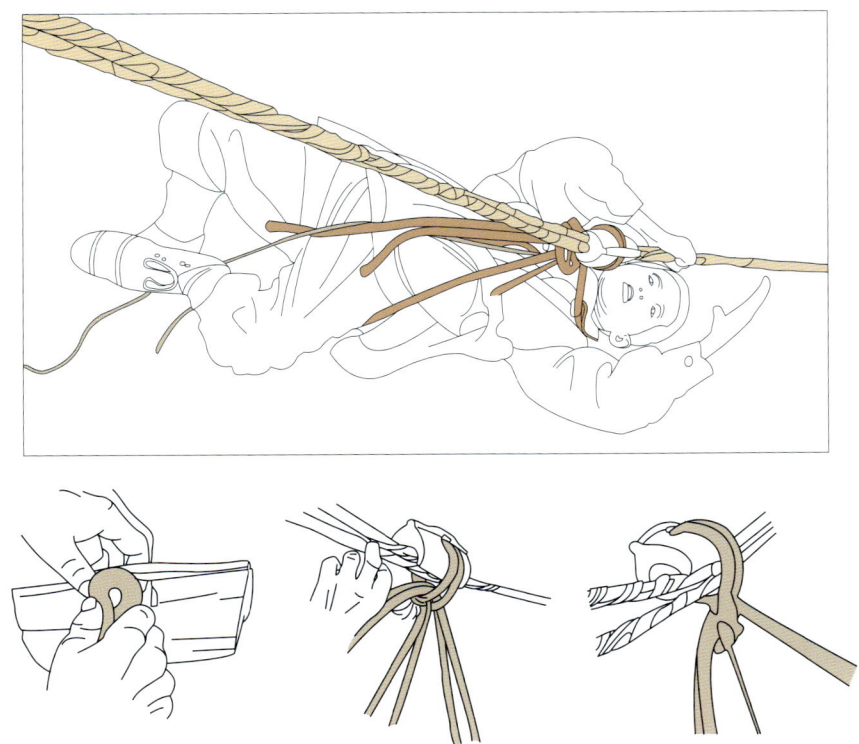

图五　独龙族溜梆穿绳方式及固定示意图

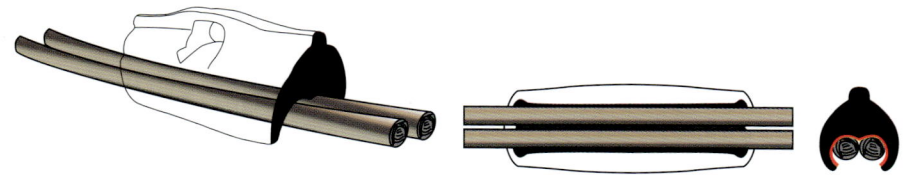

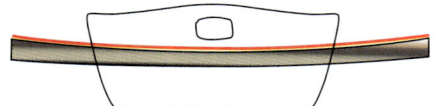

图六 独龙族溜梆内部穿绳示意图

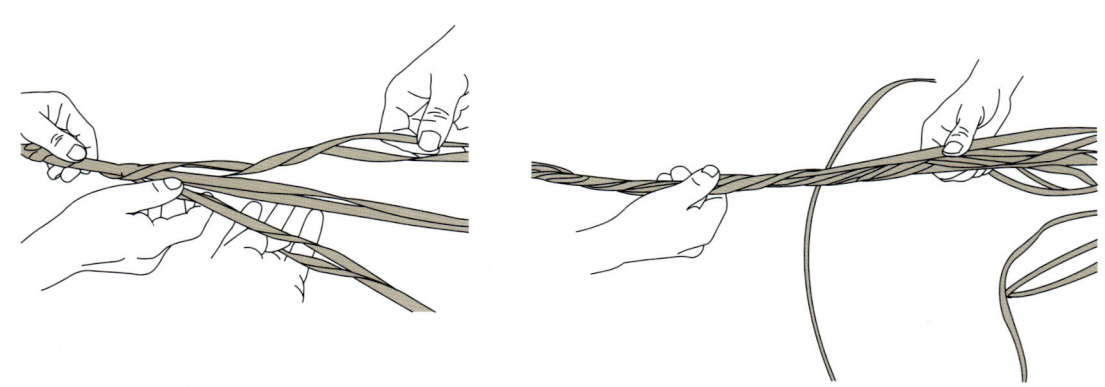

图七 独龙族溜索竹篾条编织示意图

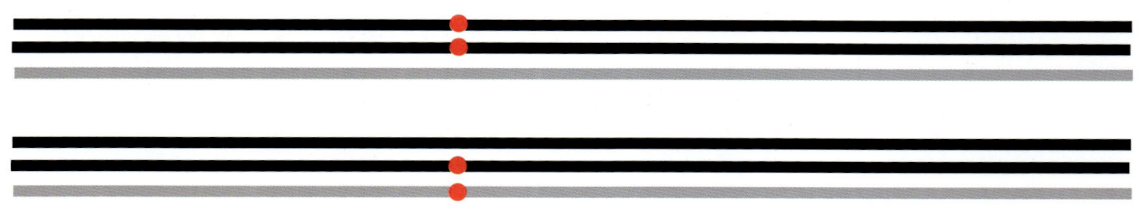

三根绳子，每两根交替使用

图八 独龙族溜索溜绳交替使用示意图

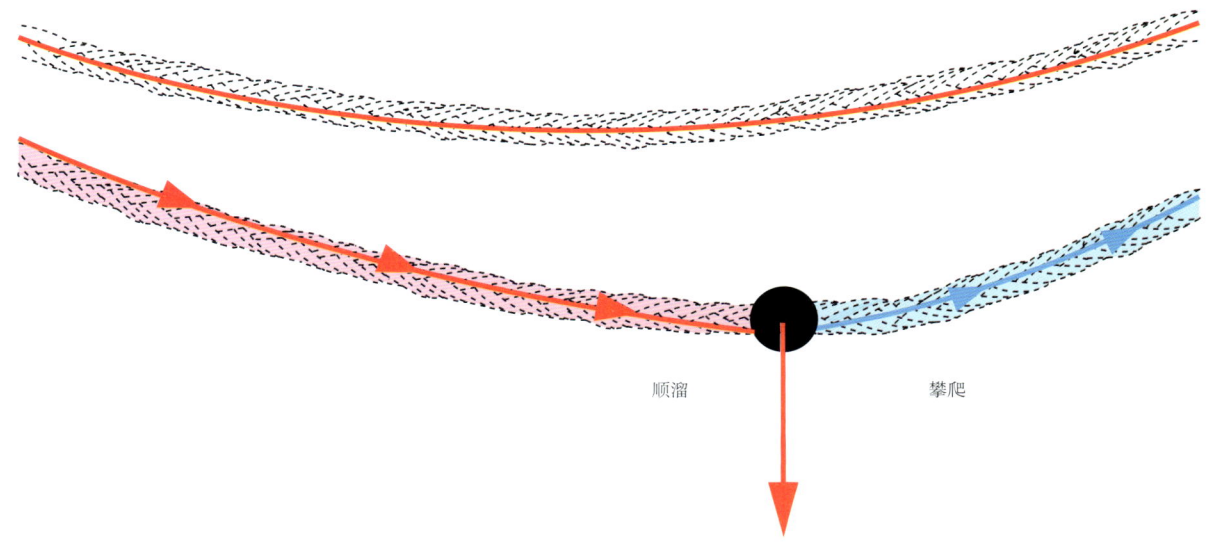

图九 独龙族溜索顺溜与攀爬示意图

图十 独龙族溜索两端架构图

图十一 独龙族溜索溜梆特写图

独龙族箭包

图一　独龙族箭包主图

狩猎是传统独龙族人的重要生产方式，完善狩猎装备是每个猎人永远的追求。这其中，用来放置箭支的箭包，无疑是最为重要的狩猎装备。

本案例独龙族箭包选自云南省怒江傈僳族自治州贡山县独龙江乡迪政当村雄当小组，用熊皮制成，箭包长约 62 厘米，宽约 18 厘米，既能满足箭支收纳与保护需要，又具备良好的便携性，为狩猎提供必要保障与最大便利。

本案例主要采用熊的皮毛、竹筒、木板、竹篾等制成。熊皮是狩猎的战利品，皮毛呈棕黑色，手感柔软、温和，可以御寒。同时，熊皮质地坚韧，能承载一定的重量，在荆棘中也不易划破；箭包内置两个竹筒，长短不同，可装不同长度的竹箭；木板置于箭包底部，是竹筒直接承接的结构，也是熊包内部空间的支撑主体结构，大体呈椭圆形。

本案例的主要制作工艺是熊皮的裁剪、缝合以及与木板、竹篾的结合等。制作过程大致如下：按尺寸所需将一块熊皮裁剪成矩形，从两侧剪出箭包的开口处，两开口围合起来呈直径约15厘米的圆形洞口，此为熊皮箭包的入口。再将其卷成圆筒形，用紫铜丝缝合，便形成箭包的基本形态。之后在箭包下侧边沿部塞入合适的椭圆形薄木板，再用铁钉将其与熊皮固定，此为箭包底部。在箭包的上端边沿用上下两根竹条夹紧并用紫铜丝缝合，此处中间栓系一木销，呈T形扣，其与拴系在下方的环形铜丝扣相匹配。当入口上方的熊皮包盖下折时，T形扣便可与下方的环扣扣合，确保快速行进时箭支不会脱落。箭包内的竹筒斜上开口，利于拿取竹箭。箭包系有背带，可将其斜背在身后。另外，熊是勇猛和力量的象征，使用熊皮制成的箭包使人充满自豪感。箭包内部的相对空间较大，也可以用来装一些打猎过程中所必需的物品，比如狩猎用的诱饵、毒药等。

本案例箭包用材特别，结构简单实用，布局合理，使用便捷安全，另外其重量性对轻便，是独龙族较有特色的狩猎辅助用品。

图片来源
图一、图七　樊进　摄影
图二至图六　张孙晨　制图

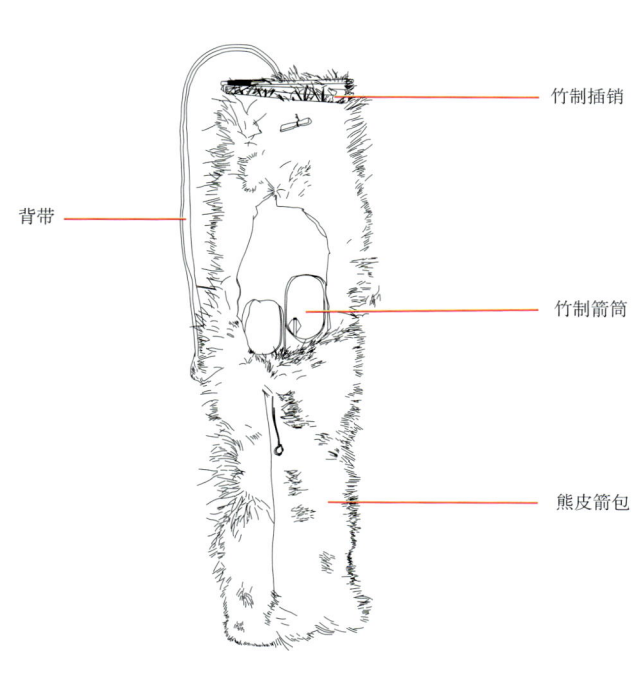

图二　独龙族箭包名称图

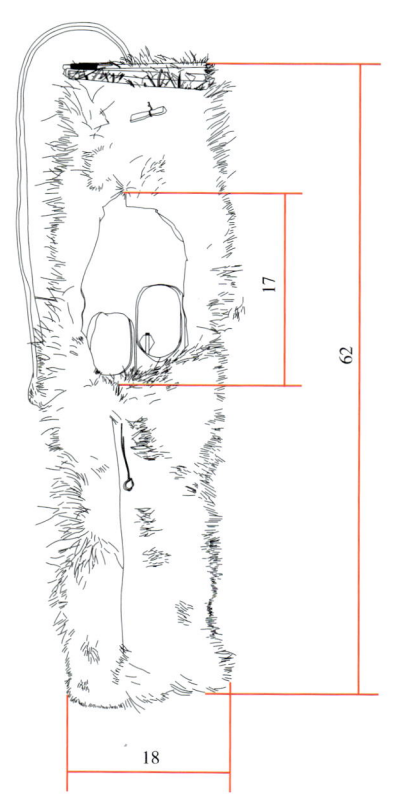

图三　独龙族箭包尺寸图（单位：cm）

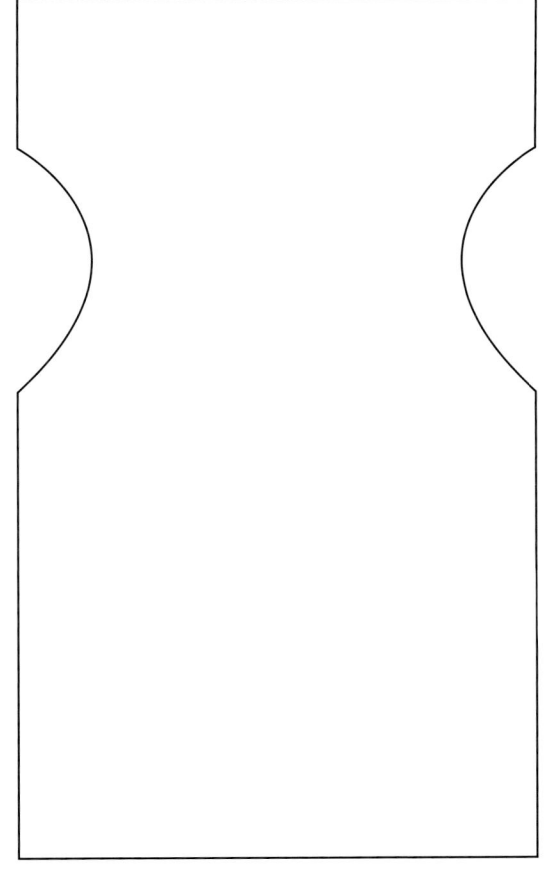

熊皮展开图

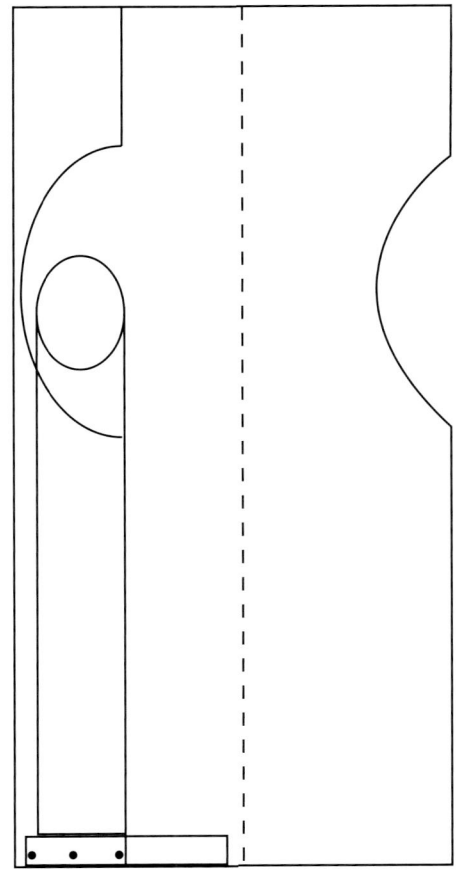

箭包内部示意图

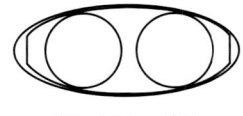

箭包横截面示意图

图四 独龙族箭包结构图

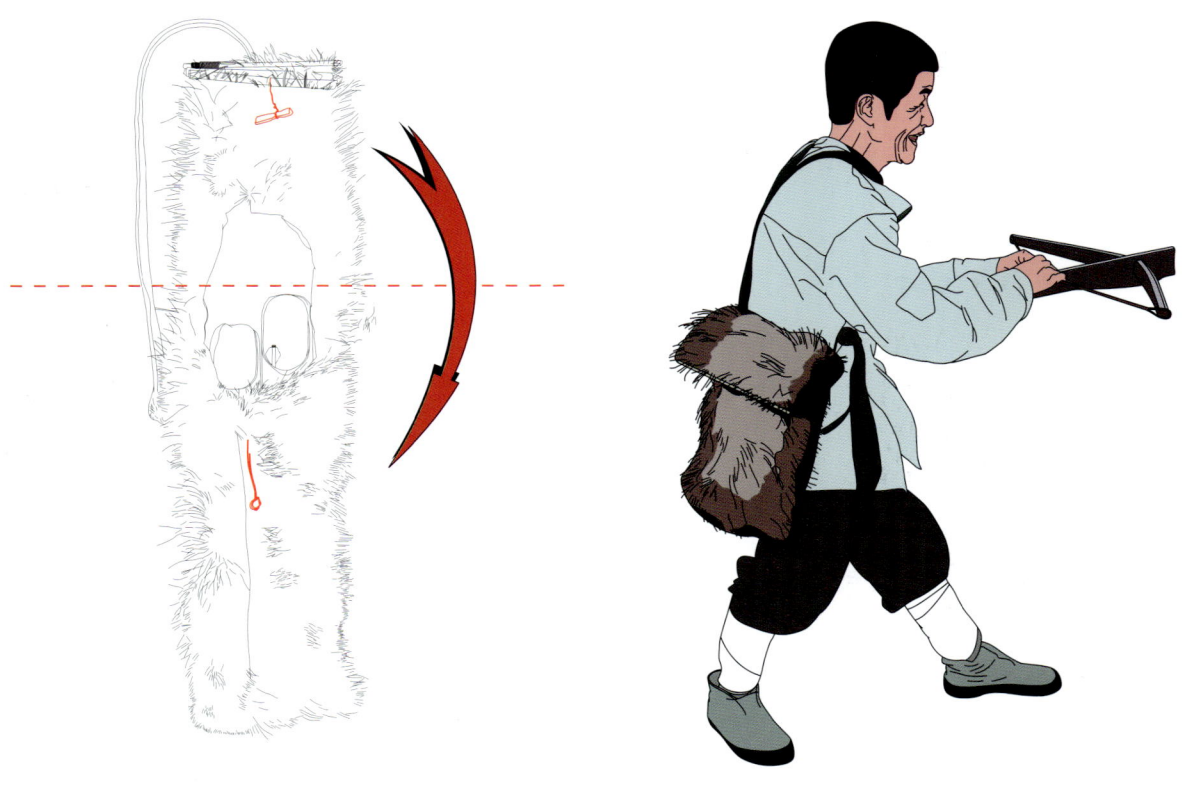

图五　独龙族箭包开合示意图　　　　　图六　背着箭包的独龙人

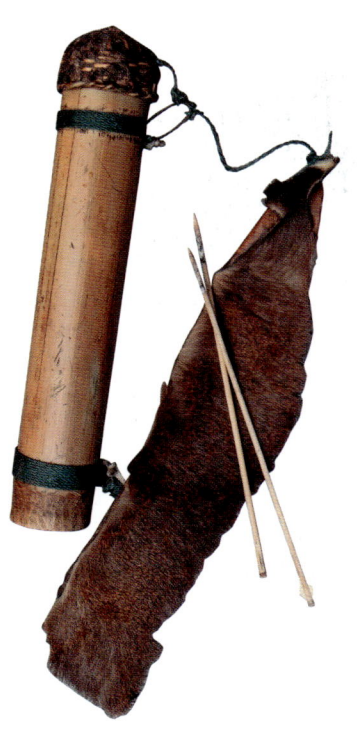

图七　独龙族其他形式箭筒

独龙族竹篾背篓

图一 独龙族竹篾背篓主图

竹编是独龙人普及性极强的手工艺，也是每个独龙男子必备的手艺。独龙江两岸有丰富的竹、藤资源，独龙人利用空闲时间，砍竹收藤储备原料并编出各种各样的实用竹器。

本案例竹背篓高约55厘米，直径约35厘米，是独龙人背草所用的器具。在独龙族最为常见，也是使用范围甚广的类型之一。

竹背篓组成部分包括背篓、系绳、背带、承压板、头帽。在背负较重的物品时需要用到承压板和头帽。背篓是主要的装载器具，本案例采用竹篾斜向交叉编织，每一个连接区块由横向、左60°、右60°三根竹篾相互压合编织，呈等边三角形，三边与前后左右的下一个连接区块形成相互压合的关系。这样的编织方式使竹篾条在横向和斜向的收揽力上得到了最大的发挥。相对疏朗的编织，孔隙较大，使用的竹篾少，有效减轻了自身的重量，同时达成了装载草料、衣物、食品的最基本的需要；系绳是当装载的物品超出竹篓自身高度时所用的捆扎绳索，也是背带与背篓相穿挂的部分；背带是背篓的主要背负部分。背带穿过背篓的两侧和背后的系绳，勒紧背篓，通常用结实的藤条编织，背带与

第五章 独龙族传统生产工具

头部接触的部分会加宽，或用棉布包裹，以增加背负的舒适度，减少对皮肤的摩擦；在背负较重的物品时，为了将重量让肩部分担，常将背带穿过承压板，置于脖颈后方分压于肩膀上。此板多为木板，边棱处理光滑，中间设有卡脖的凹槽，以使压力分于肩头；头帽的佩戴可以有效缓解背带对头直接压力。

总体而言，独龙族竹篾背篓采用了较少的材料、结实的编结方式、有保护性的科学的背负方式，最终达成使用的功效优化，是一个简单而实用的设计。竹篾背篓是独龙人世代生产生活的智慧结晶，如今依然在广泛应用。

图片来源
图一、图五、图八　杨虹　摄影
图二至图四、图六至图七　刘艳斌　制图

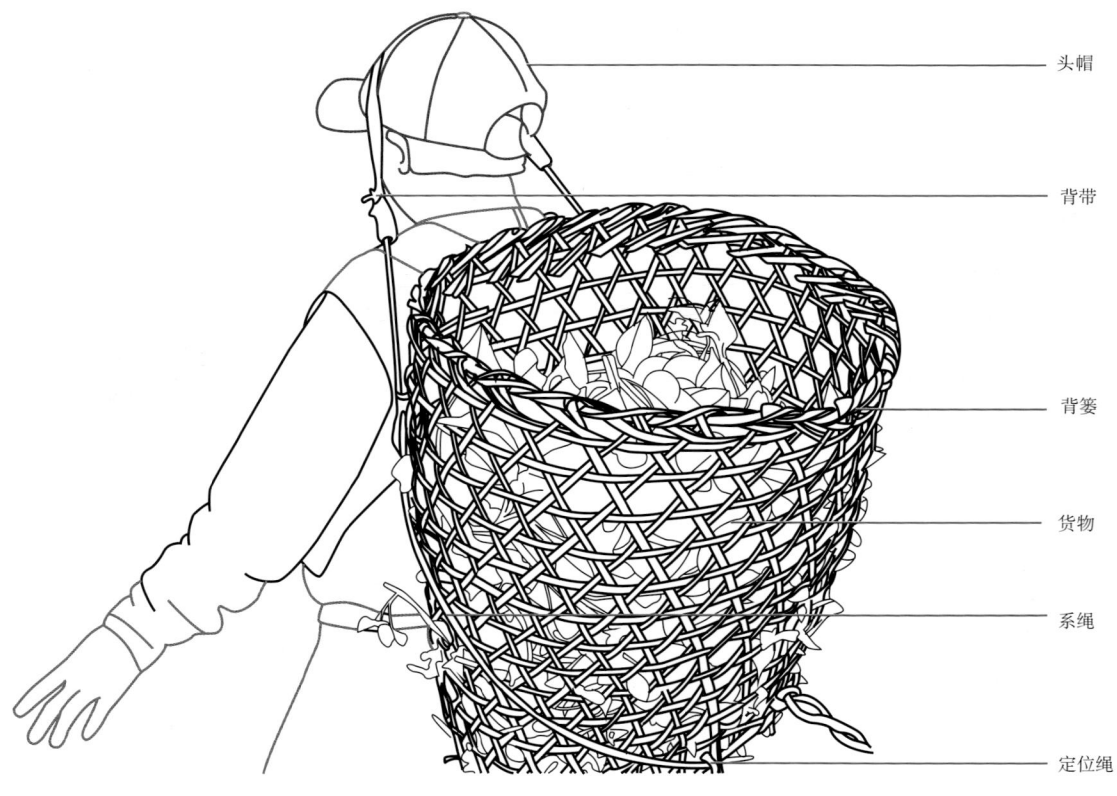

图二　独龙族竹篾背篓名称图

图三 独龙族背篓篾条穿插示意图

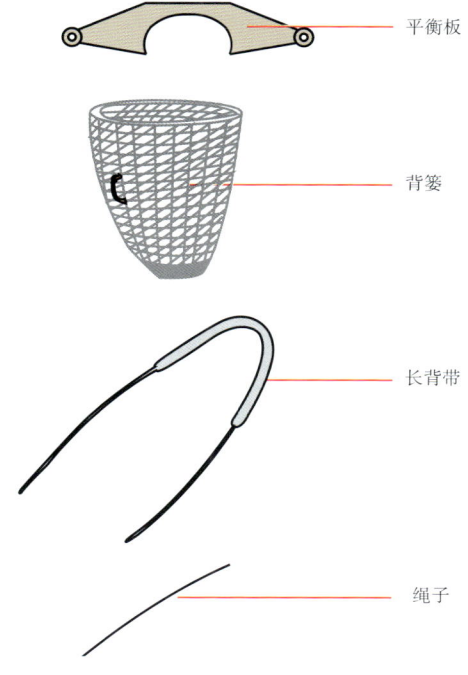

平衡板

背篓

长背带

绳子

图四 独龙族背篓常用组合名称图

帽子通常充当缓解头部压力的道具

肩部平衡板穿绳固定图

背篓上用C铁丝固定

图五 独龙族背篓使用局部图

第五章 独龙族传统生产工具

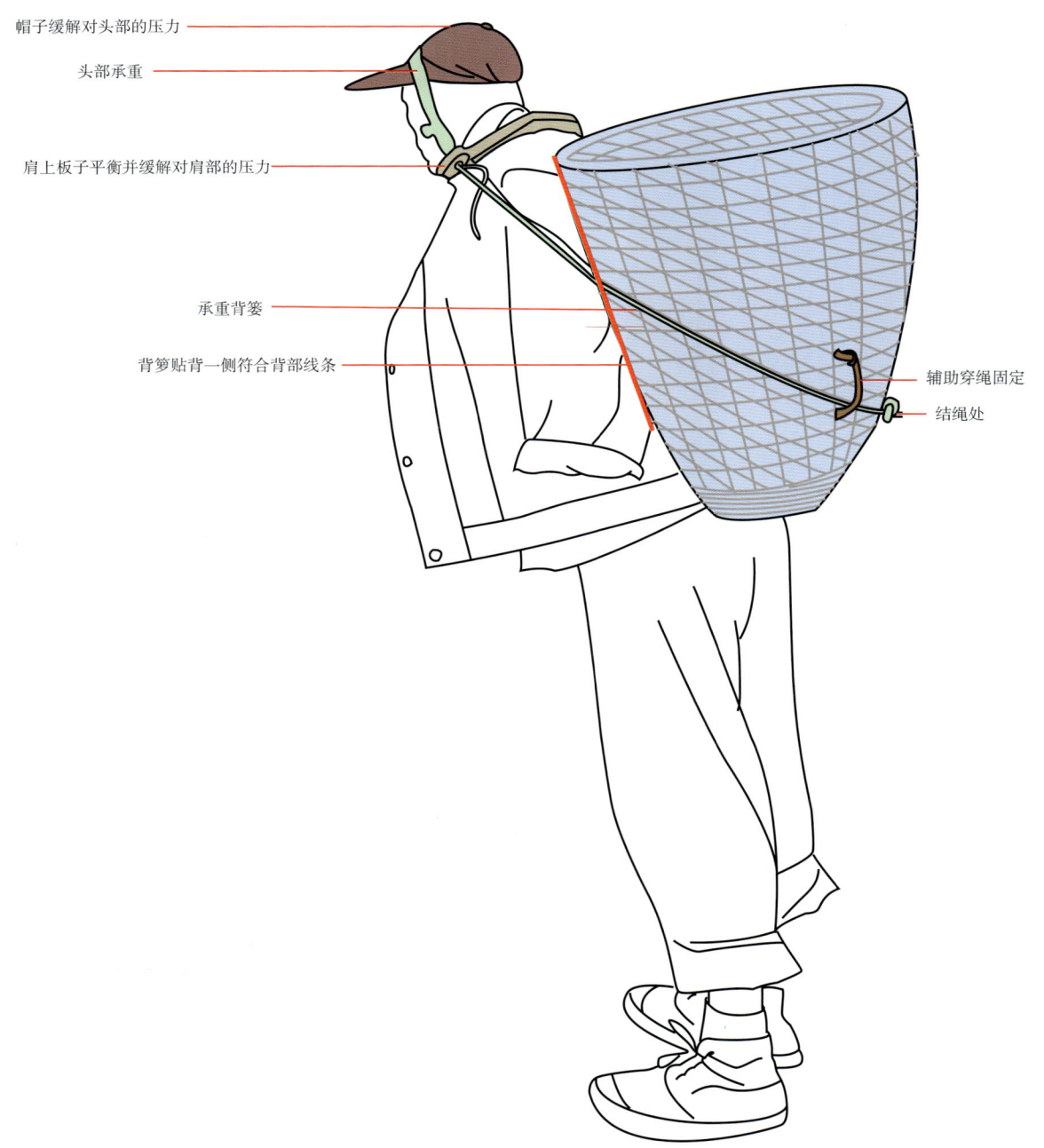

图六　独龙族背篓受力分析示意图

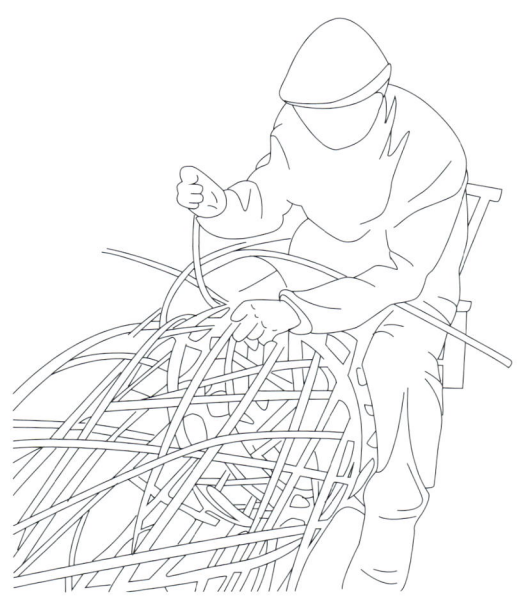

图七　独龙族背篓编织示意图

图八　独龙族背篓使用情境图

第五章　独龙族传统生产工具

独龙族刻木记事

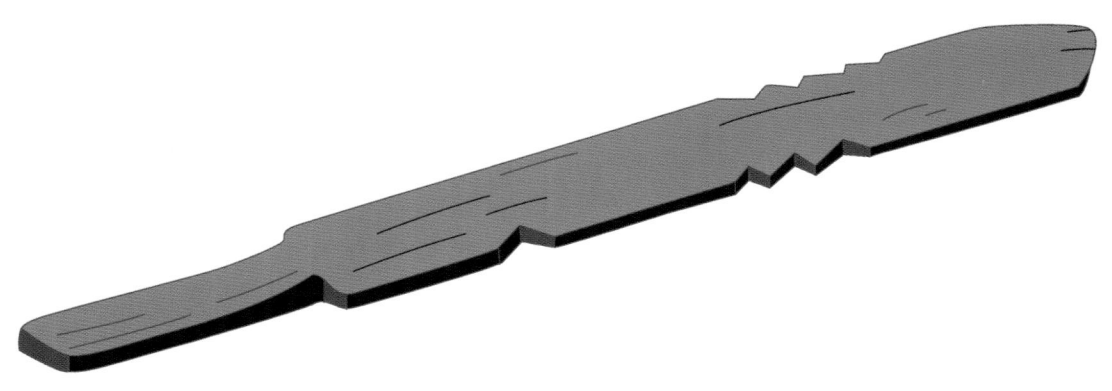

图一　独龙族刻木记事主图

独龙族世居独龙江并在相对封闭的环境形成了自己的口语体系,没有文字。当代语言学家认为独龙语的基本词汇和语法结构与景颇语比较接近,倾向于将独龙语划入景颇语支。近距离的,独龙人以口口相传来完成信息传承与交流。远距离的,历史上独龙人采用刻木与结绳来记事、传递信息。刻木记事指在木片、竹片或者骨片上刻痕,用以记录数字、事件、传递信息等。

本案例选自云南省民族博物馆民族文字古籍展厅,木刻宽 10 厘米左右,长 65 厘米左右。

本案例的独龙族记事用材为木板,其中间略厚,两边斜平,便于刀刻,顶端呈箭头状,末端较窄,类似把手。独龙族刻木有时也会用竹板,比如借贷记事。

这种记事大约有两种情况:一种是过去管理层命令的传达,包括政府和西藏察瓦龙土司的命令等;另一种是民间重大事情的记事,比如约定亲友间会见日期,记录婚姻财礼等,后来演化出借债、赔偿和结婚彩礼的凭证功能。一般来说不同的内容要刻不同的缺口或线段、图形等。上面刻制的符号与普通文字、文书具有同样的功能。第一种传达所用的木刻通常尺寸较大,制作相对精良,特征醒目:比如木刻的左边上部刻一大口,这就表示要来一名官员,下面刻的几个小口就表示官员所带的几名随行人员。土司征税的木刻形态语言如下:左上边刻一个大口,下边刻几个小口,说明要来一个大管事和几个随从。右边刻一个大口,两个小口,说明要来一个头人,要两个百姓来迎接。除了单纯的木刻以外,在手柄处也会附带一些类似景颇族的实物信语。附加箭头意味着要快速抵达,辣椒意味着不执行要受到严厉的惩罚,火炭、鸡毛意味着万分紧急,需速传情报。

其使用方式是由持送木刻的人来传达信息。第二种传达信息是民间使用的木刻，其形态较小，特征同样醒目，常用于记载债务和财礼等事项。民间借贷中的记事很有特点，不同的物品刻不同造型的缺口，两边都刻出相同数目的缺口，然后将这木刻一分为二，双方各取其一，待还清后再将木刻销毁。独龙族的记事方式还有更为古老的结绳记事，通常在日程安排或计时方面应用。

独龙族的木刻在不同的位置都会有不同的含义，不同大小有不同的内容，不同的实物有不同的信息，这些都是独龙族对外对内交流的形态信息，是一种约定俗成的语言。在新时代，独龙人在政府帮扶下教育方面大力投入，年轻的独龙人能用纸和笔以文字的形式交流信息，刻木和结绳记事遂成为历史。

图片来源

图一至图六　张孙晨　制图

图七　李禹阶、汪宁生.藏西南民族老照片[M].成都：巴蜀书社，2010.

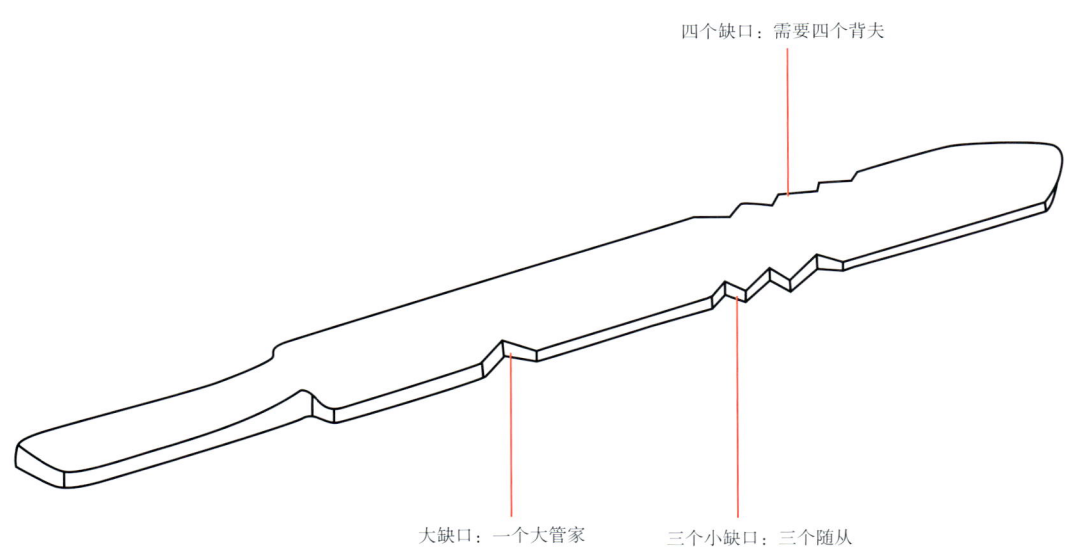

图二　独龙族刻木记事线稿图

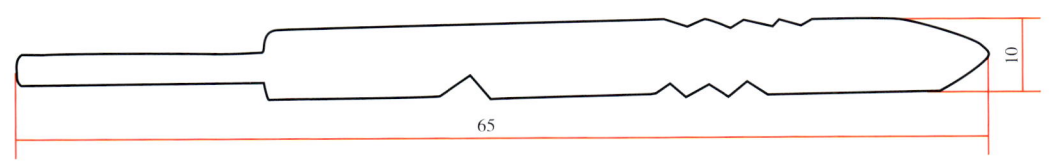

图三　独龙族刻木记事尺寸图（单位：cm）

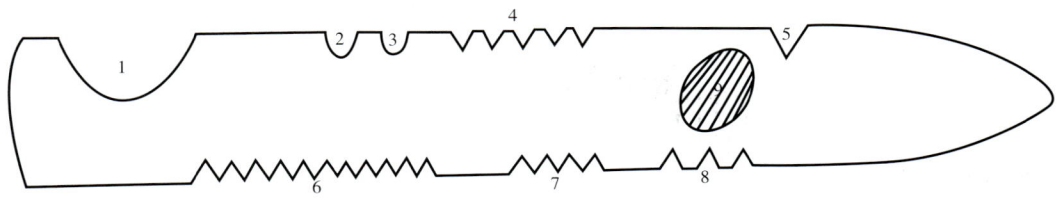

注：1.表示宣武大土司
2.表示上连布土司
3.表示下连布土司
4.表示土司随员有五人
5.表示沿江头人照知
6.表示宣武大土司带来的货物；每一个刻齿代表一定的背篓数，让各地头人知道需要多少背夫
7.表示上连布土司带来的货物背篓数
8.表示下连布土司带来的货物背篓数
9.表示各地头人速令群众砍草修路，以利通行

图四　独龙族察瓦龙土司刻木传令图

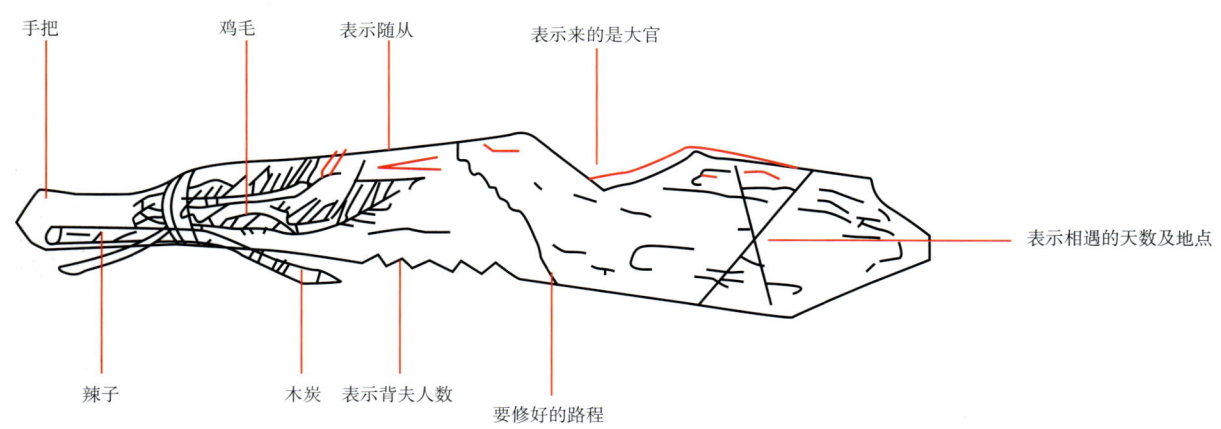

带有鸡毛、木炭、辣子的刻木表明传事急切

图五　独龙族带有鸡毛、木炭、辣椒的刻木示意图

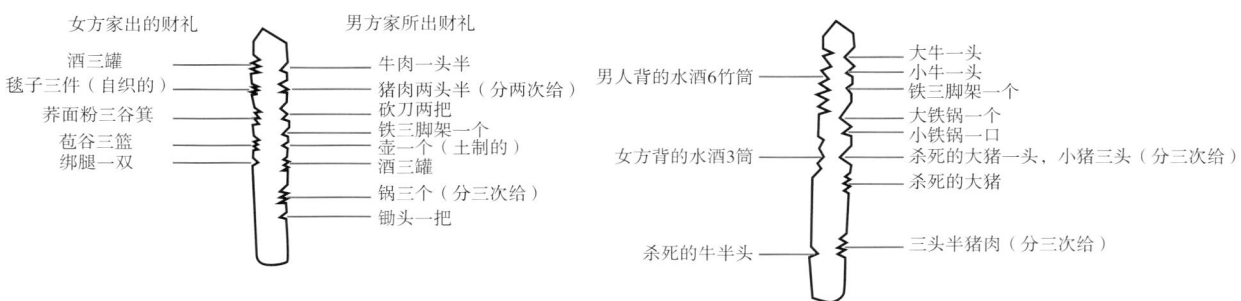

图六　独龙族订婚彩礼刻木记事图

图七　哈尼族刻木记事图

第六章 独龙族传统手工艺

独龙族文面

图一　独龙族文面主图

文身是人类共同的文化现象，具有图腾和身份象征的最基本的含义，也是很多民族早期发展阶段的一种文化现象。独龙族现存"文面"现象，独龙语称巴克图。《云南志·云南城镇六》记载："凡金齿、漆齿、绣脚、绣面、雕题、僧耆等十余部落。"独龙族学者罗荣芬、李金明认为《新唐书》之"文面濮"、《南诏野史》之"绣面部落"皆为独龙族的先民，若是，独龙文面历史不迟于唐代。文面仅出现在女性面部，现在独龙族年轻女孩已不再文面。

本案例为文面女董春莲，是独龙族最年轻的一位文面女。

独龙族文面的有其复杂的成因，没有定论，主要有以下方面：一是民族历史文化传承的动因；二是民族识别的动因；三是审美观念的动因；四是成长过程的角色转换的动因；五是图腾文化的动因；六是民族掠夺压力的动因等等。历史上传统的独龙族女子文面的年龄从七八岁至十五六岁都有，其中，十至十三岁年龄段居多。从 20 世纪 30 年代开始，社会环境开始宽松，有文面者迟至二十至三十多岁才开始文面，同时也出现局部的文面。文面是一个技术活，通常几个寨子才出一个好手。

文面过程大致如下：文面前几日要先准备烟灰墨汁，它是文面着色的染料。这个烟灰需用松明子燃烧熏制在干净的锅底上，待烟灰层达到厚度时将其刮下，放到竹碗中加水搅拌，再经两三天的充分溶解混合即成墨汁，也有的再将蓝靛汁等天然植物染料混合在墨汁中。

文面前将脸洗净，用细树枝或竹签蘸制备好的墨汁在脸上画出要文刺的图形；文刺时用老荆棘上的硬刺尖对准图形，用木棍快速敲击使棘针刺入真皮层，依照图形刺完再用调好墨汁反复揉擦刺文，使颜色渗入皮层。文面的位置会红肿结痂。文面时一周左右不能洗脸，防止伤口感染。一周之后会脱痂愈合，文刺部位呈现青蓝色，洗抹不掉。本案例的文面从眉心过人中及至嘴唇线有约七个半菱形，两下眼睑下方各有两横排点状纹；其下方为一排横贯鼻翼的横向连续菱形至颧骨下方，再折向下方，渐向内弧收于下颌处，形成一个以菱形为边框的近似半圆形；横向边框下至嘴角水平线之间各接七条横向点纹，类似虎豹之胡须；嘴部除人中菱形以外的周边造型都为较粗的竖线。这些造型以点、线为基本造型元素，形成丰富的视觉形象。这些菱形的图案可以看成是连续的折线交叉形成的，其形态与汉族的伏羲女娲的形态有着某些神似。独龙族认为文面的形态为展翅欲飞的蝴蝶，是族群内认同的具有灵魂象征或庇佑的美丽装饰。

民族文化是多元的，其历史发展自有其脉络，文面是独龙族用肉体来书写文化史的典型案例。我们在尊重其历史选择的同时，还需要进一步去解读背后的文化密码。

图片来源

图一 杨发顺，罗金合.历史的印痕·最后的文面人[M].北京：中国旅游出版社，2006.

图六、图七 李金明.中国人口较少民族丛书·独龙族[M].北京：中国民族摄影艺术出版社，2007.

图八 杨虹 摄影

图二至图五 刘艳斌 制图

图二 独龙族文面名称图

图三　独龙族文面图案区域图　　　　　图四　独龙族文面元素构成示意图

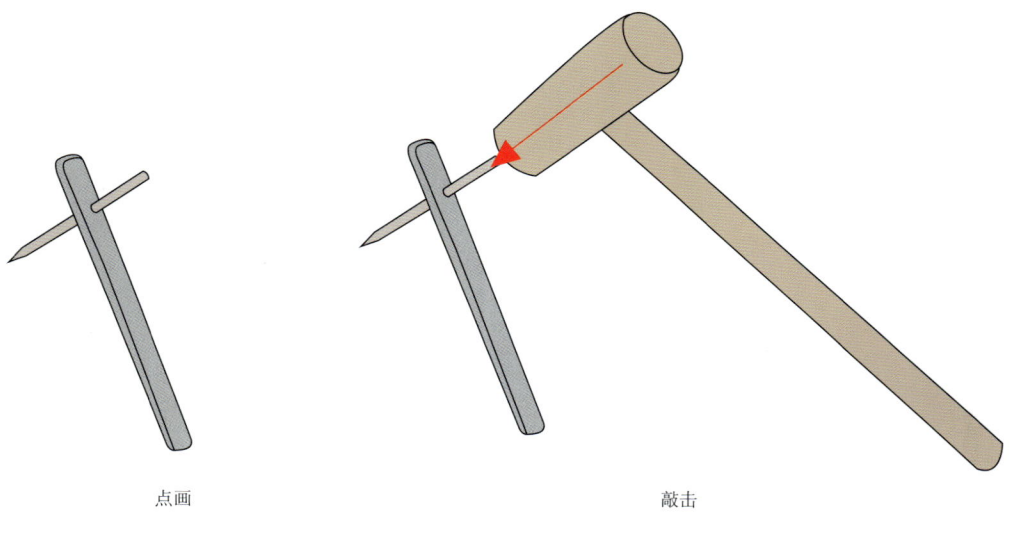

点画　　　　　　　　　　　敲击

图五　独龙族文面过程示意图

图六　龙元文面老人

图七　迪政当的文面女

图八　背背篓的文面女

独龙毯织造

图一 独龙毯织造主图

在独龙族传统的手工生产中，麻布织造为独龙族提供了最基础的衣物来源，是最为重要的手工艺之一。麻布织造是传统的独龙毯的基本形态，都采用了腰机织造的方式制作。腰机是一种古老的织布工具，在独龙族内一直沿用至今，这种织造方式与景颇族等其他民族相似，都为手工劳作。

本案例选自云南省怒江傈僳族自治州贡山县独龙江乡迪政当村，腰机织造的独龙毯幅宽约 30 厘米，长度约为 200 厘米。

传统的独龙毯以麻布为主，纺麻织布由妇女承担。制麻线工序繁杂：要浸湿麻秆、剥麻、晾麻、绕捆、理麻、搓线、漂白、染麻、牵线等等。独龙族织布腰机主要由卷布轴、提综杆、分经棍、梭杼、腰带和固定牵挂的圆环构成。织布前需将经线缠绕在腰机上，经线的一端拴在固定于树杈或晾台立柱的圆环上，另外一端绕过圆环并缠绕固定在卷布轴上，接着将卷布轴围在编织者的腰部。独龙毯织造时，独龙女坐于矮凳或席地而坐，靠两脚的蹬力和腰背的力量来控制经丝的松紧。用分经棍将经线分为上下两层，单数经线为一层，双数经线为一层。分层之后会形成一个穿梭的空间，称为梭口。织造时，当纬线穿过穿梭口时，便使用竹制的提综杆把下层经线牵吊到上层，上层经线变为下层经线。

将提综杆提起即可使上下经线层位置转换，形成前进一线的新梭口。每当竹梭引纬线穿过梭口后，都要用打纬刀用力向前敲击一次，以便让经纬线相互织紧。如此提经线穿纬线打纬线循环往复，便可以织出经纬交织的独龙毯了。独龙毯在织造前需要将彩色的经线按照需要事先布局好，将其缠绕在绕线杆上。独龙毯织造用的梭杆是竹制大梭，上面绕有白色的纬线。腰机的织造品可以做成衣着、盖毯、垫子、绑腿等等，如今独龙毯织造还在持续进行，成为独龙族手工经济一个渠道，其材质、设计也随着技术、市场的发展而不断更新变化。

腰机织造是众多少数民族掌握的纺织技巧，简单易学，它是独龙族妇女主要的事务之一，为独龙族生活生产提供了重要的物质保障。

图片来源

图一、图五至图七　樊进　摄影

图二至图四　张孙晨　制图

图八　李金明.中国人口较少民族丛书·独龙族[M].北京：中国民族摄影艺术出版社，2007：82.

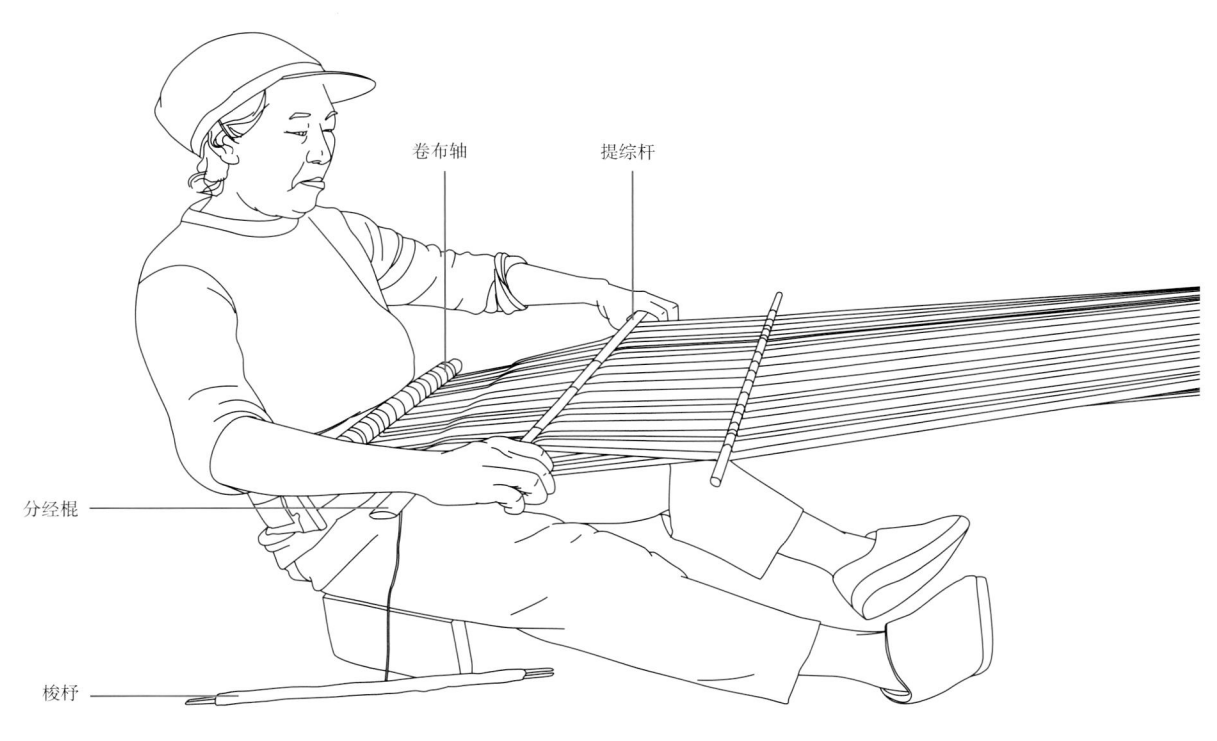

图二　独龙织布机名称图

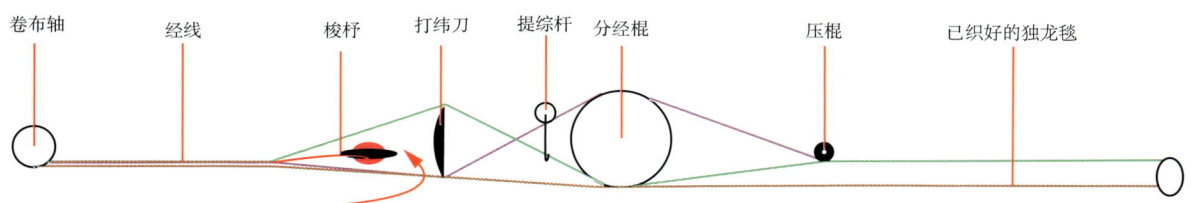

立起打纬刀时,将纬线梭杼穿过打纬刀形成的梭口当中

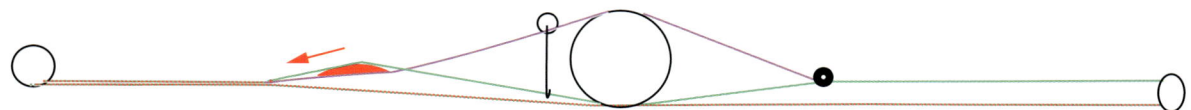

织第一梭时,将纬线通过梭杼插入打纬刀形成的梭口当中,然后插入打纬刀将梭口内的纬线打紧

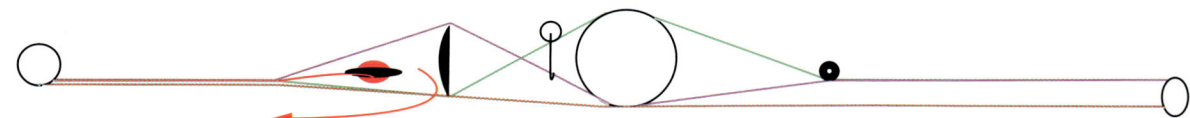

织第二梭时,用提综杆将下层经线向上提起,把打纬刀插入梭口,立起打纬刀进行固定,将梭杼进行第二次引纬

图三 独龙毯织机工作原理图

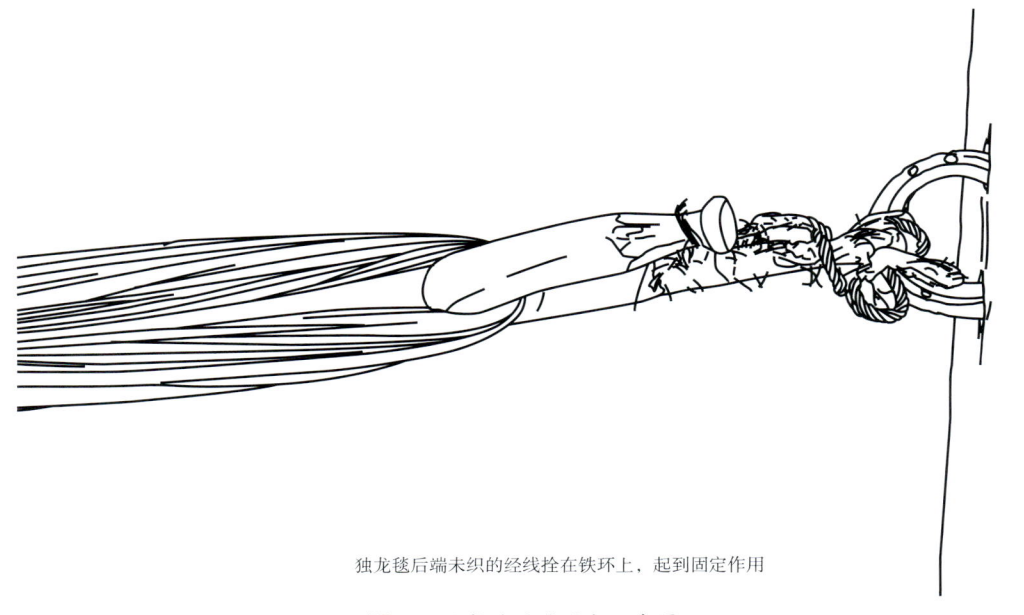

独龙毯后端未织的经线拴在铁环上,起到固定作用

图四　独龙毯后端固定示意图

图五　绕线

第六章　独龙族传统手工艺

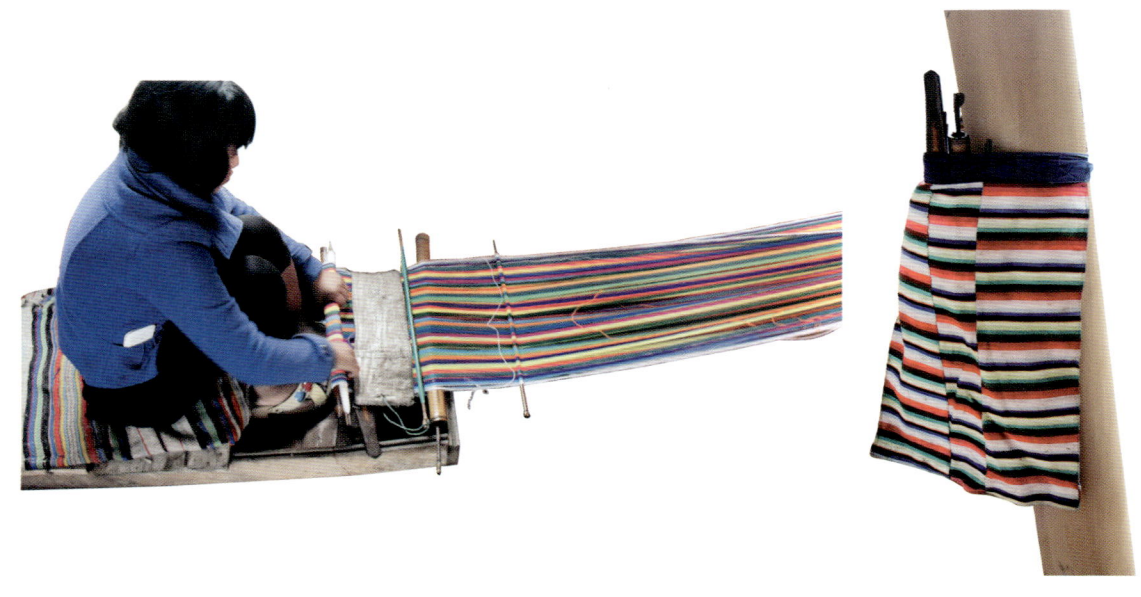

图六　收卷独龙毯

图七　巴坡织独龙毯

图八　晒麻、捻线

独龙族手工编结

图一 独龙族藤条背包主图

独龙族的手工编结是其生产生活用具的重要造物方式。独龙族编结物既有日用盛具、生产用具，也有装饰用具，如粗壮有力的过江竹索、精美细腻的藤箩，也有背篓、包箩等。

本案例选自云南省怒江傈僳族自治州贡山县独龙江乡龙元村，为男子所用的藤条背包，高约30厘米，宽约20厘米，厚约12厘米。

独龙族编结主要材料为藤篾、藤条、竹篾、竹条、树条等，这些材料性能柔软坚韧，可厚可薄、可粗可细、可宽可窄，可长可短，形态多样。本案例采用的材料是藤篾和藤条，编结方式为经纬编结。但这个编结又有细微变化：一是，背包朝外的面从正面来看采用了突出经线跳纬线编织法。即外表的纵向藤篾线跳四根纬线用一根纬线跳压束紧，再跳四根压一根；从内部来看刚好相反，是横向的藤篾线跳四根经线再有一根经线跳压这条横向的藤篾线。这样的编织方式便形成了背包外部以经线为主纬线为辅，给人以挺拔俊朗的视觉感受；背包内部以纬线为主经线为辅编结效果，给人以鳞次栉比的跃动感。二是和人体接触的背面采取了跳双经线的编结法，且纬线为经线的一半细。外面和背面采用的经线一致，只是从底部向上围合开始纬线转换成细线。这种转换使得背面与人体接触时更为舒适，减少了正面条状的大面接触，增加了横向细柔的弧线接触。包的侧面由贯通上下的藤片将前后两面用藤篾捆系起来，背包的细藤带也穿系与此。同时，包的两外侧面用劈开的藤条弯折成长U形，直面相向弧面朝外，增加舒适度，其上端向内削尖成经线与中间的藤片一起编入背包的收口结构中。这样的结构增加了背包纵向的支撑力；包的外底面也捆系了一圈藤条，增加了背包的横向结构力。独龙族的有些编结盛器非常细密，用细薄整齐的藤篾或竹篾双层编织，可以做到盛水不漏。除了这些精美、精密的编结以外，还有大量扎实简洁耐用盛器都采用这种手法制备，比如箭筒、刀筒、鱼篓等等。

总之，独龙族在手工编结方面有自己的理解和考究，面对不同的需求采用了不同的解决方案。

图片来源

图一、图八　樊进　摄影

图二至图六　刘艳斌　制图

图七　杨发顺，罗金合.历史的印痕·最后的文面人[M].北京：中国旅游出版社，2006.

图九　周文林.云南少数民族图库：怒族·独龙族[M].昆明：云南美术出版社，2001.

李金明.中国人口较少民族丛书·独龙族[M].北京：中国民族摄影艺术出版社，2007.

图十　王忠华.中国文化知识读本：独龙族[M].长春：吉林出版集团有限公司，2010.

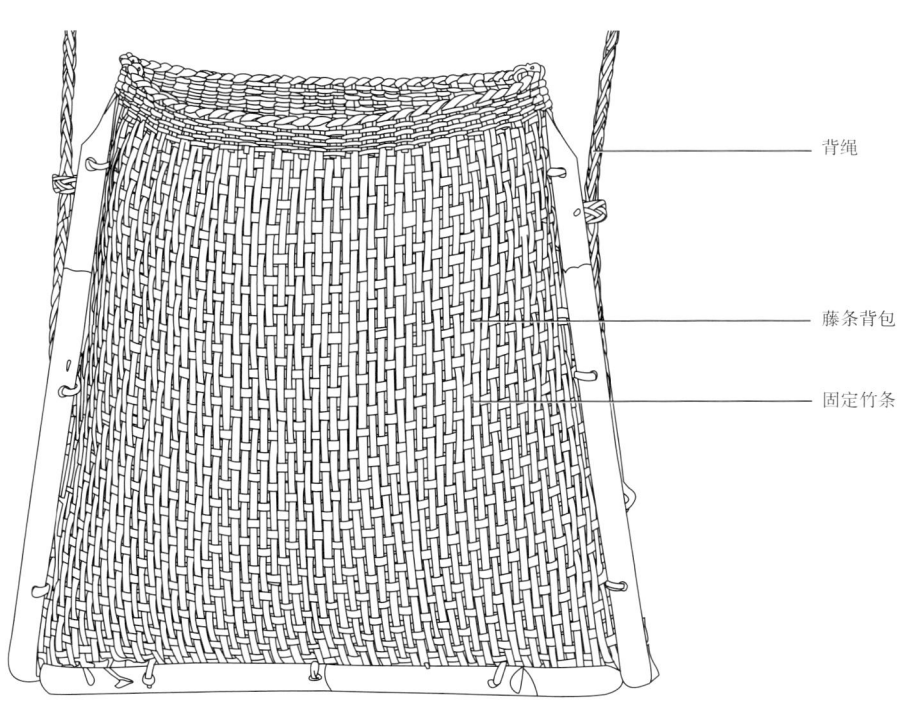

图二　独龙族藤条背包名称图

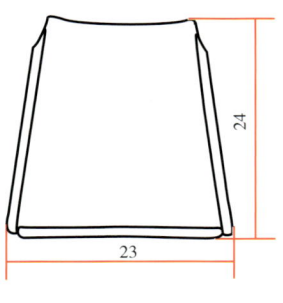
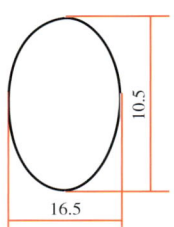
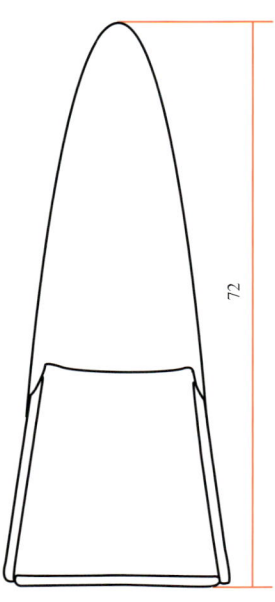

图三 独龙族藤条背包尺寸图（单位：cm）

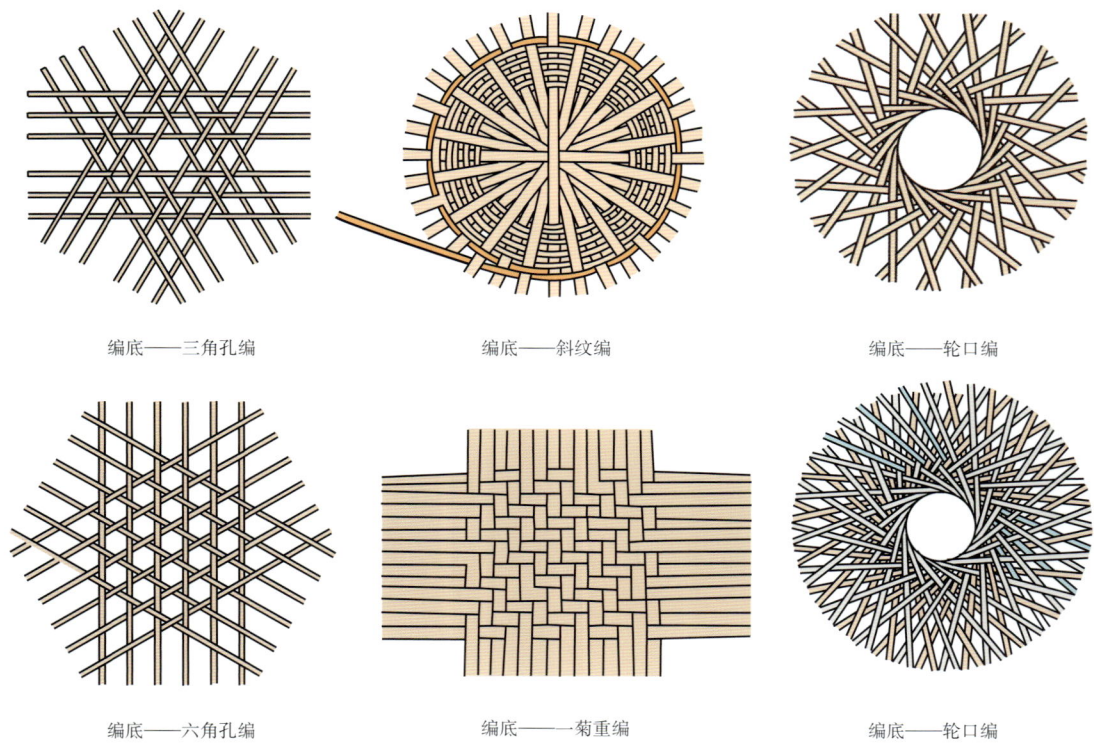

图四 独龙族腰箩编底示意图

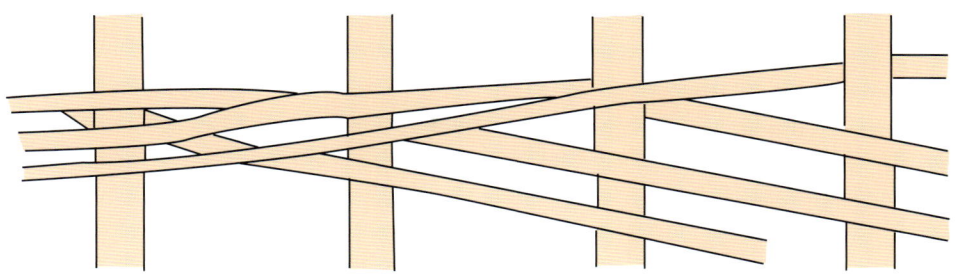

编体——纹编（绳编）

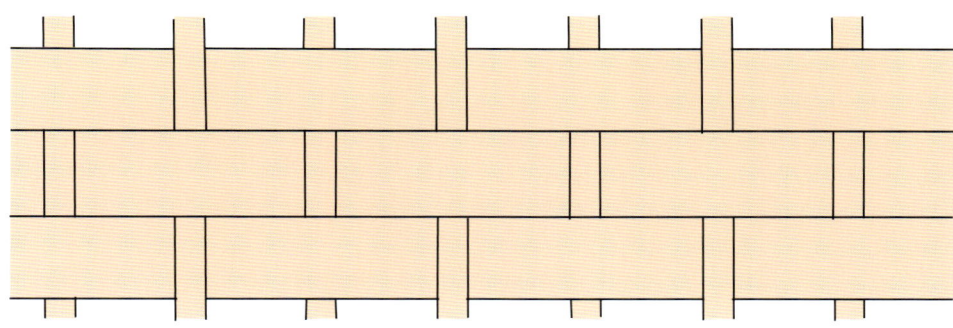

编体——平编（砖纹编）

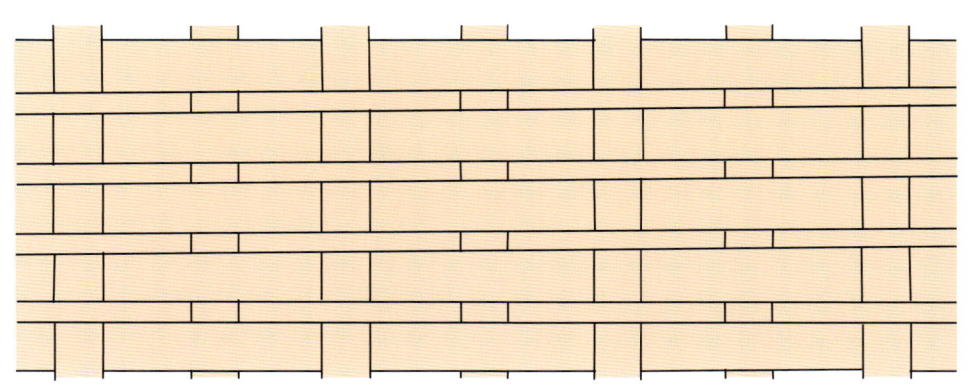

编体——平编（玉米纹编）

图五　独龙族腰箩编体示意图

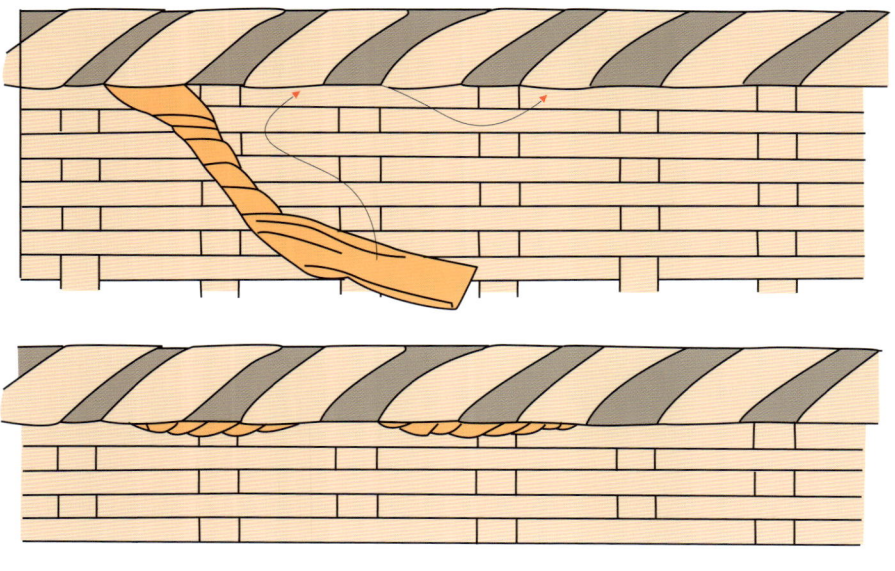

收边——绕卷扎结法

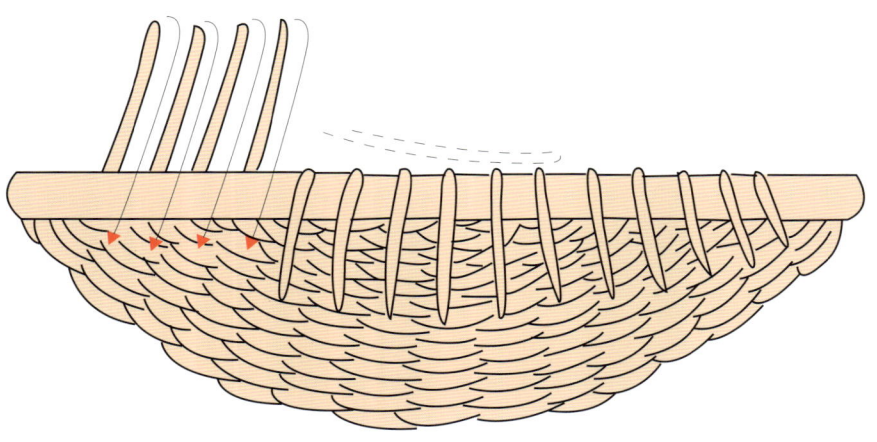

收边——褶返法

图六 独龙族腰箩收边示意图

图七　做编织的独龙族汉子

图八　独龙族藤条背包细节图

图九　独龙族藤条背包使用情境图

第六章　独龙族传统手工艺

图十　不同形制的独龙族藤笼、篓、拖鞋

第七章 独龙族传统民俗和宗教造像

独龙族剽牛祭天

图一　独龙族剽牛祭天主图

独龙族人敬畏自然神灵，在此宇宙观影响下，日常生产生活中通常以祭祀来祈祷，与未知的神秘力量对话。祭天、祭地、保命、招魂、送魂等，是独龙人精神寄托的重要内容。

独龙族的传统节日只有一个年节"卡雀哇"，一般在农历的冬腊月，每个村寨的具体时间自己定。1991年开始，在贡山县政府政府推动下，将每年1月10日定为独龙族的年节。年节里，要举行隆重的祭天祭神仪式。其中"剽牛祭天"是节日里最隆重最盛大的仪式，独龙语称"德如哇"或"投荣哇"。

剽牛祭祀的目的主要是祭崖鬼"几卜郎"，独龙族认为它对人的危害最大，是最令人惧怕的恶鬼。剽牛祭祀所用的牛一般由富裕人家无偿提供，通常选用膘肥体壮的大公牛。"剽牛"由村寨中德高望重的家族长或"乌"（巫师）来主持。乌是当天第一个喝酒且喝足的人。仪式开始后祭祀的牛被披上绚丽的独龙毯，"乌"一手持长矛，口中念着祈祷主人家吉祥安康的祝词，牵牛围绕主人房舍绕三圈。此时牛主人边向牛撒玉米、小米边念保佑祈福的祷辞。之后将牛牵到众人聚集的广场，拴在广场中央粗壮的木桩上。主妇们将自己的珠串挂在牛角上，以期盼来年的平安吉祥。其他人自动围成圆圈，在"乌"

的带领下，敲锣、挥刀、舞矛，跳起锅庄舞。等所有祭品摆放妥当，主祭人点燃松明子和青松毛，面向东方祝词：我们村寨房子的地基稳又牢，崖鬼们不要来，不要把病带到这里来……之后，"乌"持矛对牛祷告：今天是个好日子，大家都来了，牛是杀给你们的，牛的"卜拉"你们拿去，不论是"几卜郎"还是"南卜郎"，这里的祭品都是供奉你们的。今天我们祭祀你们，来年给我们好运气，让我们人畜兴旺、五谷丰登、平安如意。之后，"乌"手持长矛对准牛腋下心脏位置用力刺去，牛轰然倒地。广场上人们欢声雷动，再次跳起欢快的牛锅庄舞。两个巫师将牛头割下来后，"乌"要背着牛头围绕木桩舞蹈，众人也一起跟随舞蹈。牛主人和其他人迅速剥牛皮，平均分牛肉，用竹签穿好，凡到场的人均有一块。后腿肉通常送给牛主人的亲家，其余全部分完。最后大家同欢共聚，饮酒歌舞，祝福来年平安丰收，共庆新年。分到肉的人，以后也会返送一些酒给祭牛的主人。

独龙族剽牛祭天出自"万物有灵论"的观念，是对自然力量的敬畏和遵从。在古朴的灵魂观下，人们为了趋利避害，用献祭与祈祷的形式祈求于精灵，使自己的精神世界得到寄托和慰藉。

图片来源
图一、图三至图六　中共贡山县宣传部编.永恒的瞬间[M].2012.
图二　范朝辉　制图

参考文献
杨将领.中国独龙族[M].银川：宁夏出版社，2011：113-114.
高志英.独龙族社会文化与观念嬗变研究[M].昆明：云南人民出版社，2009：168-175.

图二　独龙族剽牛祭天名称图

1. 首先，在牛身上披上一条艳丽的独龙毯

2. 在村寨里平缓的场坝里竖一根祭桩

3. 把牛拴在祭桩上，全村人围着牛，手舞足蹈，边唱边跳

图三　独龙族剽牛祭天过程图之一

4. 村民围绕祭牛跳舞

5. 独龙族人围着这头牛长时间转圈，敲打大铓锣、小铓锣，跳剽牛舞

6. 手持长竹矛的剽牛师念着剽牛的咒语，祈祷村寨无灾无祸，五谷丰登，六畜兴旺

图四　独龙族剽牛祭天过程图之二

7. 按照铓锣声的节奏，剽牛师持矛不停做刺出动作

8. 突然，剽牛师用嘴把酒喷在牛身上，紧接着致命一刺

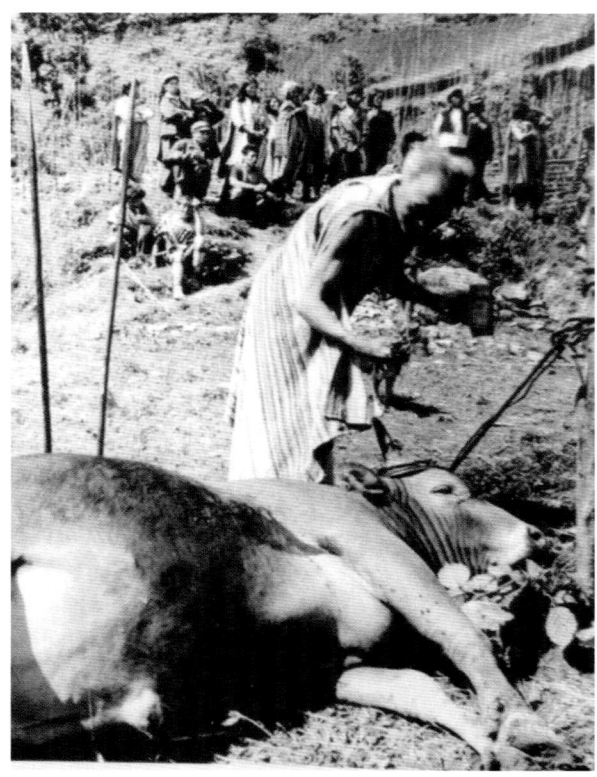

9. 牛试图挣扎，但是它还是慢慢倒在了地上

图五　独龙族剽牛祭天过程图之三

10. 村民振臂高呼，继续绕牛而舞，并举刀祷告

11. 剽牛师切下牛头，背着绕场

12. 牛肉平均分配后用竹签穿起，凡参加仪式者每人分得一串

13. 剽牛师共同喝下一杯同心酒，剽牛仪式宣告结束

图六　独龙族剽牛祭天过程图之四

独龙族丧葬

图一　独龙族丧葬主图

独龙族葬俗较为独特，基于生灵"卜拉"和亡魂"阿细"的灵魂观来认识人的去世。人一旦去世就会出现第二个灵魂即亡魂"阿细"，"阿细"的形状、性情同本人生前一样。但它贪食酒肉，作祟于人畜，不断向世人要求祭奉，人们惧怕它。在人刚去世后，便会请巫师"南木萨"举行送魂仪式，让其避免祸害世间。"阿细"在"阿细木里"同人间一样，会重复其世间的一切行为，生前品行不好之人，死后会被"阿细"们惩罚。人生前活多久，"阿细"也活多久，年限一到便会变成各色蝴蝶飞向人间，靠采食花蜜和露水生活。蝴蝶死后，便与人的灵魂之间再也没有关系了。独龙族的葬礼是围绕人的灵魂而展开，根据去世原因的不同，采取不同的埋葬方式，有土葬、火葬、水葬、露天葬等。本案例系土葬，选自云南省怒江傈僳族自治州贡山县独龙江乡龙元村。

独龙人从弥留之际到送魂仪式结束较为复杂。当村寨里有人去世时，村民和远近亲戚朋友都会前来吊唁，并会送来粮食、肉类、鸡、酒等食物。埋葬当天，须停止一切生产活动。出殡时举行驱鬼送葬仪式。须从后门或从地板的开口抬出，不能走正门。死者入棺前，家人要用小火把在死者怀里熏赶熏赶，防止死者将小孩的生魂"卜辣"抱在怀里带走。死者通常头北脚南，面东背西。独龙人认为人去世后没有识别方向的能力，东方是太阳升起之地，代表光明的极乐世界，是亡魂该到达的地方；西方是太阳落山的地方，代表黑暗。所以要给死者指明方向，以避免亡魂误入黑暗的鬼怪世界。埋葬后，坟头要搭一茅草棚作坟屋，四周用白色木片或渔网围起来，以防止鬼怪进入。并在坟地上插上挂满白纸条的树枝等。之后到河边洗手或用酒洗手，以驱晦气。在后面的送魂仪式上，巫师和大家一起唱"阿细普"，意即我们已经认不出你了，是两个世界的人了，你不属于我们了，带着你的东西快些离开，一直走，不回头，去你该去的地方。独龙人正常去世的使用土葬，也是大多数的葬礼方式，少部分非正常死亡的实行火葬或水葬。独龙人会在人死后的数月，在家中举行祭奠仪式，但过后就不再祭扫了，独龙人没有祖先崇拜的习俗，大多数人并不知道祖辈的名字。

独龙族的葬俗与其特殊的宇宙观有着密切的联系，也因其特殊的社会环境形成独特的习俗，如今的葬俗已大为简化，发展到更为成熟的社会阶段。

图片来源
图一、图三至图七　樊进　摄影
图二　张孙晨　制图

图二　独龙族丧葬坟墓

1. 挖坑

2. 把棺材送往埋葬地

3. 下葬

4. 埋棺材

5. 烧纸及插口旗

6. 丧葬完毕用酒洗手

图三　独龙族丧葬下葬过程图

图四　独龙族丧葬搭坟屋

独龙族同心酒杯

图一　独龙族同心酒杯主图

喝同心酒是云南一些少数民族招待亲友、贵客的习俗，"同心酒"寓意同心同德。独龙族和苗族、彝族、傈僳族、怒族都有这一风俗。这与民族之间的文化融合或近似的神话传说有关系。

本案例独龙族同心酒杯，竹制，选自云南省怒江傈僳族自治州贡山县独龙江乡孔当村普卡旺小组。酒杯高约12厘米，直径约5.5厘米，双耳手柄宽度约10厘米。

同心酒一般是礼节性酒杯，为容量计，一般不会选择直径过粗的竹筒。本案例将竹筒壁做大幅度削薄处理，以减少杯体自重。其杯底圈足较高，为两边耳柄的穿挂留出了空间。手柄设计是本案例的一个特色，采用编织和穿挂方式来实现双耳柄的结构造型：在竹筒圈足对称钻通，穿一坚韧的细竹篾，再将两头上弯至杯体上部的竹篾编结处，将竹篾与其缠绕固定，即为同心酒杯的弧形耳柄。故左右弧形耳柄实际是一根贯通杯底外侧的手柄，可左右适度调节。与耳柄缠绕的竹篾编结环绕竹杯一周，与竹筒结合紧密，同心酒杯耳柄的系结生根的凭借。

独龙人在过"卡雀哇"节时，亲朋好友会相互邀请串门，宾主相见时要喝同心酒，两人肩并肩，一手互搂靠近，两腮紧贴，各执同心酒杯耳柄一侧，一饮而尽，以示感情亲密、友谊同心。独龙青年男女在结婚仪式上要喝同心酒，按独龙族的风俗，喝过同心酒才算正式结婚。新郎新娘共同接过双方父母递过来的同心酒后，当着来宾的面向父母宣誓：遵从父母教诲，互敬互爱，之后搂肩贴腮，将酒一饮而尽，以示两人日后将同心协力，白头偕老。独龙族"剽牛祭天"前，两名剽牛师（巫师）需要共饮三杯同心酒活动才开始。独龙族同心酒在同辈之间可不分男女，除了关系较为特殊的岳父和女婿、婆媳、叔侄等，不同辈分尤其异性之间通常不喝。共饮同心酒是独龙人情谊的象征，也会根据不同的对象、地域、场合所用表达方式会稍有不同。

勤劳勇敢的独龙族人重信守约，感情淳朴真挚，互帮互助，关系密切，同心酒使得这样的感情得以维系和增强，同心酒的象征性也能够消除隔阂，缔结同心，这对于维护民族内部的团结有着重要的意义。

图片来源
　　图一、图四　樊进　摄影
　　图二、图三、图五　张孙晨　制图
　　图六　杨发顺，罗金合.历史的印痕·最后的文面人[M].北京：中国旅游出版社，2006：47.

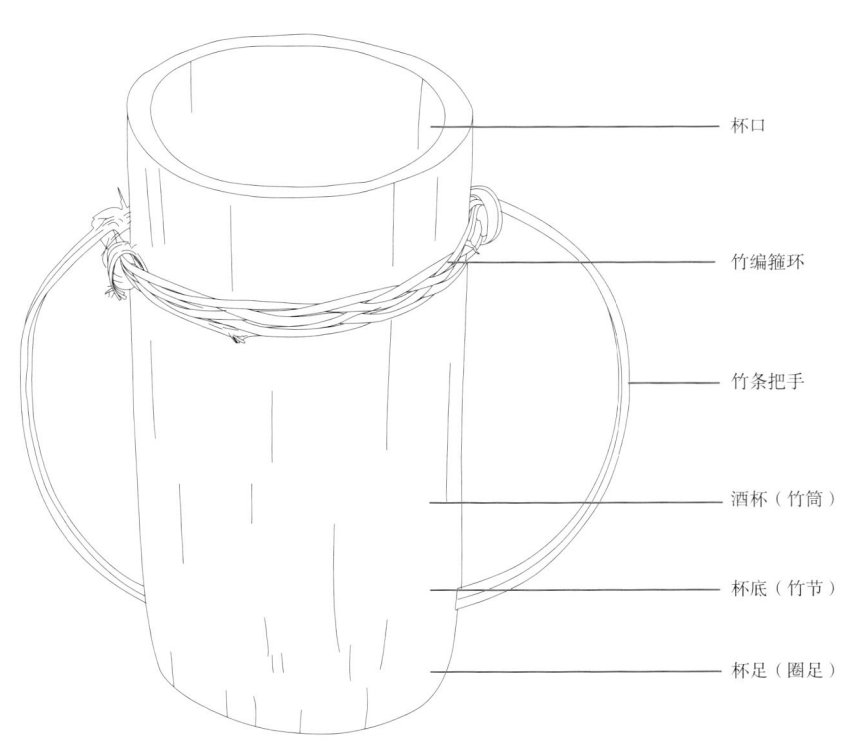

图二　独龙族同心酒杯名称图

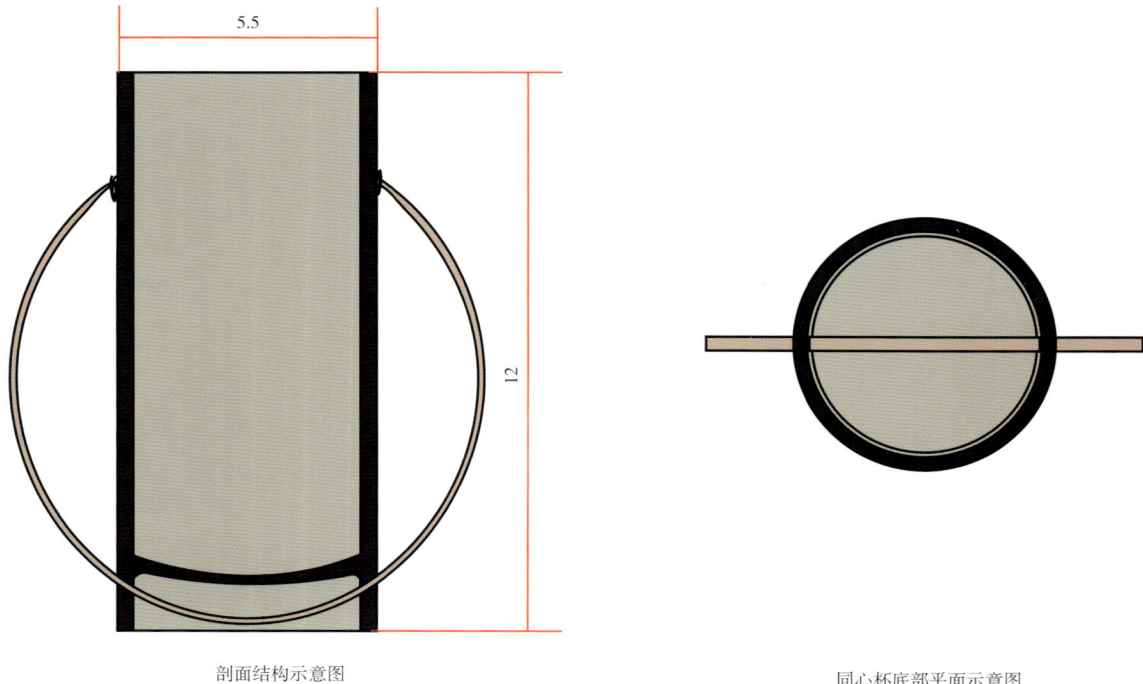

剖面结构示意图　　　　　　　　　同心杯底部平面示意图

图三　独龙族同心酒杯尺寸及剖面结构图（单位：cm）

图四　独龙族同心酒杯底面图

图五　正在喝同心酒的独龙人

图六　剽牛师喝同心酒

第七章　独龙族传统民俗和宗教造像

声　明

　　本书编写时收入的个别图片，因条件所限，未能同相关著作权人取得联系，获得授权，敬请谅解。请相关著作权人及时与编者联系，以便奉上稿酬。谢谢！